NS-Ideologie im heutigen Strafrecht

Europäische Hochschulschriften
Publications Universitaires Européennes
European University Studies

Reihe II
Rechtswissenschaft

Série II Series II
Droit
Law

Bd./Vol. 3462

PETER LANG
Frankfurt am Main · Berlin · Bern · Bruxelles · New York · Oxford · Wien

Kay Wagner

NS-Ideologie im heutigen Strafrecht

Einfluß der nationalsozialistischen Gemeinschaftsethik

PETER LANG
Europäischer Verlag der Wissenschaften

Die Deutsche Bibliothek - CIP-Einheitsaufnahme

Wagner, Kay:

NS-Ideologie im heutigen Strafrecht : Einfluß der nationalsozialistischen Gemeinschaftsethik / Kay Wagner. - Frankfurt am Main ; Berlin ; Bern ; Bruxelles ; New York ; Oxford ; Wien : Lang, 2002
(Europäische Hochschulschriften : Reihe 2, Rechtswissenschaft ; Bd. 3462)
Zugl.: Potsdam, Univ., Diss., 2002
ISBN 3-631-39510-8

517
ISSN 0531-7312
ISBN 3-631-39510-8

www.peterlang.de

Diese Arbeit wurde im Wintersemester 2001/2002 von der Rechtswissenschaftlichen Fakultät der Universität Potsdam als Dissertation angenommen.

Mein besonderer Dank gilt meinem Doktorvater, Herrn Prof. Dr. Wolfgang Mitsch, der die Arbeit in sehr konstruktiver Weise betreut hat. Für die Erstellung des Zweitgutachtens danke ich Herrn Prof. Dr. Uwe Hellmann.

Bedanken möchte ich mich auch bei Frau Ruth Wagner, die die Mühsal der Korrektur des Manuskriptes übernommen hat sowie bei Frau Christina Schachten, die mir mit ihren profunden rechtsphilosophischen Kenntnissen stets eine diskussionsbereite Ansprechpartnerin war.

Berlin im März 2002 Kay Wagner

Inhaltsverzeichnis

Literatur

Adomeit, Klaus Die gestörte Vertragsparität – ein Trugbild, NJW 1994, Seite 2467.

Anderbrügge, Klaus Völkisches Rechtsdenken; Zur Rechtslehre in der Zeit des Nationalsozialismus, Berlin 1978

Alexy, Robert Fortwirkungen nationalsozialistischer Denkweisen in Rechtslehre und Rechtsprechung nach 1945 ? In Säcker (Hrsg.), Recht und Rechtslehre im Nationalsozialismus; Ringvorlesung der rechtswissenschaftlichen Fakultät der Christian-Albrechts-Universität Kiel, Baden-Baden 1992.

Arzt, Gunther Strafrecht, besonderer Teil, ein Lehrbuch in 5 Heften, von Gunther Arzt und Ulrich Weber,
LH 1 - Delikte gegen die Person, 3. Aufl., Bielefeld 1988.

LH 5- Delikte gegen den Staat, gegen Amtsträger und durch Amtsträger, Bielefeld 1982.

Barth, Heinrich Die Nothilfe im neuen deutschen Strafrecht, JW 1935, Seite 2320.

Baumann, Jürgen Strafrecht: allgemeiner Teil, Lehrbuch, begründet von Jürgen Baumann, fortgeführt von Ulrich Weber und Wolfgang Mitsch, 10. Aufl., Bielefeld 1995.

Binding, Karl Grundriss des Deutschen Strafrechts, 8. Aufl., Leipzig 1913.

Lehrbuch des Gemeinen Deutschen Strafrechts, Besonderer Teil, erster Band, 2. Aufl., Leipzig 1902.

Die Normen und ihre Übertretung, eine Untersuchung über die rechtmäßige Handlung und die Arten des Delikts, zweiter Band, Schuld, Vorsatz, Irrtum, erste Hälfte, Zurechnungsfähigkeit, Schuld, 2. Aufl., Leipzig 1914.

Blei, Hermann Strafrecht: ein Studienbuch, von Edmund Mezger begründetes Werk, 2. Besonderer Teil, 12. Aufl., München 1983

Bockelmann, Paul Strafrecht, Besonderer Teil, 2. (Delikte gegen die Person), München 1977.

Brocker, Lars Das Tatbestandsmerkmals der Verdeckungsabsicht, MDR 1996, Seite 228.

Bruns, Hans-Jürgen Anmerkung zum Urteil des RG v. 23.01.1940, Zeitschrift der Akademie für deutsches Recht, 1940, S. 180.

Class, Wilhelm Generalklauseln im Strafrecht, In : Festschrift für Eberhard Schmidt, Göttingen 1961, Seite 122.

Coenders, Albert Begriff und Wirklichkeit in der Rechtswissenschaft; in Festschrift für Heinrich Lehmann, Berlin 1937, Seite 1.

Dahm, Georg Der Methodenstreit in der heutigen Strafrechtswissenschaft, ZStW Bd. 54 (1937), Seite 225.

Reden zu seinem Gedächtnis, anläßlich der Feierstunde der Rechts- und Staatswissenschaftlichen Fakultät der Christian – Albrechts–Universität am 17. Januar 1964, Kiel 1964.

Der Tätertyp im Strafrecht, Leipzig 1940.

Todesstrafe und Tätertyp nach der Strafgesetznovelle vom 04. September 1941, Deutsches Recht 1942, Seite 401.

Verrat und Verbrechen, Zeitschrift für die gesamte Staatsrechtswissenschaft Bd. 95 (1935), Seite 283.

Verbrechen und Tatbestand, in Grundfragen der neuen Rechtswissenschaft, herausgegeben von Georg Dahm, Berlin 1935, Seite 62.

Denkschrift Nationalsozialistisches Strafrecht; Denkschrift des preußischen Justizministers, Berlin 1933 (zitiert: preußische Denkschrift)

Dohna, Alexander Graf zu Der neueste Strafgesetzentwurf im Lichte des "richtigen Rechts", in Festgabe für Rudolf Stammler, Berlin und Leipzig 1926, Seite 255.

Ebel, Friedrich Rechtsgeschichte, ein Lehrbuch, Bd.2, Neuzeit, Heidelberg 1993.

Eckert, Jörn Was war die Kieler Schule? In: Säcker (Hrsg.), Recht und Rechtslehre im Nationalsozialismus; Ringvorlesung der rechtswissenschaftlichen Fakultät der Christian-Albrechts-Universität Kiel, Baden-Baden 1992, Seite 37.

Entwurf 1927 Entwurf eines Allgemeinen Deutschen Strafgesetzbuches vom 14. Mai 1927, Reichsministerium der Justiz, Reichstags-Drucksache III 1924/1927 Nr. 3390, mit Begründung.

Eisenberg, Ulrich Jugendgerichtsgesetz, 7.Aufl., München 1997.

Fehr, Hans Die Fortschritte des dynamischen Rechts, in Festschrift für Heinrich Lehmann, Berlin 1937, Seite 31.

Forsthoff, Ernst Der totale Staat, von Ernst Forsthoff, 2.Aufl., Hamburg 1934.

Frank, Hans Nationalsozialistisches Handbuch für Recht und Gesetzgebung, München 1935.

Nationalsozialistische Strafrechtspolitik, München 1938.

Frank, Reinhard Das Strafgesetzbuch für das Deutsche Reich, 18. Aufl., Tübingen 1931.

Freisler, Roland Denkschrift des Zentralausschusses der Strafrechtsabteilung der Akademie für deutsches Recht über die Grundzüge eines allgemeinen deutschen Strafrechts, von Roland Freisler und Walter Luetgebrune, Berlin 1934 .

Mut zu lebenswahrem Strafecht, Behandelt an Hand eines Beispiels verständlicher Tötung, Deutsches Strafrecht (GA) 1941, Seite 65.

Strafrecht und Strafrechtspflege im 2. Vierteljahr 1935, JDR (Jahrbuch des Deutschen Rechts) 1935, Seite 519.

Gallas, Wilhelm Zum Begriff der "Falschheit" der eidlichen und uneidlichen Aussage , GA 1957, Seite 315.

Zum gegenwärtigen Stand der Lehre vom Verbrechen, ZStW Bd. 67 (1955), Seite 1.

Zur Kritik der Lehre vom Verbrechen als Rechtsgutsverletzung, in

Gegenwartsfragen der Strafrechtswissenschaft, Festschrift für Graf Gleispach, Berlin und Leipzig 1936, Seite 50.

Zur Revision des § 330 c StGB, JZ 1952, Seite 396.

Tatstrafe und Täterstrafe, insbesondere im Kriegsstrafrecht, Bericht anläßlich der Tagung der Arbeitsgemeinschaft der deutschen Strafrechtslehrer am 06. und 07. September 1940 in Weimar, ZStW Bd. 60 (1940), Seite 374.

Geilen, Gerd Heimtücke und kein Ende; Zur Agonie eines Mordmerkmals, in Gedächtnisschrift für Horst Schröder, München 1978, Seite 235.

Gemmingen, Hans Dieter Willensstrafrecht oder Gefährdungsstrafrecht? Eine Bemerkung zur Denkschrift des preußischen Justizministers "Nationalsozialistisches Strafrecht" 1933, JW 1933, Seite 2371.

Gmür, Max Die Anwendung des Rechts nach Art. 1 des schweizerischen Zivilgesetzbuches, Bern 1908.

Gössel, Karl- Heinz Strafrecht-Besonderer Teil, Band 1, Delikte gegen immaterielle Rechtsgüter des Individuums, Heidelberg 1987.

Goldschmidt, James Gesetzesdämmerung, JW 1924, Seite 245.

Gürtner, Franz Das kommende deutsche Strafrecht, Besonderer Teil, Bericht über die Arbeit der amtlichen Strafrechtskommission, herausgegeben von Franz Gürtner, unter Mitwirkung von Roland Freisler, Edmund Mezger, Friedrich Schaffstein u.a., 2.Auflage, Berlin 1936.

Heck, Phillip Begriffsbildung und Interessenjurisprudenz, Tübingen 1932.

Gesetzesauslegung und Interessenjurisprudenz, Tübingen 1914

Hedemann, Justus – Wilhelm Die Flucht in die Generalklauseln, eine Gefahr für Recht und Staat, Tübingen 1933.

Henkel, Heinrich Einführung in die Rechtsphilosophie: Grundlagen des Rechts, 2. Aufl., München 1977.

Ideologie und Recht; in Recht und Staat in Geschichte und Gegenwart. Eine Sammlung von Vorträgen und Schriften aus dem Gebiet der gesamten Staatswissenschaften, Bd. 425, 426; Tübingen 1973.

Recht und Wert; Festschrift für Friedrich Schaffstein, Göttingen 1975, Seite 13.

Strafrichter und Gesetz im neuen Staat, Hamburg 1934.

Herzberg, Rolf Kritik der teleologischen Gesetzesauslegung, NJW 1990, Seite 2525.

Hruschka, Joachim Die Nötigung im System des Strafrechts, JZ 1995, 737.

Jellinek, Walter System der subjektiven öffentlichen Rechte, 2. Aufl., 1919.

Jescheck, Hans-Heinrich Anmerkung zu BGHSt. 9, 385, JZ 1957, 386.

	Lehrbuch des Strafrechts, Allgemeiner Teil, von Hans-Heinrich Jescheck, 4. Aufl., Berlin 1988 (zitiert: Jescheck); 5. Aufl. unter
	Mitarbeit von Thomas Weigend, Berlin 1996 (zitiert: Jescheck/Weigend).
Jhering, Rudolf v.	Briefe an seine Freunde, Leipzig 1913.
Kargl, Walter	Unterlassene Hilfeleistung, Zum Verhältnis von Recht und Moral, GA 1994, Seite 247.
Kaufmann, Armin	Die Dogmatik der Unterlassungsdelikte, Göttingen 1959.
	Methodische Probleme der Gleichstellung des Unterlassens mit der Begehung, JuS 1961, Seite 173.
Klee, Karl	Nationalsozialistisches Strafrecht, GA Bd. 77 (1933), Seite 321.
Kleine, Heinz	Höchstrichterliche Entscheidungen: Sammlung von Entscheidungen der Oberlandesgerichte in Strafsachen, herausgegeben von Heinz Kleine, Wolfgang Schilling und Konrad Duden, Bd. 1, Heidelberg 1948.
Kohlrausch, Eduard	Entwurf eines Allgemeinen Deutschen Strafgesetzbuches nach den Beschlüssen der ersten Lesung des Deutschen Reichstagsausschusses, Ergänzung zu Strafgesetzbuch, 29. Aufl., Berlin, Leipzig 1930
Krey, Volker	Strafrecht, Besonderer Teil: Studienbuch in systematisch - induktiver Darstellung, Bd. 1, Besonderer Teil ohne Vermögensdelikte, 11. Aufl., Stuttgart, Berlin, Köln 1998.
Kürschner	Kürschners Deutscher Gelehrten–Kalender, Berlin, 7. Ausgabe 1950; 8. Ausgabe 1954; 9. Ausgabe 1961; 10. Ausgabe 1970.

Küper, Wilfried Zur Problematik der Verdeckungsabsicht bei "außerstrafrechtlichem" Verdeckungszweck, JZ 1995, Seite 1158.

Küpper, Georg Der "unmittelbare" Zusammenhang zwischen Grunddelikt und schwerer Folge beim erfolgsqualifizierten Delikt, Berlin 1982.

Krey, Volker Gesetzestreue und Strafrecht, Schranken richterlicher Rechtsfortbildung; ZStW Bd. 101 (1989), Seite 839.

Keine Strafe ohne Gesetz, Einführung in die Dogmengeschichte des Satzes "nullum crimen, nulla poena sine lege", Berlin, New York 1983.

Krug, Karl Rechtspflege und Rechtspolitik / Wochenschau, DJ 1934, Seite 535.

Lackner, Karl Strafgesetzbuch: mit Erläuterungen, von Karl Lackner und Kristian Kühl, 23. Aufl., München 1999.

Lange, Richard Täterschuld und Todesstrafe, ZStW Bd. 62 (1942), Seite 175.

Eine Wende in der Auslegung des Mordtatbestandes, in Gedächtnisschrift für Horst Schröder, München 1978, Seite 217.

Leipziger Kommentar Leipziger Kommentar: Großkommentar, hrsg. von Hans - Heinrich Jescheck, Bd. 1, Einleitung, §§ 1 bis 31, 10. Aufl. Berlin / New York 1985;
Bd. 5, §§ 185 bis 262, 10. Aufl., Berlin / New York 1988
(zitiert jeweils: Leipziger Kommentar – Bearbeiter).

Lobe, Adolf Nochmals Gefährdungs- oder Verletzungsstrafrecht, DJZ 1934, Seite 247.

Luden, Heinrich Abhandlungen aus dem gemeinen teutschen Strafrechte, 1. Band, Über den Versuch des Verbrechens, 2. Band, Über den Tatbestand des Verbrechens, Göttingen 1840.

Maurach/Schroeder/ Maiwald Strafrecht, Besonderer Teil: ein Lehrbuch/ begr. Von Reinhart Maurach. Fortgeführt von Friedrich-Christian Schroeder und Manfred Maiwald, Teilbd. 1, Straftaten gegen Persönlichkeits- und Vermögenswerte, 8. Aufl., Heidelberg 1995.

Maurach/Zipf Strafrecht: Allgemeiner Teil: ein Lehrbuch/ begründet von Reinhart Maurach, fortgeführt von Heinz Zipf, Teilbd. 1, Grundlehren des Strafrechts und Aufbau der Straftat, 8 Aufl., Heidelberg 1992.

Mayer, Hellmuth Das Strafrecht des Deutschen Volkes, von Hellmuth Mayer, Stuttgart 1936.

Mayer, Max Ernst Der Allgemeine Teil des deutschen Strafrechts, Lehrbuch von Max Ernst Mayer, 2. Aufl., Heidelberg 1923.

Merkel, Adolf Kriminalistische Abhandlungen, Bd.2, Von den Unterlassungsverbrechen, Leipzig 1867.

Mezger, Edmund Deutsches Strafrecht, ein Grundriss, 2. Aufl., Berlin 1941; 3. Aufl., Berlin 1943.

Die materielle Rechtswidrigkeit im kommenden Strafrecht, ZStW Bd. 55 (1935), Seite 1.

Tatstrafe und Täterstrafe, insbesondere im Kriegsstrafrecht, Bericht anläßlich der Tagung der Arbeitsgemeinschaft der deutschen Strafrechtslehrer am 06. und 07. September 1940 in Weimar, ZStW Bd. 60 (1940), Seite 353.

Willensstrafrecht, Gefährdungsstrafrecht und Erfolgsstrafrecht, DJZ 1934, Seite 97.

Mitsch, Wolfgang Anmerkung zu BGHSt. 38, 388, NStZ 1993, 384.

Grundfälle zu den Tötungsdelikten, JuS 1996, 121.

Sturz aus dem Fenster, Jura 1993, 18.

Mitteis, Heinrich Deutsche Rechtsgeschichte, ein Studienbuch von Heinrich Mitteis, Neubearbeitung von Heinz Lieberich, 19. Aufl., München 1992.

Nagler, Johannes Die Problematik der Begehung durch Unterlassen, Der Gerichtssaal, Band 111 (1938), Seite1.

Naucke, Wolfgang Über Generalklauseln und Rechtsanwendung im Strafrecht, Reihe Rechts und Staat in Geschichte und Gegenwart, Heft 417, Tübingen 1973.

Zur Lehre vom strafbaren Betrug; ein Beitrag zum Verhältnis von Strafrechtsdogmatik und Kriminologie, Berlin 1964.

Oetker, Friedrich Gefährdungs- und Verletzungsstrafrecht, In: Denkschrift des Zentralausschusses der Strafrechtsabteilung der Akademie für Deutsches Recht über die Grundzüge eines Allgemeinen Deutschen Strafrechts, Berlin 1934, Seite 46.

Oppenhoff, Friedrich- C. Die Rechtsprechung des königlichen Obertribunals und des königlichen Ober-Appellationsgerichts in Strafsachen, herausgegeben von Friedrich –Christian Oppenhoff, 14. Band, Berlin 1873.

Otto, Harro Die Aussagedelikte, §§ 153- 163 StGB, JuS 1984, Seite 161.

Grundkurs Strafrecht, Die einzelnen Delikte, von Harro Otto, 5. Aufl., Berlin 1998 .

Palandt Bürgerliches Gesetzbuch, 58. Aufl. , München 1999 (zitiert: Palandt – Bearbeiter).

Radbruch, Gustav Rechtsphilosophie; herausgegeben von Erik Wolf und Hans-Peter Schneider, 8. Aufl., Stuttgart 1973.

Regge/Schubert Quellen zur Reform des Straf- und Strafprozeßrechts/ herausgegeben von Werner Schubert
Abt.1, Weimarer Republik (1918-1932)

Bd. 1, Entwürfe zu einem Strafgesetzbuch (1919, 1922, 1924/25, 1927), Berlin, New York 1995.

Abt. 2, NS- Zeit (1933-1945), Strafgesetzbuch,
Bd. 1: Entwürfe eines Strafgesetzbuches, Teil 1 und 2, New York, Berlin 1990.

Bd. 2: Protokolle der Strafrechtskommission des Reichsjustizministeriums, Teil 1, 1. Lesung : Allgemeiner Teil, Besonderer Teil (Tötung, Abtreibung, Körperverletzung, Beleidigung, Staatsschutzdelikte), Berlin, New York 1988.

Reichel, Hans Gesetz und Richterspruch; Zur Orientierung über Rechtsquellen- und Rechtsanwendungslehre der Gegenwart, Zürich 1915.

Rengier, Rudolf Erfolgsqualifizierte Delikte und verwandte Erscheinungsformen, Tübingen 1986.

Richterverein Richterverein beim Reichsgericht, Anmerkung zur Entscheidung des 5. Zivilsenats vom 28. November 1923., Juristische Wochenschrift 1924, 90.

Rottleuthner, Hubert Kontinuität und Identität, Justizjuristen und Rechtslehrer vor und nach 1945, in: Säcker (Hrsg.), Recht und Rechtslehre im Nationalsozialismus; Ringvorlesung der rechtswissenschaftlichen Fakultät der Christian-Albrechts-Universität Kiel, Baden-Baden 1992, Seite 241.

Roxin, Claus Strafrecht: Allgemeiner Teil, Bd. 1, Grundlagen, der Aufbau der Verbrechenslehre, 3. Aufl. , München 1997.

Täterschaft und Tatherrschaft, 6. Aufl., Berlin, New York 1994.

Rudolphi, Hans-J. Die Gleichstellungsproblematik der unechten Unterlassungsdelikte und der Gedanke der Ingerenz, Göttingen 1966.

Rüping, Hinrich Nullum crimen sine poena. Zur Diskussion um das Analogieverbot im Nationalsozialismus, in Festschrift für Dietrich Oehler, Köln, Berlin, Bonn, München 1985.

Samson, Erich Probleme strafrechtlicher Produkthaftung, StV 1991, Seite 182.

Sax, Walter Das strafrechtliche Analogieverbot; eine methodologische Untersuchung über die Grenzen der Auslegung im geltenden deutschen Strafrecht, Göttingen 1953.

Schäfer, Ernst Das Gesetz zur Abänderung strafrechtlicher Vorschriften vom 26. Mai 1933, DJZ 1933, Seite 789.

Schaffstein, Friedrich Jugendstrafecht; eine systematische Darstellung von Friedrich Schaffstein und Werner Beulke, 13. Aufl., Stuttgart, Berlin, Köln 1998.

Die Erneuerung des Jugendstrafrechts, Berlin 1936.

Zur Lehre vom Tätertyp im Kriegsstrafrecht, Deutsches Strafrecht 1942, Seite 33.

Die materielle Rechtswidrigkeit im kommenden Strafrecht, ZStW Bd. 55 (1935), Seite 18.

Der Meineid in der neuesten Rechtsprechung des Reichsgerichts, Juristische Wochenschrift 1938, Seite 145.

Nationalsozialistisches Strafrecht; Gedanken zur Denkschrift des preußischen Justizministers, ZStW Bd. 53 (1933), Seite 40.

Rechtswidrigkeit und Schuld im Aufbau des neuen Strafrechtssystems, ZStW Bd. 57 (1937), Seite 295.

Die unechten Unterlassungsdelikte im System des neuen Strafrechts, in Gegenwartsfragen der Strafrechtswissenschaft, Festschrift für Graf Gleispach, Berlin, Leipzig 1936, Seite 70.

Das Verbrechen als Pflichtverletzung, Berlin 1935.

Schem, Joachim Die Analogie im Strafrecht, Breslau 1936.

Schinnerer, Erich Erfolgshaftung, in Gegenwartsfragen der Strafrechtswissenschaft, Festschrift für Graf Gleispach, Berlin, Leipzig 1936, Seite 115.

Schmidhäuser, Eberhard Aussagepflicht und Aussagedelikt, Bemerkungen über die Falschheit der Aussage, in Göttinger Festschrift für das Oberlandesgericht Celle , Göttingen 1961, Seite 207.

Gesinnungsethik und Gesinnungsstrafrecht, Festschrift für Wilhelm Gallas, Berlin, New York 1973, Seite 81.

Gesinnungsmerkmale im Strafrecht, Tübingen 1958.

Strafrecht, Allgemeiner Teil: Studienbuch, 2. Aufl., Tübingen 1984.

Strafrecht, besonderer Teil: Grundriss, 2. Aufl., Tübingen 1983.

Schmidt, Eberhard Gesetz und Richter, Wert und Unwert des Positivismus, Vortrag zur Eröffnung der juristischen Studiengesellschaft am 23. Februar 1952, Schriftenreihe der juristischen Studiengesellschaft 1952, Seite 3.

Schmidt–Leichner, Erich Das Gesetz zur Änderung des Reichsstrafgesetzbuches vom 04. September 1941 und die Durchführungsverordnung vom 24. September 1941, DR 1941, Seite 2145.

Anmerkung zu RGSt. 76, 242; DR 1942, Seite 1758.

Schmidt–Rimpler, Walter Funktionswandel der Privatrechtsinstitutionen, In: Festschrift für Ludwig Raiser, Tübingen 1974, Seite 9.

Grundfragen einer Erneuerung des Vertragsrechts, AcP Band 147 (1941), Seite 130.

Schmitt, Carl Der Führer schützt das Recht; Zur Reichstagsrede Adolf Hitlers vom 13.07.1934, DJZ 1934, Seite 946.

Kodifikation oder Novelle? Über die Aufgabe und Methode der heutigen Gesetzgebung, DJZ 1935, Seite 920.

Nationalsozialismus und Rechtsstaat, JW 1934, Seite 713.

Nationalsozialistisches Rechtsdenken, DR 1934, Seite 225.

Über die drei Arten rechtswissenschaftlichen Denkens, 2. Aufl., Hamburg 1934.

Der Weg des deutschen Juristen, DJZ 1934, Seite 692.

Schöne, Wolfgang Unterlassene Erfolgsabwendungen und Strafgesetz, zur gesetzlichen Regelung "unechter" Unterlassungsdelikte, Köln, Berlin, Bonn, München 1974.

Schönke, Adolf Strafgesetzbuch für das Deutsche Reich, München/Berlin 1942.

Schönke/ Schröder Strafgesetzbuch, Kommentar, begründet von Adolf Schönke, fortgeführt von Horst Schröder, 25. Aufl., München 1997 (zitiert: Schönke/Schröder – Bearbeiter); 17. Aufl. , München 1974.

Scholz, Rupert Sitzblockade und Verfassung – zur neuen Entscheidung des Bundesverfassungsgerichts, NStZ 1995, Seite 417.

Schroeder, Friedrich-Christian Amerkung zu BGHSt. 41, 358, JZ 1996, Seite 688.

Schröder, Horst Anmerkung zu BGH JR 1971, 205, JR 1971, Seite 206.

Schwinge, Erich Das neue Untreuestrafrecht in strafrechtlicher und zivilrechtlicher Beleuchtung, Berlin 1933.

Teleologische Begriffsbildung im Strafrecht; Ein Beitrag zur strafrechtlichen Methodenlehre, Bonn 1930.

Wesensschau und konkretes Ordnungsdenken im Strafrecht, Bonn 1937.

Seebode, Manfred Zur gesetzlichen Bestimmtheit des unechten Unterlassungsdelikts, Festschrift für Günter Spendel, Berlin, New York 1992.

Siegert, Karl Auslegung und Analogie im heutigen Strafrecht, JW 1935, Seite 889.

Spendel, Günter Noch einmal: Befreiung des Strafrechts vom nationalsozialistischen Denken? JuS 1996, Seite 871.

Stammler, Rudolf Die Lehre vom richtigen Rechte, 2. Aufl., Halle/Saale 1926.

Rechtsphilosophie, 3. Aufl., Berlin, Leipzig 1928.

Theorie der Rechtswissenschaft, 1. Aufl., Halle/Saale 1911; 2. Aufl., Halle/Saale 1923.

Traeger, Ludwig Das Problem der Unterlassungsdelikte im Straf- und Zivilrecht, Marburg 1913.

Tröndle/Fischer Strafgesetzbuch und Nebengesetze, 49. Aufl., München 1999.

Vormbaum, Thomas Eid, Meineid und Falschaussage : Reformdiskussion und Gesetzgebung seit 1870, Berlin 1990.

Reform der Aussagetatbestände (§§ 153-163 StGB): Reformüberlegungen und Gesetzentwurf, Heidelberg 1992.

Welzel, Hans Das Deutsche Strafrecht; Eine systematische Darstellung, 11. Aufl., Berlin 1969.

Naturalismus und Wertphilosophie im Strafrecht; Untersuchungen über die ideologischen Grundlagen der Strafrechtswissenschaft, Mannheim, Berlin, Leipzig 1935.

Naturrecht und Materiale Gerechtigkeit, 4. Aufl., Göttingen 1980.

Recht und Sittlichkeit, in Festschrift für Friedrich Schaffstein, Göttingen 1975, Seite 45.

Studien zum System des Strafrechts, ZStW Bd. 58 (1938), Seite 491.

Über den substantiellen Begriff des Strafgesetzes, in Festschrift für Eduard Kohlrausch, Berlin 1944, Seite 101.

Werle, Gerhard Justiz-, Strafrecht und polizeiliche Verbrechensbekämpfung im 3. Reich, Berlin, 1989.

Wesel, Uwe Geschichte des Rechts, von den Frühformen bis zum Vertrag von Maastricht, München 1997.

Wolf, Erik Vom Wesen des Täters, Reihe Staat und Recht, Heft 87, Tübingen 1932.

Wolf, Gerhard Befreiung des Strafrechts vom nationalsozialistischen Denken?, JuS 1996, Seite 189.

Zimmerl, Leopold Zur Auslegung des § 2 StGB, in Gegenwartsfragen der Strafrechtswissenschaft, Festschrift für Graf Gleispach, Berlin, Leipzig 1936, Seite 173.

Wesensschau und konkretes Ordnungsdenken im Strafrecht, Bonn 1937.

Einleitung

Das Bundesverfassungsgericht hat in seinem Urteil zur Nichtigkeit der Bürgschaft eines vermögenslosen Angehörigen den Zivilgerichten die Pflicht zur Inhaltskontrolle von Verträgen auferlegt, „die einen der beiden Vertragspartner ungewöhnlich stark belasten und das Ergebnis strukturell ungleicher Verhandlungsstärke sind".[1] Es sei eine der Hauptaufgaben des Zivilrechts, gestörte Vertragsparitäten auszugleichen.[2] Das Gericht hat dem materiellen Zivilrecht damit ein sechstes Grundprinzip zuzuteilen versucht. Während jedoch die fünf anderen Grundmaximen ihre Stütze im Gesetz finden[3], trifft das für die Pflicht zur Inhaltskontrolle nicht zu. Diese Pflicht zum Ausgleich ungleicher Verträge entstammt dem Paritätsgedanken, der auf das Jahr 1941 zurückgeht und maßgeblich von Schmidt-Rimpler[4] entwickelt wurde. Demnach sollten Verträge als „volksgenössische Schaffung und Gestaltung von Rechtsverhältnissen"[5] einer staatlichen Kontrolle unterliegen und gegebenenfalls durch hoheitliche Gestaltung ersetzt werden, was z. B. notwendig sei, wenn die Freiheit der Entscheidung wegen der „Abhängigkeit einer Partei von der anderen oder wegen Unterlegenheit in der Wertungsmöglichkeit fehlt".[6] Schmidt - Rimpler hat später selbst zugegeben, daß er mit dieser Lehre das Vertragsrecht vor dem Zugriff des autoritären Staates bewahren wollte, um eine vollständige Zurückdrängung der Vertragsordnung zu verhindern.[7] Es handelte sich dabei also um ein Teilzugeständnis an das autoritäre NS - Regime mit dem Ziel, den Vertragsgedanken wenigstens partiell zu erhalten.

Daß ein durch einen Gleichheitsgedanken politisch kontrolliertes Vertragsrecht mit den Grundsätzen der Privatautonomie schlecht zu vereinbaren ist, ist unschwer zu erkennen. Mag die Privatautonomie in ihrer Absolutheit, mit der sie von den liberalen Staatsauffassungen des letzten Jahrhunderts vertreten wurde, durchaus kritikwürdig sein, so ist sie gleichwohl ein auch heute noch dem gesamten Privatrecht übergeordnetes Prinzip, das sich z. B. in der Vertragsfreiheit, der Freiheit des Eigentums, der Testier- und der Koalitionsfreiheit niederschlägt und seinen verfassungs-rechtlichen Rückhalt in Art 2IGG hat.

---

[1] BVerfG NJW 1994, 36 = E 89, 24; bestätigt durch BVerfG WM 1996, 948.
[2] BVerfG NJW 1994, 36, 38.

[3] Minderjährigenschutz in §§104ff, 828, 1629II i.V.m. §§ 1795, 1638 ff, § 1643I i.V.m. § 1821ff. ; Abstraktionsgrundsatz § 929; Verschuldenshaftung §§ 280 ff. ,320 ff. , 823 ff; sachenrechtlicher Typenzwang §§ 1192, 1200 etc; Vertragsfreiheit § 305.
[4] Schmidt - Rimpler, Grundfragen der Erneuerung des Vertragsrechts, AcP Bd. 147 (1941), S. 130 ff.
[5] Schmidt - Rimpler, a. a. O. S. 138.
[6] Schmidt – Rimpler, a. a. O. S. 158.
[7] Schmidt – Rimpler, FS Raiser (1974), S. 9.

Das Bundesverfassungsgericht und zuvor bereits das Bundesarbeitsgericht[8] führten ungeachtet dessen mit der Lehre von den gestörten Vertragsparitäten eine neue Generalklausel[9] ein, die im Gesetz, anders als die anderen Grundsätze keinen Rückhalt hat und die in eindeutigem Widerspruch zur Privatautonomie steht. Auch bisher gibt es mit den §§ 138, 242 BGB sogenannte Einbruchstellen für Grundrechte in das Privatrecht. Ohne überhaupt nur zu versuchen, mit diesen Vorschriften zu argumentieren, wendete das höchste deutsche Gericht eine Lehre an, die einem zweifelhaften Kompromiß aus der dunkelsten Zeit unserer Geschichte entstammt. Dies erscheint im Licht des Demokratieprinzips des Art. 20 III GG problematisch, da eine richterliche Rechtsfortbildung in Anbetracht der bestehenden Generalklauseln nicht nötig war. Man könnte im Wege des argumentum e contrario schließen, daß der Gesetzgeber keine weiteren Durchbrechungen der Privatautonomie zulassen wollte, das Gericht mithin gegen den Willen des originären Gesetzgebers gehandelt hat.

Mit dieser bedenkenlosen Übernahme einer aus der NS - Zeit stammenden und rechtsstaatlich zumindest fragwürdigen Theorie hat das Bundesverfassungsgericht eine alte Wunde der deutschen Nachkriegsjurisprudenz wieder aufgerissen und zwar die nur unvollständig erfolgte Ausschaltung der nationalsozialistischen Einflüsse aus dem deutschen Recht. Die Rechtsentwicklung im Zeitraum von 1933 bis 1945 ist zwar Thema zahlreicher wissenschaftlicher Abhandlungen[10]. Daraus wurden jedoch selten die erforderlichen Konsequenzen gezogen. Eindeutig rassistische, unmenschliche oder rechtsstaatsfeindliche Normen wurden nach 1945 beseitigt. Einige Normen und dogmatische Grundansichten, bei denen der nationalsozialistische Einschlag weniger evident ist, sind jedoch mehr oder minder selbstverständlich beibehalten worden. In diesem Punkt fehlt bisher eine umfassende Bearbeitung. Ein Schulbeispiel bildet das genannte Urteil des Bundesverfassungsgerichts im Bereich des Zivilrechts.[11]

Das Zivilrecht hatte jedoch nie die politisch - weltanschauliche Brisanz des Strafrechts. Der nationalsozialistische Gesetzgeber hielt sich mit Eingriffen in das Privatrecht daher vergleichsweise zurück, soweit es Nichtjuden betraf.

Ganz anders im Strafrecht, welches das Volksleben am tiefsten und unmittelbarsten erfasse, wie Nagler 1944 formuliert.[12] Die Beeinflussung des Strafrechts war besonders umfassend, wie allein die Vielzahl von Gesetzesänderungen und Neuschaffungen zeigt.[13] Das BGB, HGB und die

---

[8] Aussperrungsurteile, NJW 1980, 1642 ff.

[9] So Adomeit, NJW 1994, 2467.

[10] zuletzt Werle, Justiz - Strafrecht und polizeil. Verbrechensbekämpfung im Dritten Reich, m. w. N.

[11] Ähnliches gilt für Haupts Lehre von den „faktischen Vertragsverhältnissen", die inzwischen nicht mehr vertreten wird, aber früher vom BGH teilweise herangezogen wurde, um billige Ergebnisse zu erzielen, so z.B. in BGHZ 21, 319 ff.

[12] Leipziger Kommentar – Nagler (6.Aufl.,1944), S.1.

[13] besonders umfangreich dabei: Gesetz vom 26.05.1933 (RGBl. I S. 295); „Gesetz gegen gefährliche Gewohnheitsverbrecher" vom 24.11.1933 (RGBl. I S. 995); Gesetz vom 28.06.35 (RGBl. I S. 839);

übrigen Zivilrechtsgesetze blieben demgegenüber weitgehend ohne weltanschaulich bedingte Veränderungen, sieht man einmal von dem Anklingen des Führerprinzips in § 76 AktG ab.

Die aus Gründen der Rassenideologie geschaffenen Gesetze, insbesondere die Nürnberger Rassegesetze[14], wurden nach dem Krieg vollständig aufgehoben. [15] Im Strafrecht ist dagegen eine Vielzahl von Normen weitgehend unverändert beibehalten worden. Dies erschiene unproblematisch, soweit es sich um Rechtssätze handeln würde, die noch aus der Zeit vor 1933 vor stammen und aus rechtsstaatlicher Sicht unbedenklich sind. Das geltende Strafrecht ist aber durchsetzt von Bestimmungen, die in der Zeit zwischen 1933 und 1945 in ihrer heutigen Form eingeführt worden sind. Als Beispiele im Besonderen Teil sind zu nennen die §§ 142, 153, 157, 211, 240, 253, 266, 316a, 323a und 323c StGB. Hinzu treten Rechtsansichten, die ideologisch durchdrungen waren, heute aber gleichwohl dem geltenden Strafrecht noch immanent sind, wenn auch aus anderen Erwägungen. Solche sind z.B. die Betonung des Pflichtgedankens als Gegensatz zum Rechtsgutsbegriff und die gesteigerte Bedeutung der Tätergesinnung im Verhältnis zur Bedeutung der Tat, wie Wolf und Spendel kürzlich hervorhoben.[16] All dies macht es notwendig, auf die Weitergeltung von nationalsozialistischen Rechtsgedanken im heute geltenden Strafrecht im Rahmen einer umfassenden Abhandlung einzugehen.

In einer ersten Stufe wird dabei das vermeintlich nationalsozialistische Gedankengut auf seine Herkunft untersucht, um auszuschließen, daß es sich um Lehren handelt, die auf frühere Rechtslehrer zurückgehen und daher nicht spezifisch nationalsozialistisch sind. Auf einer zweiten Ebene muß festgestellt werden, ob und wo die Nachkriegsrechtswissenschaft diese Grundgedanken übernommen hat. Dabei ist insbesondere die Rechtsprechung zu denjenigen Normen zu untersuchen, die im wesentlichen ihre heutige Fassung in der NS-Zeit erhalten haben. Einzugehen ist schließlich auch auf die Rechtsgelehrten, die sowohl im Dritten Reich, als auch in der Bundesrepublik die ideologisierten Lehren vertreten haben. Dies geschieht jedoch nicht, um ihre Tätigkeit vor und währen des Krieges als „regimetreu" herabzuwürdigen oder anzuprangern, sondern nur zur Veranschaulichung einiger psychologischer Linien, die sich seit 1933 über den Zusammenbruch 1945 hinweg bis zum heutigen Tage fortgesetzt haben und daher auch von den nachfolgenden Juristengenerationen aufgegriffen worden sind.

„Verordnung gegen Volksschädlinge" vom 05.09.1939 (RGBl. I S. 1679); Gesetz vom 04.09.1941 (RGBl. I S. 549); „Verordnung zur Angleichung des Strafrechts des Altreichs und der Alpen- und Donau – Reichsgaue" vom 29.05.1943 (RGBl. I S.339).

[14] „Gesetz zum Schutz des Deutschen Blutes und der Deutschen Ehre" vom 15.09.1935 (RGBl. I S. 1146).

[15] Aufgehoben durch Gesetz Nr. 1 des alliierten Kontrollrates vom 20.09.1945 (Amtsbl. S, 6).

[16] Gerhard Wolf, JuS 96, 189, 193 f.; Günter Spendel, JuS 96, 871, 872.

Weil nicht grundsätzlich jede aus dem Dritten Reich stammende Rechtsauffassung rechtsstaats- und demokratiefeindlich sein muß, ist auf einer Dritten Stufe schließlich die Vereinbarkeit der Normen bzw. Anschauungen mit den Grundsätzen unseres demokratischen Rechtsstaates zu überprüfen, wobei der Bestimmtheitsgrundsatz naturgemäß eine hervorgehobene Rolle einnimmt. Im Interesse besserer Übersichtlichkeit werden die ideologischen Ansätze nacheinander erläutert und sodann anhand der entsprechenden Tatbestände auf ihren heutigen Einfluß untersucht.

A.

Übergang vom formellen zum materiellen Verbrechensbegriff

Die nationalsozialistische Weltanschauung umfaßte eine Vielzahl von unterschiedlichen Denkansätzen, die ihren Ursprung teilweise in der Person Hitlers hatten, die andererseits auch dem schon im 19.Jahrhundert weit verbreiteten Antisemitismus sowie dem übertriebenen Nationalstolz des Kaiserreichs Wilhelms II entlehnt waren, der durch den Alldeutschen Verband und ähnlich germanophile Vereinigungen gefördert wurde. Anderbrügge bezeichnet als die hauptsächlichen Quellen das Parteiprogramm von 1920, Hitlers „Mein Kampf" und Rosenbergs „Mythus des 20. Jahrhunderts"[17]. Andere sehen die Patenschaft für das Entstehen der NS-Ideologie in der Spätromantik und der naturwissenschaftlichen Denkweise, die zu einem auf die Gebrüder Grimm zurückgehenden, archaischen Germanismus geführt habe. Dieser habe sich gegen die christlich- antike Tradition des Abendlandes gewandt und eine mit einem „Neuheidentum" verbundene Bauernromantik unterstützt.[18] Auch wird die Auffassung vertreten, die Ideologie des NS-Regimes sei kein einheitliches, in sich schlüssiges Gedankengebilde, sondern eine zusammenhangslose Aneinanderreihung von Vorstellungen, die verschiedene Gedankenmuster unpräzise zusammenführe.[19] Der Nationalsozialismus habe keine systematische Ideologie zu begründen vermocht, sondern erschöpfe sich in einem Ideenkonglomerat, das sich aus völkischen und rassischen Machtelementen speise. Gleiches gelte für den Bereich einer korrespondierenden Rechtsphilosophie, für die man sich aus der Geschichte zusammengeklaubt habe, was brauchbar schien.[20] Teilweise wird -scheinbar zur Vermeidung einer umfassenden Behandlung- schlicht behauptet, die Nationalsozialisten hätten kein Recht, mithin auch keine Ideologie gebraucht, da sie ohnehin gemacht hätten, was sie wollten.[21]

---

[17] Anderbrügge, Völkisches Rechtsdenken, § 6, S. 46 ff.
[18] Mitteis/Lieberich, Deutsche Rechtsgeschichte, S. 457.
[19] Ebel, Rechtsgeschichte, Bd.2, S.216.
[20] Vgl. die umfangreichen Nachweise bei Werle, S.45 f.
[21] So Wesel, Geschichte des Rechts, S. 473.

Andere Autoren mahnen hingegen zu Recht, daß man sich nicht von Ansichten distanzieren könne, die man in ihrem Sinngehalt nur oberflächlich erfaßt habe.[22] Zuvor muß jedoch eine Grundessenz dessen gefunden werden, was sich nationalsozialistische Ideologie oder gar Rechtsphilosophie nennen könnte. Die grundsätzliche Negation einer solchen würde diese Arbeit überflüssig machen, die sich mit der Geltung solcher Ansichten im heutigen Strafrecht befaßt.

I. Ideologische Grundlagen

Der Versuch, die Strafrechtsentwicklung zwischen 1933 und 1945 als Verwirklichung eines weltanschaulichen Programms zu beschreiben, ist nach Werle bisher erfolglos. Es fehle bereits am Bestehen eines nationalsozialistischen Strafrechtsprogramms, weshalb man bei der Untersuchung der Strafrechtsprobleme anhand der allgemeinen Weltanschauung auf schwankendem Boden stehe.[23] Wolf hält es für einen Offenbarungseid, daß die Bestimmung eines solchen Strafrechtsprogramms bis heute nicht gelungen ist.[24] Schließlich wird sogar behauptet, die Ideologie habe sich nicht kontinuierlich weiterentwickeln und in die verschiedenen Rechtsgebiete eindringen können. Sie sei über das Programm aus der Entstehungszeit, also um 1920, nie hinausgekommen.

Selbst die Urheber der nationalsozialistischen Strafrechtsideologie hätten keine genaue und vor allem übereinstimmende Vorstellung über Inhalt und Reichweite der einzelnen Ansätze gehabt. Es habe unter führenden Parteigenossen weit auseinandergehende Einschätzungen zu den unterschiedlichen Problemkreisen gegeben. Lediglich über bestimmte Kernthesen habe Einigkeit bestanden, ohne daß mehr als vage Kenntnisse über deren Vertiefung vorhanden gewesen wären.[25]

Hier soll untersucht werden, welche Auswirkungen die nationalsozialistische Weltanschauung auf das Strafrecht in den konkreten Ausformungen der einzelnen Ansätze hatte. Eine umfassende Untersuchung aller Leitgedanken muß nicht erfolgen, da nur solche von Interesse sind, die ihren Niederschlag auch noch im heutigen Strafrecht finden könnten. Vernachlässigt werden kann daher der gesamte Rassegedanke in sämtlichen Ausformungen wie z.B. Antisemitismus, Reinheit des Blutes, Erschaffung einer „Herrenrasse“, weil dieser dem bundesdeutschen Strafrecht offensichtlich nicht immanent ist. Gleiches gilt für das Führerprinzip, welches im Strafrecht ebenfalls keine Stütze mehr findet. Es fragt sich, wo die „Einbruchstellen“ der Ideologie in das Strafrecht liegen.

---

[22] Wolf, Befreiung des Strafrechts vom nationalsozialistischen Denken?, JuS 1996, 189, 191.
[23] Werle, Justiz-Strafrecht, S. 48.
[24] Wolf, a.a.O. S. 191.
[25] Anderbrügge, a.a.O. S. 33.

1. „Völkisches Strafrecht“

Eine der Einbruchstellen könnte der „völkische“ Gedanke sein, wenn man an das sogenannte „gesunde Volksempfinden“ als eine der bekanntesten Generalklauseln aus der NS-Zeit denkt. Das „völkische“ in seiner Weltanschauung hat Hitler in „Mein Kampf“ umfassend behandelt. Demnach sei es eine Aufgabe der NSDAP, die wesentlichen Grundzüge einer allgemeinen völkischen Weltvorstellung herauszustellen und daraus ein Glaubensbekenntnis zu erschaffen, das durch die organisatorische Erfassung großer Menschenmassen seinerseits die Voraussetzung für die siegreiche Durchsetzung der Weltanschauung sei.[26] Dieser Zirkelschluß sagt inhaltlich nichts anderes, als daß die Partei festzulegen habe, was Volksanschauung sei und was nicht. Eine weitergehende Erläuterung der völkischen Aspekte in der Ideologie gibt Hitler in seinem Buch nicht. Man befände sich also auf sehr dünnem Eis, wenn aus den Äußerungen des politischen Führers die innere Bedeutung der nationalsozialistischen Anschauung ergründet werden sollte, sofern ein tieferer Sinn überhaupt besteht. Um diesen unsicheren Boden zu verlassen greift der Verfasser auf die Schriften derjenigen zeitgenössischen Autoren zurück, die versucht haben die Ideologie in das Strafrecht zu transformieren. Wenngleich also vielfach bestritten wird, daß es eine einheitliche nationalsozialistische Weltanschauung überhaupt gibt, so treten einige Grundgedanken, die diesem Geist entstammen, in den Abhandlungen von vielen zeitgenössischen Autoren immer wieder auf und werden umfangreich erläutert. Der Verfasser bedient sich daher der Darstellungen der Juristen, die versucht haben, die Ideologie in eine rechtliche Bahn zu lenken. Dies waren nicht die politischen Hauptakteure, bei denen es sich meist um juristische Laien handelte. Ihre Transformation in die Rechtswissenschaft erlangten die NS- Gedanken vielmehr erst durch die juristischen Gelehrten, die sich ihrer annahmen.

Freisler formuliert in einer Denkschrift der Akademie für deutsches Recht, daß Rechtsnormen nicht nur durch gesetztes Recht entstünden, sondern durch das Rechtsbewußtsein des Volkes überhaupt.[27] In der seinerzeit viel beachteten Denkschrift des Preußischen Justizministers aus dem Jahre 1933 erläutert er, was im Rahmen der sogenannten „Strafrechtserneuerung“ in den Mittelpunkt der Strafrechtspolitik treten solle. Während der Weimarer Zeit habe der Verbrecher im Zentrum der Bemühungen der Strafrechtspflege gestanden, das liebevolle Sichversenken in seine Seele, das Verstehen seiner Eigenart und das mitleidige Bedauern ihm gegenüber als einem Produkt seiner Umwelt. Dort müsse nun die Hege und Pflege des Volksorganismus stehen, nämlich Schutz des Staates in seinem Bestand, der Familie, der Ehre, der „Wehr- und Arbeitskraft des deutschen Mannes“, sowie die „Mutterkraft der deutschen

[26] Hitler, Mein Kampf, S. 424.
[27] Freisler, Denkschrift des Zentralausschusses der Strafrechtsabteilung der Akademie für deutsches Recht, S. 11.

Frau".[28] In einer anderen Schrift erklärt er den völkischen Gedanken mit der untrennbaren Verbundenheit von Staat und Volk, wobei der Staat eine natürliche Erscheinungsform aus dem organischen Leben des Volkes darstelle.[29]

Diese Erläuterungen lassen nur erahnen, daß nach dem völkischen Prinzip der ethischen Auffassung der Bevölkerungsmehrheit im Rahmen der Gesetzgebung und Jurisdiktion ein größeres Gewicht beikommen sollte, als dies im strengen Gesetzespositivismus des 19. Jahrhunderts der Fall war. Konkreter wurde Hans Frank durch seine Abgrenzung von Recht und Unrecht: „ Alles was dem Volke nützt, ist Recht, alles was ihm schadet, ist Unrecht."[30] In Ablehnung des positivistischen Begriffssystems sollten also Ansichten des Volkes, nicht aber das geschriebene Gesetz allein über Recht und Unrecht entscheiden. So bestehe das Strafrecht nicht nur aus StGB, Strafprozeßordnung und Vollstreckungsrecht, sondern auch aus der Volksanschauung über Verbrecher und der Überzeugung des Volkes von der Notwendigkeit der Strafe. Ein Strafgesetzbuch müsse der positive Ausdruck der Verwirklichung der Rechtsidee des Nationalsozialismus auf dem Gebiet der Strafrechtspolitik sein, an der die gesamte Volksgemeinschaft als Mitgestalterin und Mitträgerin des Strafrechtsdenkens beteiligt sein sollte. Nur dann erscheine das Strafrecht nicht mehr als abgekapselte Sonderarbeit der Justiz, sondern als allgemein verständliches und beachtetes Volksstrafrecht.[31]

Das angestrebte, „völkische" Recht richtete sich demnach weniger nach den Bedürfnissen des einzelnen als nach denen der breiten Bevölkerungsmassen . Nicht vom Delinquenten sollte die verhängte Strafe als gerecht empfunden werden, sondern vom Volk.

2. Ablehnung der liberalen Staatsauffassung

Der Positivismus, der das 19. Jahrhundert und auch die Weimarer Republik bestimmte, mußte dabei hinderlich wirken. Er diente dem Schutz des Bürgers vor willkürlichen staatlichen Eingriffen, indem er durch ein umfangreiches Begriffssystem die Vorhersehbarkeit der obrigkeitlichen Handlungen zu maximieren versuchte.

Generalklauseln, Ermessensentscheidungen und unbestimmte Rechtsbegriffe wurden als der Rechtssicherheit abträgliche Einrichtungen abgelehnt bzw. möglichst restriktiv verwendet und ausgelegt. Diese Entwicklung war im Sinne der liberalen Staatsauffassung, die auch zur Formulierung von Grundrechten in der Paulskirchen- Verfassung sowie in der Weimarer Reichsverfassung führte.

---

[28] Freisler, Denkschrift des Preußischen Justizministers, S. 8.
[29] Freisler, FS Lehmann, S. 46.
[30] Hans Frank, Nationalsozialistisches Handbuch für Recht und Gesetzgebung, Einleitung, S. XIV.
[31] Hans Frank, nationalsozialistische Strafrechtspolitik, S. 9.

Dem liberalen Staatsgedanken lag der Begriff des status negativus[32] zugrunde, wonach der einzelne die größtmögliche Freiheit erlangt, wenn der Staat nicht auf seinen Lebensbereich einwirkt, sei es positiv durch Leistungen oder negativ durch Grundrechtseingriffe. Die persönliche Freiheit verhielt sich demnach reziprok proportional zur Anzahl der Reglementierungen von hoheitlicher Seite. Gerade im Bereich des Strafrechts mit seinen einschneidenden Möglichkeiten der Beeinträchtigung der wirtschaftlichen oder persönlichen Freiheit bzw. des Lebens sollte daher das feste Begriffssystem keine willkürlichen Bestrafungen zulassen. Feuerbachs Sätze „ nullum crimen, nulla poena sine lege“[33] wurden zum Bestandteil des bayerischen StGB von 1813, des preußischen StGB von 1851 und später des Reichsstrafgesetzbuches von 1871[34], das bis 1933 im wesentlichen unverändert galt. In § 2 RStGB wurde das Analogieverbot normiert. Es ließ keinen Spielraum für die Einbeziehung der Ansichten der Bevölkerung in die Entscheidung über Strafbarkeit oder Straflosigkeit eines Verhaltens. Franz von Liszt bezeichnete die Sätze treffend als Bollwerk des Einzelnen gegenüber der rücksichtslosen Macht der Mehrheit, gegen den „Leviathan“. Das Strafrecht sei die rechtlich begrenzte Strafgewalt des Staates, es schütze nicht die Gesamtheit, sondern den sich auflehnenden einzelnen, dem es verspricht, ihn nur unter den gesetzlichen Voraussetzungen und nur innerhalb der rechtlichen Grenzen zu bestrafen. Das Strafgesetzbuch sei die „magna charta des Verbrechers“.[35]

2.1 Entscheidung „Mark gleich Mark“

Während der Inflationszeit nach dem Ende des ersten Weltkriegs entwickelte sich anhand der „Mark gleich Mark“-Entscheidung des Gesetzgebers erstmals heftige Kritik an der festen Bindung des Richters an das geltende Recht, die wenig Spielraum für ethische Wertungen ließ. Die Reichsregierung hatte versucht, zur Erleichterung der Tilgung von Kriegsschulden eine Durchführungsverordnung zur „Abgeltungsverordnung“ durchzusetzen, in welcher die Mark der galoppierenden Inflation mit der Mark der Kriegszeit gleichgesetzt werden sollte. Zuvor hatte das Reichsgericht am 28.11.1923 und in weiteren Entscheidungen das Abtragen einer gegen besseres Geld eingetragenen Hypothek mit entwertetem Inflationsgeld unter Hinweis auf den Grundsatz von Treu und Glauben für sittenwidrig erklärt.[36] Diese Rechtsprechung wäre durch die geplante Verordnung obsolet und die allgemein als unbillig empfundene „Mark gleich Mark“-Regelung geltendes materielles Recht geworden.

Daher formierte sich ein bis dahin unbekannter Widerstand in Form eines Appells des Richtervereins am Reichsgericht.

---

[32] Begriff von Jellinek, System der subjektiven öffentlichen Rechte, S. 94.
[33] Feuerbach, Lehrbuch, 13.Aufl., S. 41.;. zur Geschichte des „nullum-crimen-Prinzips“ ausführlich Krey, Keine Strafe ohne Gesetz, S.12 ff.
[34] Reichsstrafgesetzbuch vom 15.05.1871 (RGBl. S. 127).
[35] F. v. Liszt, Strafrechtliche Aufsätze, Bd.2, S. 80.
[36] RGZ 107, 78, 87; 107, 370, 372.

Erstmals in der deutschen Geschichte seit 1871 drohten die Richter des höchsten deutschen Gerichts an, ein Gesetz wegen eines Verstoßes gegen Treu und Glauben bzw. die guten Sitten nicht anzuwenden und sich darauf stützende Klagen abzuweisen.[37] Zwar hielt sich das Reichsgericht, dem ein mit dem heutigen Bundesverfassungsgericht vergleichbares Kontrollorgan fehlte, in ständiger Rechtsprechung für befugt, die formelle und materielle Übereinstimmung von Gesetzen und Verordnungen mit dem geltenden Recht zu überprüfen.[38] Eine Überprüfung positiven Rechts anhand außergesetzlicher Wertungsgrundlagen wie den Sittengesetzen hatte das Reichsgericht bis dahin jedoch nicht durchgeführt. In der Auflehnung der Richter gegen die „Mark gleich Mark"–Regelung wurde einerseits die Folge einer „Gesetzesdämmerung" gesehen. Die Reichsregierung versuche durch eine Vielzahl von Ermächtigungsgesetzen und Verordnungen den klassischen Verfassungsstaat zu untergraben, wogegen sich die Justiz ein Widerstandsrecht herausnehme, um durch die Beachtung des „Rechtsgefühls" den demokratischen Absolutismus der Mehrheit gegen den Gesetzesabsolutismus, die „Nomomachie" der Regenten zu schützen.[39]

Mit der Dritten Steuernotverordnung vom 14.02.1924[40] gab der Verordnungsgeber dem Druck der Kritik schließlich nach. Nach Angaben des Reichsjustizministers sollte mit dieser Verordnung die Aufwertungsfrage unter Zugrundelegung der Reichsgerichtsentscheidung vom 23.11.1923 in einer „dem allgemeinen Volksempfinden, der Ethik und Sittlichkeit entsprechenden Weise"[41] gelöst werden.

Im materiellen Zivilrecht war es bereits möglich, durch die Generalklauseln der §§ 138, 242, 826 BGB als „Einbruchstellen" für ethische Gesichtspunkte, das sogenannte „Volksempfinden" in die Entscheidungen einzubeziehen. Im Strafrecht hingegen fehlten aufgrund des Bestimmtheitsgebotes aus § 2 RStGB solche Einbruchstellen. Den Konflikt um die „Mark gleich Mark"–Verordnung bemüht daher auch Carl Schmitt zur Begründung seiner Ablehnung des normativistischen Rechtssicherheitsbegriffs. Mit den Feststellungen „Mark gleich Mark" und „Vertrag gleich Vertrag" könne zwar ein Reichsgerichtsrat einen Prozeß schnell und sicher entscheiden. Trete aber an die Stelle der Würdigung einer „konkreten wirklichen Ordnung" ein System abstrakter Normen, werde nicht nur die Gerechtigkeit zerstört, sondern auch die richtig verstandene Rechtssicherheit.[42]

---

[37] Richterverein am Reichsgericht, JW 1924, 90.
[38] RGZ 9, 235; 24, 3; 25, 274; 45, 270; 48, 84; 77, 231.
[39] James Goldschmidt, Gesetzesdämmerung, JW 1924, 245, 247 ff.
[40] RGBl. I S. 74.
[41] Zitiert nach RGZ 107, 370, 372.
[42] Carl Schmitt, Nationalsozialistisches Rechtsdenken, DR 1934, 225, 227.

2.2 Einheit von Volk und Staat

Mit dem vorbehaltlosen Positivismus des 19. Jahrhunderts, der gerade dem Strafgesetz im Interesse der Rechtssicherheit und zur Vermeidung absolutistischen Herrschergebarens auch eine Schutzfunktion für den Täter verlieh, ließ sich der völkische Gedanke der NS-Ideologie also nicht vereinbaren. Deren Vertreter liefen daher insbesondere gegen § 2 RStGB Sturm. Nach ihrer Auffassung sollte gerade kein Gegensatz mehr zwischen dem Einzelnen und dem Staat, sondern die beschriebene organische Einheit bestehen, der Einzelne vielmehr ein Teil der völkischen Gemeinschaftsordnung sein[43]. Der Einzelne sei nicht mehr der egoistisch und rein vernunftsgemäß handelnde, sondern der „volksverbunden, aus freien Stücken zu Hingabe und Opfer bereite Mensch".[44]Schmitt rügt das liberale Gesetzesdenken als eine Rechtsblindheit. Demnach verwandele sich die Justiz in einen Zurechnungsbetrieb, auf dessen Funktionieren der Verbrecher ein berechenbares subjektives Recht habe , während Staat und Volk in der angeblich lückenlosen Legalität gefesselt seien.[45]

Aus der Ablehnungshaltung gegenüber dem formalen Begriffssystem heraus wurde dann eine analogiefreudigere Rechtsauffassung entwickelt, die mehr Spielraum für die Einbeziehung des Volkswillens gewähren sollte. Während im liberalen Staat das Recht ein Konglomerat widerstreitender Einzelinteressen gewesen sei und ein starres Begriffssystem eingeführt wurde, um ein Höchstmaß an Rechtssicherheit zu garantieren, sei dies bei völkischem Recht nicht notwendig. Solche begrifflichen und systematischen Gliederungen hätten neben dem in „starker Weltanschauung zielsicher begründeten Willen der Staatsführung" nur sekundäre Bedeutung, da die wissenschaftlichen gezogenen begrifflichen Linien sich nicht elastisch dem „völkisch ausgeprägten Entwicklungsdrang des Lebens"[46] anpaßten. Dieses sogenannte dynamische Recht sollte sich nicht durch die als „liberalistisch" herabgewürdigten feststehenden Begriffe des materiellen Rechts aufhalten lassen, sondern seine Rechtssätze nach den jeweiligen Bedürfnissen des Gemeinschaftslebens formen, um sich so dem „Fluß des Lebens"[47] besser anzupassen.

Der Schaffung eines Strafgesetzes müsse eine Norm vorausgehen, die nach der allgemeinen Volksanschauung eine Handlung verwirft und ihr Verbot begründet. Dabei sei Gegenstand des Strafgesetzes nur, was zuvor die NSDAP als verfolgungswürdig befunden hat, weshalb Normen im materiellen Sinn nur anerkannt oder negiert werden können bei Anordnung durch die Partei als „Volksführungsorganisation".[48]

---

[43] Zimmerl, Festschrift Gleispach, 1936, S. 173.
[44] Henkel, Strafrichter und Gesetz, S. 65; Schem, Die Analogie im Strafrecht, S. 90.
[45] Carl Schmitt, Der Führer schützt das Recht, DJZ 1934, 946, 947.
[46] Coenders, FS Lehmann (1937), S. 27f.
[47] Coenders, a.a.O. S. 32.
[48] Hans Frank, Nationalsozialistische Strafrechtspolitik, S. 14

Auffällig sind bei den Erläuterungen die ständigen Hinweise auf die Partei oder den Willen der Staatsführung. Klar zu erkennen ist daher, daß mit Volksanschauung immer diejenige Ansicht gemeint war, die die NSDAP vorgab. Es ging den Autoren also nicht um eine wirkliche Mitbestimmung der Bevölkerungsmehrheit im Strafrechtsbereich zum Zwecke der besseren Verständlichkeit und der Identifikation mit der Rechtspflege. Das völkische Prinzip diente vielmehr nur der Sicherung des Einflusses der Partei, mithin der Staatsführung und dem Führergedanken. Demnach bildeten die Reden und Schriften Hitlers die nationalsozialistische Weltanschauung und konkretisierten den Maßstab dafür, was für die Volksgemeinschaft schädlich und nützlich sei.[49] Die Leitgedanken des politischen Führers bestimmten somit den groben Rahmen dessen, was „volksschädlich" und strafbar und was der Volksgemeinschaft nützlich und straflos bleiben sollte. Der Führergedanke war daher das dem völkischen Rechtsdenken übergeordnete Prinzip, was unter dem Aspekt der Weitergeltung dieser Gedanken im Auge zu behalten ist.

II. Auswirkungen auf das Strafrecht

1. Methodenlehre

Im strafrechtlichen Bereich führte der völkische Gedanke zur Abkehr von der sogenannten formellen und Hinwendung zur materiellen Rechtswidrigkeitsbestimmung. Die formelle Unrechtslehre wurde als Kind der individualistischen Rechtssicherheitsauffassung des liberalen Staatsgedankens gesehen, wobei regelmäßig Franz von Liszt mit seiner These des Strafgesetzbuches als magna charta des Verbrechers als negatives Beispiel angeführt wird. Dieser Gesetzespositivismus im alten Sinne wurde radikal abgelehnt. Er sei ein falscher Positivismus, weil er das vom Gesetzgeber erlassene, formelle Gesetz als allein maßgeblich betrachte.[50] Auch der nationalsozialistische Staat schaffe sich zwar Recht in Gesetzesform. Die gesetzespositivistische Betrachtung der materiellen Rechtswidrigkeit im Sinne des neuen Rechts bedeute aber, daß insbesondere diejenigen Bestimmungen materiell zu beurteilen seien, die schon vom Wortlaut her eine materielle Bestimmung von Recht und Unrecht fordern.[51]

Von den zeitgenössischen Autoren wurde unterschiedlich beurteilt, was inhaltlich unter materiellem Recht bzw. materieller Rechtswidrigkeit zu verstehen sei. Materielles Recht war jedenfalls nicht im heutigen Sinne als Gegensatz zum Verfahrensrecht als dem formellen Recht zu verstehen. Die Verfahrensgesetze schienen nach dieser Auffassung dem formellen Recht

[49] Schwinge/Zimmerl, Wesensschau und konkretes Ordnungsdenken im Strafrecht, S. 58.
[50] Mezger, Die materielle Rechtswidrigkeit im kommenden Strafrecht, ZStW Bd.55 (1935) S.1.
[51] Mezger, a.a.O. S.2.

anzugehören, das als Oberbegriff das gesamte geschriebene Recht zu umfassen schien.

Als materiell rechtswidrig war eine Handlung nach Schaffstein einzustufen, wenn sie im Widerspruch zu der völkischen Sittenordnung stehe. Recht und Sittlichkeit wurden als Einheit angesehen, weshalb die gesetzlichen Wertungen auf die volksethischen zurückzuführen seinen.[52] Auch Nagler und Schem wollten das materielle Recht unmittelbar aus dem Volksgewissen bzw. Volksbewußtsein als „Urquell allen Rechts" herleiten. Dieses biete dabei die Gewähr dafür, dass sich die Grenzen des strafrechtlich erheblichen nicht bis in die letzten Winkel der Normbereiche von Religion und Sittlichkeit ausdehnen.[53]

Mezger bezeichnete den „politischen Gestaltungswillen des Volkes" als entscheidenden Umstand für die materielle Bestimmung von Recht und Unrecht. Dieser Gestaltungswille bestimme seinen Inhalt durch die Geschichte des deutschen Volkes, seine Schicksalsgemeinschaft in Vergangenheit und Gegenwart, die Prägung durch Blut und Boden, sowie die Reinheit des Fühlens und Denkens deutscher Rasse. Materiell rechtswidrige Handlungen seien daher als Handlungen gegen die nationalsozialistische Weltanschauung zu definieren.[54]

Freisler sieht in einem Strafgesetzbuch, das seinen Normen einen Ausschließlichkeits- und Vollständigkeitsanspruch zuweise, zu wenig Raum für die Sühne einer „Straftat", die auch bei teleologischer Auslegung nicht vom Straftatbestand erfaßt wird, die aber nach gesundem Volksempfinden eine Strafe verdiene. Quelle des Rechts sei nicht das Gesetz, sondern die völkische Sittenordnung. Demgegenüber sei das Gesetz nur eine – und nicht die einzige – Erkenntnisquelle des Rechts.[55] Gallas prägt schließlich den Begriff der „nationalsozialistischen Gemeinschaftsethik"[56] und kennzeichnete damit am besten den angestrebten Gleichklang von Parteiwillen und Volksanschauung.

Sämtlichen Autoren ist gemein, daß sie unter materiellem Recht das auf die eine oder andere Weise vom Volk geprägte Sittengesetz verstehen, während formelles Recht das geschriebene Gesetz ist. Dabei machte die Gleichsetzung der moralischen Vorstellungen des Volkes mit den Anschauungen der Staatsführung das Wesen des „Regierungsstaates" aus.[57] Erläuterungen zu Möglichkeiten einer inhaltlichen Eingrenzbarkeit des sogenannten Volksempfindens blieben die Autoren jedoch schuldig. Es bestand mithin damals wie

---

[52] Schaffstein, Die materielle Rechtswidrigkeit im kommenden Strafrecht, ZStW, Bd.55, S.19.
[53] Nagler, Gerichtssaal, Bd. 111 (1938), S. 40; Schem, Die Analogie im Strafrecht, S. 91..
[54] Mezger, a.a.O. S. 9.
[55] Freisler in Gürtner, Das kommende deutsche Strafrecht, BT, S. 56.
[56] Gallas, ZStW Bd. 60 (1940), S. 378.
[57] Schem, Die Analogie im Strafrecht, S. 94: „Der Wille des Regierenden ist der Maßstab, nach dem sich sämtliche Instanzen des Staates zu richten haben, und er gibt diesen Instanzen seinen Willen kund in der Form des für alle verbindlichen Befehls."

heute das Problem, daß es Rechtsgebiete auch innerhalb des Strafrechts gibt, die einer Volksanschauung nicht zugänglich sind, wie z.B. Teile des Wirtschaftsstrafrechts, wo der nicht betroffene Bürger in der Regel keine Empfindungen zu Sachfragen wie dem Einsetzen der Strafbarkeit eines GmbH-Geschäftsführers bei Verzögerung einer Konkursanmeldung haben wird. Den Großteil der Bevölkerung wird es schlichtweg nicht interessieren, welcher Überschuldungsbegriff dem Tatbestand des § 84 I Nr.2 GmbHG zugrunde zu legen ist, der rechnerische des § 64 I S.2 GmbHG bzw. § 130a I HGB oder der vom Bundesgerichtshof inzwischen anerkannte[58] zweistufige Überschuldungsbegriff. Auch hier entscheiden also Auslegungsfragen über Strafbarkeit oder Straflosigkeit der unterlassenen Konkursanmeldung, ohne daß man von einem „Volksempfinden" sprechen könnte, das einen der Begriffe bevorzugte. Solche von der Allgemeinheit eher emotionslos betrachteten Gebiete des Strafrechts boten daher keinen Spielraum, um über die Betonung des Volksethos Einbruchstellen für die Ideologie zu schaffen. Sie können insbesondere auch im Hinblick auf die geringen Sanktionshärten hier vernachlässigt werden. Wesentlich gefährlicher war dagegen die Aufweichung der Leib und Leben schützenden Tatbestände sowie der klassischen Vermögensdelikte durch den Einfluß der Weltanschauung im Mantel des „gesunden Volksempfindens".

Als exemplarisch für die durch die Verfechter des völkischen Gedankens angefeindete, positivistisch orientierte Rechtsprechung sei hier ein Urteil des Reichsgerichts aus dem Dezember des Jahres 1933 genannt.[59] Das Gericht hatte zwei Angeklagte, die mit einer breitgeschlagenen zwei-Pfennig-Münze statt der eigentlichen Gesprächsgebühr von einem Groschen mehrfach Gespräche mit einem Münzfernsprecher geführt hatten, nicht nach § 1 des Gesetzes betreffend die Bestrafung der Entziehung elektrischer Arbeit vom 09.04.1900[60] verurteilt. Dies wurde mit der Negation des Tatbestandmerkmals „mittels eines Leiters" begründet, wobei das Reichsgericht, gestützt auf die Gesetzgebungsmaterialien, von einer naturwissenschaftlichen Definition ausging und als Leiter eine Vorrichtung bezeichnete, die „vermöge ihrer physikalischen Eigenschaften geeignet ist, den elektrischen Strom fortzupflanzen".[61] Auch ein kupfernes Zwei-Pfennig-Stück leitet zweifellos elektrischen Strom. Zur Tatbestandsmäßigkeit gehört jedoch die Entziehung der Energie *mittels* des Leiters, was eine Umleitung des elektrischen Stroms durch den Körper des Leiters voraussetzt. Eine solche Funktion hatte das Geldstück, das durch sein Gewicht lediglich innerhalb des Fernsprechers mechanisch die Freigabe der Wählscheibe bewirkte, nicht. Eine Anwendung der Norm hätte insbesondere zu einer Aufweichung der Straflosigkeit des furtum usus geführt, da das Reichsgericht dann bei jeder Benutzung eines fremden elektrischen Gerätes eine Strafbarkeit hätte bejahen

[58] BGHZ 119, 201, 214.
[59] RGSt 68, 65.
[60] Die Norm entspricht dem heutigen § 248c StGB.
[61] RGSt a.a.O. S. 67.

müssen, was eine Ungleichbehandlung gegenüber der Gebrauchsanmaßung bei nicht elektrisch betriebenen Sachen bedeutet hätte. Aufgrund fehlender Tatbestandsmäßigkeit hat das Gericht daher in kluger Mäßigung die Angeklagten nicht nach dieser Norm bestraft, sondern wegen Betrugs, was die Kritiker des Urteils freilich kaum zur Kenntnis nahmen. Bei ihnen handelte es sich um „Glaubenskrieger", denen es um die Bekämpfung strenger Begriffe ging und die sich nicht durch die Tatsache der Ahndung der Tat nach einer anderen Norm von ihrer Kritik hätten abbringen lassen.

Nach Auffassung der Kritiker sei einem juristischen Laien nicht verständlich zu machen, daß eine Tat, die von der Art des verbrecherischen Willens und dem Ergebnis der schädigenden Handlung einem Tatbestand entspreche, nur deshalb nicht bestraft werden könne, weil „zufälligerweise" die Ausführung aufgrund technischen Fortschritts in anderer Weise erfolgt sei als vom Gesetzgeber gedacht.[62] Zur Betonung des völkischen Gedankens wird an der gleichen Entscheidung kritisiert, daß den Kern des Rechts das Volksbewußtsein bilde, Recht grundsätzlich also mehr sei als die Summe des Wortlauts aller geschriebenen Gesetze.[63] Carl Schmitt sah in dem Urteil ein Mißverhältnis des „angeblichen" Gesetzespositivismus zum allgemeinen Rechtsempfinden besonders kraß zutage treten, weil dort versucht worden sei, die Buchstaben des Gesetzes von seinem Geist zu trennen. Ein des Geistes beraubter Buchstabe könne jedoch ebensowenig Interesse erzeugen wie ein Geist, der sich nicht durch Worte erkennbar machen könne. Jeder werde daher angesichts solcher Jurisdiktion dem Satz „Kein Verbrechen ohne Strafe" , nullum crimen sine poena, gegenüber dem Satz nulla poena sine lege die höhere und stärkere Rechtswahrheit beimessen.[64]

1.1 Kritik an § 2 RStGB vor 1933

Die in ihrer Herkunft schwer einzuordnende allgemeine Ideologie der Nationalsozialisten legt den Verdacht nahe, daß auch die einzelnen Aspekte ihrer Strafrechtsanschauungen bereits im Geist des 19. Jahrhunderts wurzelten.

Es ist daher zu fragen, ob die Ablehnung des Analogieverbotes und Hinwendung zu einem völkischen und dynamischen Recht erst im Fahrwasser der NS-Weltanschauung entstanden oder bereits zuvor in ähnlicher Weise formuliert worden ist. Dabei soll hier nicht zu den unterschiedlichen Ansätzen an sich Stellung genommen werden, sondern lediglich zu den eventuellen Übereinstimmungen mit der NS- Rechtslehre.

[62] Krug , DJ 1934, 535.
[63] Matzke, JW 1934, 1609, 1615.
[64] Schmitt , Der Weg des deutschen Juristen, DJZ 1934, S. 690, 693.

a) Jhering/Heck

Eine Kritik an der Statik der Rechtsbegriffe im Positivismus geht auf Jhering zurück, der mit der Einführung des Zweckgedankens[65] in das Recht großen Einfluß auf Zivil- und Strafrechtsdogmatik hatte. Seine Lehre war beherrscht von dem Postulat der Vernichtung des Scheins der absoluten Wahrheit der juristischen Begriffe. Diese sollten aufgedeckt werden als bloße Formen eines gegebenen Inhalts, der unter anderen Umständen auch anders sein könnte.[66] Er entwickelte ein Zweckgesetz, wonach keine Handlung ohne Zweck vollzogen werden konnte. Wie mechanische Bewegungen stets eine Ursache hätten, die wissenschaftlich begründbar seien, hätten Regungen des menschlichen Willens ihre Ursache in einem psychologischen Kausalitätsgesetz, dem Zweck. Es gebe daher kein Wollen und keine Handlung ohne Zweck.[67] Diese Ansicht hat sich an verschiedenen Abschnitten ihren Weg in das Strafrecht gebahnt. Evident erscheint der Ursprung des Jheringschen Zweckgedankens für die finale Handlungslehre Welzels, die Handlungen lediglich in zweckgesteuerten Tätigkeiten erkennt.[68] In den hier interessierenden Bereich der Strafrechtsmethodik hielt der Zweckgedanke über den von Heck geprägten Begriff der Interessenjurisprudenz Einzug. Wie bereits die Interessenjurisprudenz, standen auch die Befürworter einer volksorientierten und dynamischen Gesetzesauslegung im Widerspruch zu dem Begriffssystem, das das Recht des 19. Jahrhunderts beherrschte. Während demnach die Begriffsjurisprudenz den Richter auf die logische Subsumtion der Sachlage unter die Rechtsbegriffe beschränke und ihn so zu einem nach den Gesetzen der Mechanik funktionierenden „Rechtsautomaten" mache, fordere die Interessenjurisprudenz die Einbeziehung der Absichten, die der Gesetzgeber mit der Schaffung der Norm verfolgt habe. Diese Interessen sollten auch auf die gesetzlich nicht geregelten Sachverhalte einwirken und auf diese Weise die Rechtsprechung den Lebensbedürfnissen anpassen.[69]

Man könnte meinen, hier einen dogmatischen Vordenker für die Ablehnung eines „starren" Normativismus durch die Rechtslehrer der NS-Zeit gefunden zu haben. Hecks Forderung nach der Beachtung der kausalen Interessen des Gesetzgebers, die zu einer richterlichen Rechtsfortbildung, einer „Rechtsgewinnung" führen sollte, was er eine historisch- teleologische Auslegung nannte[70], scheint auf den ersten Blick ebenfalls antipositivistisch zu sein.

Dennoch erschiene es als zu oberflächlich, Jhering bzw. Heck als methodologische Wegbereiter der Lehre vom völkisch-dynamischen Recht zu bezeichnen, weil als Grenze jeder Auslegung stets der noch mögliche Wortsinn

---

[65] Jhering, Zweck im Recht, Motto: Der Zweck ist der Schöpfer des ganzen Rechts.
[66] Jhering, Briefe an seine Freunde, S. 177 (an Windscheid).
[67] Jhering, Der Zweck im Recht, 1.Bd., S. 2.
[68] Welzel, Das Deutsche Strafrecht, S. 33 ff.
[69] Heck, Begriffsbildung und Interessenjurisprudenz, S.4.
[70] Heck, Gesetzesauslegung und Interessenjurisprudenz, S. 8.

gesehen wurde. [71] Dies entspricht der heute noch herrschenden Abgrenzung von Auslegung und Analogie[72] und genügte den Anforderungen der im Dritten Reich tätigen Rechtslehrer im Hinblick auf eine Zulassung von Analogien im Strafrecht nicht. Die Überbetonung des Gesetzeszwecks korrespondierte gerade nicht mit den Vorstellungen von der „Strafrechtserneuerung", da sie auf einer ausschließlichen Betrachtung des Gesetzes beruhte und dem Richter keinen Raum für eine Einbeziehung der Ansichten der völkischen Gemeinschaft und der Sittenordnung in seine Wertungen ließ. Die Interessenjurisprudenz wurde von der „Kieler Schule" also abgelehnt, weil sie den Interessenbegriff zu unbestimmt lasse, indem sie das Interesse des Gesetzgebers neben das Interesse an der Gerechtigkeit selbst stelle, wodurch die Gerechtigkeit keine sittliche Forderung, sondern lediglich ein psychologischer Sachverhalt sei.[73]

b) Binding

Bereits zur Zeit ihrer Äußerung ist Franz von Liszt mit seiner provokanten Magna Charta- These nicht nur auf Zustimmung gestoßen. Karl Binding war als Vertreter der klassischen Schule nicht nur sein Gegner im Schulenstreit, sondern lehnte sich auch gegen die „Vergötterung"[74] der Buchstaben durch das Analogieverbot auf, wobei er sein Normenverständnis zugrunde legte. Während § 2 RStGB für Strafdrohungen die gesetzliche Form vorschreibe, könnten Normen auch ungeschriebenem Recht angehören. Der nulla poena sine lege-Satz erkläre sich nur aus unvollständiger Betrachtung des Rechts. Es gebe schließlich auch kein Gesetz, das die Grenzen des elterlichen Züchtigungsrechts oder des Eingriffsrechts des Arztes bestimme.[75]

Das Reichsgericht hatte unter Hinweis auf fehlende Andeutungen im Gesetz ursprünglich jede Einwilligung in Körperverletzung für unbeachtlich erklärt,[76] später aber auf dem Gebiet ärztlicher Tätigkeit ausdrücklich als strafausschließend anerkannt, [77] ohne daß es damals eine gesetzliche Grundlage dafür gegeben hätte. Auch der heutige § 228 StGB sagt nichts darüber aus, wann die Sittenwidrigkeit und mithin die Strafbarkeit zu bejahen ist. Ähnlich vage bestimmt ist die Rechtslage im Fall des von Binding angeführten Züchtigungsrechts, wo eine Rechtfertigung bejaht wird, wenn die Züchtigung maßvoll und angemessen angewendet wird.[78] In diesen Bereichen liegen die Grenzen zwischen strafbarem und straflosem Verhalten auch heute noch außerhalb des geschriebenen Strafgesetzes.

---

[71] Heck, Gesetzesauslegung und Interessenjurisprudenz, S. 33.
[72] vgl. BVerfGE 92, 12; BGHSt. 29, 129, 133, Schönke/Schröder - Eser, § 1 Rn 55f.
[73] Dahm, Der Methodenstreit in der heutigen Strafrechtswissenschaft, S. 25.
[74] Binding, Lehrbuch, Bes.Teil, Bd. 1, S 384.
[75] Binding, Grundriss des deutschen Strafrechts, Allg. Teil, S. 68.
[76] RGSt. 2, 442.
[77] RGSt. 25, 375, 381.
[78] BGHSt. 6, 263; 11, 241; 12, 62.

Nach Binding folgte aus diesem fragmentarischen Charakter des Strafgesetzes die Entstehung von Strafbarkeitslücken. Solche Lücken lösten in der Praxis die Neigung aus, den Mangel des Gesetzes durch Auslegung zu mindern oder durch Analogie zu beheben. Gerade das Strafrecht bedürfe ob seiner Schutzfunktion wie kein anderes Rechtsgebiet des Mittels der Analogie, um in Fällen disharmonischer Verteilung der strafrechtlich geschützten Güter zu einer gerechten Lösung zu finden.[79] Neben einer „berichtigenden Auslegung“, wo der rechtmäßige Rechtssatz nicht im Gesetz, sondern daneben stehe, wollte er daher per analogiam „Bruder- und Schwesterrechtssätze“ zu bestehenden Rechtssätzen finden lassen. Das sei jedoch nur zulässig, wenn jeder Rechtssatz die Anwendung eines höheren Prinzips sei, wobei der Gesetzgeber das ganze Prinzip und nicht nur die einzelne Konsequenz hat anerkennen wollen. Analogie sei daher nicht Auslegung, sondern Entdeckung latenten Rechts.[80]

Auch Binding stellte also mit den gesetzgeberischen Prinzipien die Verfolgung des Gesetzeszwecks und mithin den Zweckgedanken vor die Zulässigkeit jeder Analogie. Entscheidend mußte die gesetzgeberische Intention für die Strafbarkeit einer Handlung sprechen, die nicht den Tatbestand eines geschriebenen Strafgesetzes erfüllte. Die Einbeziehung der Volksanschauung in die Beurteilung der Strafbarkeit ist der Lehre Bindings fremd. Er verteidigt vielmehr den von der modernen Schule gerügten Formalismus, wonach unrechtmäßig nur sein könne, was normwidrig sei. Delikte seien nicht anders als mit Hilfe des Gesetzes zu bestimmen. Eine Handlung werde nicht durch ihre gemeinschädliche, antisoziale Intention rechtswidrig, sondern allein durch das Gesetz, das sie dazu erkläre. Eine rechtliche Erscheinung wie die Strafbarkeit könne niemals aus einer anderen als einer rechtlichen Regelung begriffen werden, nicht aus Kultur, Sittlichkeit, oder sozialen statt rechtlichen Maximen.[81]

Ein „Volksempfinden“ könnte nach dieser Ansicht aufgrund seiner ethischen Natur nicht sauber bestimmen, ob ein Deliktstatbestand erfüllt ist oder nicht. Binding erscheint daher nicht als Autorität, auf die sich die Verfechter eines völkisch- dynamischen Strafrechts hätten berufen können. Die von ihm vertretene „teleologische Analogie“ unter strikter Beachtung gesetzgeberischer Prinzipien ist vielmehr als Abkehr vom strengen Positivismus und Hinwendung zum Jheringschen Zweckgedanken zu verstehen.

c) Franz von Liszt

Seit seiner Studienzeit in Wien war Franz von Liszt ein Anhänger Rudolf von Jherings und seines Zweckgedankens. Diesen übertrug er als erster auf das

---

[79] Binding, Lehrbuch, Besondere Teil, Bd. 1, S. 22.
[80] Binding, Grundriss des deutschen Strafrechts, Allgemeiner Teil, S. 69.
[81] Binding, Grundriss, S. 64.

Strafrecht und forderte den Umsturz des „veralteten Begriffsgebäudes" zugunsten einer teleologischen Betrachtungsweise[82].

Diese Äußerung könnte als Widerspruch zu seiner These vom Strafrecht als Bollwerk des einzelnen gegen die Macht der Mehrheit gesehen werden, weil sie gerade gegen das von ihm aufgestellte Postulat der Rechtssicherheit zu sprechen scheint. Auf diese scheinbare Inkonsequenz hat insbesondere Birkmeyer hingewiesen. [83] Demnach sei die logische Folge des Lisztschen Determinismus die generelle Abschaffung des Strafrechts, da ein schuldloser Täter auch nicht bestraft werden dürfte. Diese Konsequenz erschien ihm scheinbar zu radikal, weshalb er an strafrechtlicher Verantwortlichkeit der Rechtsbrecher grundsätzlich festhalten wollte. Von Liszt wollte seinen Magna- Charta- Ausspruch daher nicht in dieser Absolutheit verstanden wissen, wie ihm dies oft unterstellt wurde. Er wollte vielmehr verdeutlichen, daß gerade die von der sozialistischen Strömung propagierte, stärkere Betonung der Interessen der Gesamtheit zu einem Abbau des liberalen Individualismus führe, der wiederum ein intensiveres und rücksichtsloseres Vorgehen gegen den einzelnen Rechtsbrecher bedinge. Allein deshalb bestehe die Notwendigkeit einer genauen Bestimmung der Bedingungen, unter welchen der einzelne die rücksichtslosen Eingriffe zu erdulden habe.[84] Die teleologische, am Gemeininteresse orientierte Betrachtung des Strafrechts sollte keinen Zweifel am Festhalten an Begriffen wie Verbrechen und Strafe lassen, an denen auch die Soziologie nichts ändern werde.[85] Lediglich um dies klarzustellen, verglich er also das Strafgesetzbuch zum Schrecken aller Vertreter der klassischen Schule mit der Magna Charta.

Den Vertretern eines völkischen Strafrechts, die im Gegensatz dazu im Strafrecht eine Magna Charta der Volks- und Staatsinteressen sehen wollten[86], stand von Liszt grundsätzlich also nicht so fern, wie es deren Schmähungen vermuten ließen. Während also der sozialistische Grundgedanke der stärkeren Betonung des Gemeininteresses gegenüber den Einzelinteressen bei der modernen Schule und dem „völkischen Strafrecht" identisch ist, finden sich in den gezogenen Folgerungen unüberbrückbare Gegensätze. So wurde der modernen Schule insbesondere vorgeworfen, eine einseitige Spezialprävention zu betreiben, die jeden Rechtsbrecher grundsätzlich für erziehbar halte. Demgegenüber würde das autoritäre Strafrecht im Interesse des Staates auch Besserungsfähige gelegentlich preisgeben, wenn es die Wahl habe zwischen einer nachhaltigen Einwirkung auf die Gesamtheit durch rücksichtslosen Zugriff auf den einzelnen und der Möglichkeit, diesen unter Belastung des Rechtsgefühls für die Gesellschaft zurückzugewinnen.[87]

---

[82] Franz von Liszt, Strafrechtliche Aufsätze und Vorträge, Bd.1 , S. 223.
[83] Vgl. insbes. Birkmeyer, Was läßt Franz von Liszt vom Strafrecht übrig?, S.3.
[84] v. Liszt, Aufsätze und Vorträge, Bd. 2, S. 82.
[85] v. Liszt , Aufsätze und Vorträge, Bd. 2, S. 79, 81.
[86] So Henkel, Strafrichter und Gesetz im neuen Staat (1934), S. 48.
[87] Dahm/Schaffstein, Liberales oder autoritäres Strafrecht ?, S. 44.

Der autoritäre Charakter der NS-Strafrechtslehre bevorzugt mithin bei schwersten und schweren Verbrechen die generalpräventive Wirkung der Strafe sowie ihre Vergeltungsfunktion. Sowohl auf der Seite der Strafbarkeitsvoraussetzungen, wo das Gebot der Bestimmtheit des Strafgesetzes abgelehnt wird, als auch auf dem Gebiet der Strafzwecke bestehen also fundamentale Unterschiede zu der Auffassung Franz von Liszts, welche die geringen Übereinstimmungen weit überwiegen. Auch der Begründer der modernen Schule kann folglich nicht als wissenschaftlicher Vorreiter der sogenannten „Strafrechtserneuerung“ bezeichnet werden.

d) Rudolf Stammler

Erich Schwinge kritisiert in seiner Abhandlung, die als Begründungsschrift für das Institut der teleologischen Auslegung bezeichnet wird[88], die einseitige Ausrichtung der herrschenden Meinung auf den Willen des Gesetzgebers. Ausschlaggebend müsse im Rahmen der Auslegung stets der „sachliche Gehalt“ des Gesetzes sein, den er als Willen des Gesetzes bezeichnet. Er nennt seine Ansicht die juristische Methode und stellt ihr die klassische Interessenjurisprudenz als „philologisch-historische“ Auslegung entgegen.[89] Diese Differenzierung zwischen dem Willen des Gesetzes und dem Willen des Gesetzgebers geht auf Stammler zurück, der den Rechtsgedanken mit dem Rechtswillen gleichsetzte, weil jedem Gedanken ein bestimmtes Wollen vorausgehe.[90]

Von diesem Rechtswollen grenzte er jedoch den inneren Zweck des Rechtssatzes ab, der sich aus den durch das Gesetz geschaffenen Voraussetzungen und den sich aus ihm ergebenden Folgen zusammensetze. Diese beiden Glieder seien bei der Bestimmung des Zwecks des Rechtssatzes unabhängig vom Willen des Gesetzgebers zu betrachten, sofern entweder die Voraussetzungen oder die Folgen nicht zweifelsfrei festgelegt sind. Im Fall der Auslegungsbedürftigkeit eines Teils wäre dann die innere Zweckbestimmung des anderen heranzuziehen. Ergäben sich hingegen Probleme bei der Bestimmung der Tatbestandsvoraussetzungs- und der Rechtsfolgenseite, müsse eine Wertung außerhalb der Norm gesucht werden, wobei zu beachten sei, daß der Wille des Gesetzes nur ein Mittel des Zwecks sei, welcher seiner Schaffung zugrunde gelegen habe.[91] Die Stammlersche Auslegung umfaßt demnach zwei Stufen:

Die erste bedient sich ausschließlich der Wertungen, die aus dem Gesetzestext folgen, indem Rechtsvoraussetzungs- und Folgenseite harmonisiert werden. Erst

[88] Wolf, Befreiung des Strafrechts vom nationalsozialistischen Denken ?, JuS 1996, 189, 194.
[89] Schwinge, Teleologische Begriffsbildung im Strafrecht, S. 57.
[90] Stammler, Theorie der Rechtswissenschaften, 1.Aufl., S. 612.
[91] Stammler, a.a.O. S. 619.

wenn dies nicht möglich ist, weil beide Seiten in ihrem Text unklar sind, ist auf der zweiten Stufe der Wille des Gesetzgebers in die Zweckbestimmung einzubeziehen. Sollte jedoch weder der Wille des Gesetzes, noch der des Gesetzgebers eindeutig erkennbar sein, müsse auf einer dritten Stufe als Sinn des Rechtssatzes derjenige angesehen werden, der ihm als grundsätzlich richtiges Mittel zur Erreichung der gerade gegebenen Zwecke erscheinen läßt.[92] Auf der dritten Ebene sei dem sogenannten „richtigen Recht“ Geltung zu verschaffen. Das gesamte positive Recht sei ein Versuch, richtiges Recht zu sein. „Richtiges Recht“ wird dem „Begriff des Rechts“ entgegengesetzt, bei dem die formale Art und Weise der allgemeinverbindlichen Zerlegung des Stoffes in rechtliches Wollen und anderem den Gesetzessinn ergebe.[93]

Das Richtige Recht stehe dabei nicht außerhalb des Rechts, sondern sei gesetztes Recht, das sich auf das gewesene, das bestehende und das kommende beziehe und eine kritische Abwägung des geschichtlich gewachsenen Rechtsinhalts vornehme, den es als richtig oder unrichtig befinde.[94] Mit der Lehre vom richtigen Recht stellt Stammler also ein Ideal auf, das immer -aber auch nur dann- eingreifen soll, wenn die herkömmlichen Auslegungsmethoden versagen. Nur dann sei die Entscheidung der Rechtsfrage im Sinne des Grundgedankens aller rechtlichen Ordnung durchzuführen, nämlich der Harmonie des Zusammenlebens.[95] Diese Theorie wurde benutzt, um Stammler als methodologischen Wegbereiter der Einführung von unbestimmten Rechtsbegriffen wie „gegen die guten Sitten,“ oder „ in einer den Umständen angemessenen Weise“ in das Strafrecht erscheinen zu lassen.[96]

Zwar war Stammler Gegner eines streng formalen Positivismus und zeigte naturrechtliche Tendenzen. Dennoch sind die Gegensätze zu einem „völkischen“ Rechtsdenken gravierend. Er läßt zum Beispiel keinen Zweifel daran, daß für die Idee des richtigen Rechts kein Raum bleibt, wenn der Inhalt des rechtlichen Wollens sicher ist.[97] Sobald also auf den ersten beiden Stufen seines Auslegungsmodells der Wille des Gesetzes oder des Gesetzgebers zu ermitteln ist, entfällt die Beachtung übergeordneter Rechtsprinzipien. Im Fall der mißbräuchlich verwendeten Fernsprecher hätte mithin auch die Lehre vom richtigen Recht keine andere Würdigung als das Reichsgericht getroffen, da der Wille des Gesetzes aus dem Tatbestand und der Gesetzeszweck aus den Materialien eindeutig kein Eingreifen der Norm vorgesehen haben. Die Bedeutung des Willens des Gesetzes bei Schwinge ist eine andere als bei Stammler, da dieser den Gesetzessinn innerhalb der Norm zu finden versucht,

---

[92] Stammler, a.a.O. S. 620.
[93] Stammler, Theorie, 2.Aufl., S. 266.
[94] Stammler, Die Lehre vom Richtigen Rechte, S. 53.
[95] Vgl. Stammler, Philosophie, S. 200 ff.
[96] Graf zu Dohna, Der neueste Strafgesetzentwurf im Lichte des „richtigen Rechts“, FS Stammler, S. 255 ff., 280.
[97] Stammler, Theorie, 1. Aufl., S. 621.

also vom genauen Wortlaut ausgeht und dessen Sinn ermitteln will, während Schwinge sich externer Kriterien bedient, anhand derer er den Sinngehalt der Norm unabhängig von der Intention des Gesetzgebers ermitteln will. Das Bestehen eines Gemeinschaftswillens wird von Stammler grundsätzlich abgelehnt, weil man das Wollende dann vom Menschen loszulösen versuche und einen märchenhaften Riesenleib schaffe, der –zur Göttin erhoben- von erhöhtem Standpunkt aus seine Befehle an die einzelnen Menschen richte.[98]

Die Zivilrechtsprechung zeigte zur Zeit des Übergangs vom Code Civil zum BGB Bestrebungen, die Anwendung eines Rechtssatzes vom „natürlichen Rechtsgefühl“[99] abhängig zu machen, und beurteilte die Sittenwidrigkeit von Handlungen nach dem „Anstandsgefühl aller billig und gerecht Denkenden“, dem heute noch herrschenden Maßstab für die Feststellung eines Sittenverstoßes im Sinne der §§ 138 und 826 BGB.[100] Diese dem „Volksempfinden“ ähnelnden Formeln wurden von Stammler strikt abgelehnt. Es bleibe gerade die Frage, was denn „billig und gerecht“ im einheitlichen Urteil bedeute. Auch das Rechtsgefühl sei nicht angeboren, sondern eine beliebig zusammengeraffte Kenntnis von Recht und gesellschaftlichem Leben und eine subjektive und zufällige Weise des Urteilens.

Ein einheitliches „Volksempfinden“ ist mit dieser Ansicht nicht vereinbar, die dem Rechtsempfinden des juristischen Laien spöttisch die gleiche Wissenschaftlichkeit beimißt, wie dem Versuch, die Entfernung zum Mond mit dem Augenmaß abzuschätzen. [101] Gerade die recht komplexe Unterscheidung von Willen des Gesetzes, Willen des Gesetzgebers und der Idee des Richtigen Rechts auf drei Auslegungsstufen erscheint nicht als geeignet, um ein allgemeinverständliches, volkstümliches Strafrecht zu schaffen, wie es Hans Frank forderte.

e) Schweizerische Zivilrechtslehre

Im Zivilrechtsbereich wurde, vorwiegend durch schweizerische Rechtsgelehrte[102], bereits frühzeitig die einseitige Betrachtung der gesetzgeberischen Intention im Rahmen der Auslegung abgelehnt. So unterscheidet Reichel die subjektive und die juristische Auslegungsmethode. Beide Methoden stützen sich auf den Zweck des Gesetzes, wobei als subjektive bzw. theoretisch- historische Auslegung die Lehre Hecks kritisiert wird, die dieser historisch-teleologisch nennt[103]. Diese untersuche lediglich die Absicht des Gesetzgebers, den Zweck, den dieser subjektiv mit der Schaffung der Norm verfolgt habe. Eine solche Untersuchungsmethode berge viele Unzulänglichkeiten. Zum einen könne man

---

98 Stammler, Theorie, 1.Aufl., S. 614
99 RGZ 45, 170, 173
100 RGZ46, 79; BGHZ10, 232; 69, 297; Palandt- Heinrichs, § 138, Rn. 2
101 Stammler, Philosophie, S. 307
102 Zu nennen sind insbesondere Max Gmür, Hans Reichel und Hans Fehr.
103 Heck, Gesetzesauslegung und Interessenjurisprudenz, S. 8.

in einem „Gesetzgeber“ kein selbständig denkendes Wesen erblicken, daß einen eigenen Willen habe, weshalb schon die psychologische Grundlage der Heckschen Auslegung falsch sei. Das Gesetz sei vielmehr der allgemeine Wille und nicht der Wille des einzelnen Regierungsrates. Die Erforschung der gesetzgeberischen Intention führe zu blindgläubiger Beachtung der Gesetzesmaterialien, die oft keine eindeutigen Wertungen enthielten, weshalb teilweise selbst ein Lächeln oder Kopfnicken eines Regierungskommissars in die Bestimmung des Gesetzeszwecks einbezogen werde.[104]

Trotz des Widerspruchs zwischen dem Abstreiten der Willensfähigkeit des Gesetzgebungsorgans und der Konstruktion eines noch unbestimmteren „allgemeinen Willens“, ähnelt die Begründung der Ablehnung der Interessenjurisprudenz derjenigen von Dahm, der sich ebenfalls gegen die Psychologisierung des Interessenbegriffs gewandt hat.[105] Den völkischen Charakter des Gesetzes hat Max Gmür bereits 1908 anläßlich einer Schrift zu Artikel 1 des schweizerischen ZGB behauptet, indem er ausführt, das Gesetz sei nicht verbindlich, weil es vor 50 Jahren von einem Herrscher oder einer Bundesversammlung erlassen worden sei, sondern weil noch heute der allgemeine Wille dahinter stehe. Es sei eine permanente Willenserklärung des ganzen Volkes, weshalb eine Auslegung nur dann richtig sei, wenn sie zu einem sinngemäßen und zweckgerechten Resultat führe.[106] Die Interessenjurisprudenz behauptete stets ihre juristische Selbstständigkeit, worunter sie die Unabhängigkeit von Weltanschauungen oder philosophischen Vorbildern verstand.[107]

Die Lösung des Richters vom Willen des Gesetzgebers im Interesse einer sachgerechten Entscheidung öffnet hingegen die Auslegung gegenüber weltanschaulichen Einflüssen, da der Richter die Zweckmäßigeit seiner Entscheidung nicht mehr am Maßstab der ratio des Gesetzes zu überprüfen hatte. Er war im Gegenteil dazu verdammt, dem „Volk aufs Maul“ zu schauen und diejenigen weltanschaulichen Grundsätze in sein Urteil einfließen zu lassen, denen die Mehrheit des Volke anzuhängen schien. Der Satz „Recht ist, was dem Volke nützt“ scheint die logische Konsequenz dieser Ansicht zu sein, so daß man folgern könnte, die Väter des „dynamischen“, am Volksempfinden orientierten Rechts gehörten nicht der „Kieler Schule“ an, sondern seien eidgenössische Professoren. Diesen Verdacht erhärtet Hans Fehr, der das Fortschreiten des dynamischen Rechts im Dritten Reich lobt und den völkischen Gemeinschaftsgedanken hervorhebt.[108] Gerade die weltanschauliche Gebundenheit führe die Einheit der Rechtsordnung herbei. Nur wer von der Einheit der Volksgemeinschaft durchdrungen ist, könne auch von der Einheit des Rechts

---

[104] Reichel, Gesetz und Richterspruch, S. 68.
[105] Dahm, Der Methodenstreit in der heutigen Strafrechtswissenschaft, S. 25.
[106] Gmür, Die Anwendung des Rechts nach Art. 1 d. schweiz. ZGB, S. 45.
[107] Heck, Begriffsbildung und Interessenjurisprudenz, S. 25.
[108] Fehr, Die Fortschritte des dynamischen Rechts, FS Lehmann (1937), S. 37.

durchdrungen sein, der völkische Gemeinschaftsgedanke erfordere den rechtlichen Einheitsgedanken.[109]

Der Einfluß der schweizerischen Zivilrechtslehre auf die sogenannte „Strafrechtserneuerung" in Deutschland wird besonders deutlich, wenn man Artikel 1 des schweizerischen ZGB vom 10.12.1907 mit dem Entwurf für eine Neufassung des § 2 RStGB in der Denkschrift des preußischen Justizministers von 1933 vergleicht .
Art. 1 ZGB lautete:

„Das Gesetz findet auf alle Rechtsfragen Anwendung, für die es nach Wortlaut oder Auslegung eine Bestimmung enthält. Kann dem Gesetz keine Vorschrift entnommen werden, so soll der Richter nach Gewohnheitsrecht und, wo auch ein solches fehlt, nach der Regel entscheiden, die er als Gesetzgeber aufstellen würde. Er folgt dabei bewährter Lehre und Überlieferung."

Auf diese Norm nimmt die Denkschrift ausdrücklich bezug und fordert, der Richter müsse die Befugnis erhalten, Lücken im Strafgesetz so zu schließen, als wenn er selbst zu Gesetzgeber erhoben wäre. Als Neufassung des § 2 wurde vorgeschlagen:

*„§ 2 Abs. 1 StGB bleibt inhaltlich bestehen, erhält jedoch folgenden Zusatz:
Ist aber eine nicht ausdrücklich für strafbar erklärte Handlung nach gesunder Volksanschauung sittlich verwerflich und wird ihre Bestrafung von dem einem bestimmten Strafgesetz zugrunde liegenden Rechtsgedanken gefordert, so hat der Richter für die Tat eine Strafe innerhalb des Rahmens des entsprechend angewendeten Strafgesetzes festzusetzen".* [110]

Diese Fassung hätte den Richter sehr weitgehend vom Gesetz losgebunden und eine Art „Richterkönigtum" geschaffen, das wegen seiner Widersprüchlichkeit zum Führergedanken abgelehnt wurde. Nach diesem setzt die Führung den Volksgeist, das Rechtsgewissen des Volkes, in Gesetzesform in die Wirklichkeit des Rechtslebens um. Daher sollten die Richtlinien der politischen Führung die oberste Erkenntnisquelle für das Recht sein.[111] Eine Auslegung, die den Richter von jeder Bindung an das Gesetz befreit, entließe ihn gleichzeitig aus der Pflicht, nach den Richtlinien der Führung zu entscheiden. Bei methodologischer Anlehnung des § 2 an Art. 1 ZGB wäre die Stellung des Gesetzgebers, also der politischen Führung, von den Richtern übernommen worden. Es wurde aufgrund dieser Erkenntnis kritisiert, daß bei zu großer Vernachlässigung des Gesetzes

---

[109] Fehr, a.a.O. S. 36.
[110] Denkschrift des preußischen Justizministers, S. 127.
[111] Siegert, Auslegung und Analogie im heutigen Strafrecht, JW 1935, S. 889.

jeder Amtsrichter würde verderben können, was die Führung in kluger Mäßigung habe erreichen wollen.[112]

Schließlich stehe der Richter dem Volkswillen nicht näher als die politische Führung als der berufenen Interpretin des Volkswillens, die Übersteigerung der Richtermacht sei vielmehr eine Krankheitserscheinung und zeige ein Versagen der Legislative.[113] Diesen Einwänden folgend, entschied sich die Strafrechtskommission für eine Neufassung, die das Gesetzlichkeitsprinzip weniger vernachlässigte als das ursprüngliche Vorbild aus der Schweiz:

„Bestraft wird, wer eine Tat begeht, die das Gesetz für strafbar erklärt oder die nach dem Grundgedanken eines Strafgesetzes und nach gesundem Volksempfinden Bestrafung verdient. Findet auf die Tat kein bestimmtes Strafgesetz unmittelbar Anwendung, so wird die Tat nach dem Gesetze bestraft, dessen Grundgedanke auf sie am besten zutrifft.“ [114]

Es ist demnach festzustellen, daß die schweizerische Rechtslehre zwar als Schöpferin des „dynamischen Rechts“ anzusehen ist, die NS- Rechtslehre aber dennoch eine eigene Befugnis des Richters, Recht zu setzen, ablehnte. Der neue § 2 enthielt kein Analogiegebot, das den Richter anwies, alles zu bestrafen, was nach gesundem Volksempfinden strafwürdig sei. Das läßt sich aus den unterschiedlichen Staatsauffassungen erklären. Die schweizerischen Gelehrten gehen von der unmittelbaren Demokratie aus, die eine starke Bindung der Legislative an das Wahlvolk zwangsweise beinhaltet, weshalb es im Interesse der Gesetzgebung lag, dem Richter die Rechtssetzung in nicht geregelten Bereichen zu ermöglichen. Nur auf diese Weise konnte verhindert werden, daß Lücken in der Gesetzgebung aufgrund der schwerfälligen und langwierigen Volksabstimmungen lange unausgefüllt blieben und daß insbesondere wegen jedes ungeregelten Randproblems eine solche Abstimmung durchgeführt werden mußte. Die Durchdringung der Richter vom Geist der Demokratie wurde dabei freilich vorausgesetzt.

Demgegenüber ging die Rechtsschule des Dritten Reichs von einem „totalen Staat“ aus, der den Führungsgedanken zum „tragenden Verfassungsgrundsatz“ erhoben hat.[115] Folglich mußte eine Mitwirkung der einzelnen Richter an der Schaffung des Rechts die Einheit von Staat und Führung gefährden und wurde daher abgelehnt. Abgesehen von der Unterschiedlichkeit der Rechtsgebiete bestehen also Parallelen in der Forderung nach mehr Dynamik in der Rechtsanwendung. Weil die zugrunde liegenden Anschauungen jedoch völlig

---

[112] Zimmerl, Zur Auslegung des § 2 StGB, FS Gleispach (1936), S. 175.
[113] Dahm lt. Regge/Schubert, Protokolle, Abt. 2, Bd. 2, Teil 1, S. 8.
[114] Neufassung d. § 2 durch Ges. zur Änderung d. StGB vom 28.06.1935 (RGBl. I S. 839).
[115] Forsthoff, Der totale Staat, S. 36.

unterschiedlich sind, muß eine Patenschaft der schweizerischen Zivilrechtslehre für die Strafrechtsmethodik des Dritten Reichs wohl abgelehnt werden.

Es bleibt festzustellen, daß bei einzelnen Autoren zwar partielle Übereinstimmungen mit den Auffassungen der NS-Rechtslehrer zu finden sind, wie bei Binding die Anerkennung der Analogie, die stärkere Betonung des Gemeinschaftsgedankens bei von Liszt oder die Volkstümlichkeit bei einigen eidgenössischen Autoren. Gleichwohl sind die Divergenzen jeweils so überwiegend, daß man im Ergebnis eine Begründung der Lehre vom völkisch-dynamischen Strafrecht durch namhafte Rechtswissenschaftler, die über jeden Verdacht der Ideologisierung im Sinne der NS-Weltanschauung erhaben sind, zu verneinen hat.

1.2 Transformation der teleologischen Auslegung in das Strafrecht

Erich Schwinge hat mit seiner Schrift „Teleologische Begriffsbildung im Strafrecht" die genannten Ansichten der schweizerischen Zivilrechtslehre auf die Strafrechtsmethodik übertragen. Er spricht in Abgrenzung zu der „philologisch-historischen" Betrachtungsweise, womit er die subjektive, am Willen des Gesetzgebers orientierte, Auslegung meint, von der „juristischen" Arbeitsweise. Letztere untersuche nicht die Gedanken des Urhebers des Gesetzes zu ergründen, sondern stelle auf den „sachlichen Gehalt" des Gesetzes ab, weshalb man vom „Willen des Gesetzes" reden müsse. Mit den Worten: „Nicht das, was der sogenannte Gesetzgeber empirisch gewollt hat, sondern das, was er vernünftigerweise hat wollen müssen, ist der oberste Richtpunkt für die Auslegung", zitiert er Hans Reichel[116] und transformiert so die objektiv-teleologische Lehre bedenkenlos in das Strafrecht.[117]

Dieser deontologische Ansatz läßt die ethischen Empfindungen des Volkes in das Zentrum der Auslegung treten, wo bei Heck und Binding noch derjenige Zweck stand, den der Gesetzgeber mit dem Erlaß der Regelung verfolgt hat. Wenngleich Schwinge auch kein entscheidend nationalsozialistisch geprägter Jurist und insbesondere auch kein Vertreter der „Kieler Schule" war, so hat er doch mit der „Rezeption" der objektiven Methode eine erste Voraussetzung für eine Aufweichung der Tatbestände im Sinne eines dynamischen Strafrechts geschaffen. Erst eine Arbeitsweise, die es erlaubte, den Willen des Gesetzgebers von 1871 zu mißachten, konnte sich vordergründig zwar dem „Fluß des Lebens" und der Entwicklung der Technik besser anpassen, gleichzeitig aber auch das Postulat Carl Schmitts durchsetzen, daß jede Auslegung eine Auslegung im nationalsozialistischen Sinne sein müsse.[118] Nur so könne das Weiterleben des „alten Geistes" verhindert werden, womit er den des Liberalismus meinte, ohne daß auch nur eine Norm oder gar § 2 RStGB geändert worden war.

---

[116] Reichel, Gesetz und Richterspruch, S. 71.
[117] Schwinge, Teleologische Begriffsbildung im Strafrecht, S. 57f.
[118] Carl Schmitt, Nationalsozialismus und Rechtsstaat, JW 1934, S. 713, 717.

1.3 Rechtsprechung des Reichsgerichts zu § 2 StGB n.F.

Die Änderung des § 2 RStGB vom 28.06.1935 wurde unmittelbar nach dem Krieg durch den alliierten Kontrollrat aufgehoben.[119] Wie Zimmerl jedoch bereits 1936 feststellte, war diese Änderung keine grundsätzliche Umwälzung des Strafrechts, da sie den Richter nach wie vor an das Gesetz band und nur sekundär eine Einbeziehung des Volksempfindens in die Entscheidung gestattete.[120] Wichtigste Rechts - Erkenntnisquelle bleibe auch nach Schönke unverändert das Gesetz, das den Führerbefehl verkörpere.[121] Dies war folgerichtig, da eine Analogie auch nach der Neufassung zunächst zweierlei voraussetzte:

Zuerst mußte feststehen, daß die Tat nicht bereits durch ein bestehendes Gesetz unmittelbar für strafbar befunden wird, das dann vorrangig anzuwenden wäre. Im Anschluß war dann zu prüfen, ob die Tathandlung nach dem Grundgedanken eines gesetzlichen Tatbestandes Strafe verdienen würde. Erst wenn diese Voraussetzungen vorlagen, mußte das gesunde Volksempfinden dahingehend ergründet werden, ob es eine Bestrafung fordere oder nicht. Die Volksanschauungen konnten also erst auf der dritten Stufe berücksichtigt werden, weshalb man entgegen Schmitt[122] nicht von einem „Analogiegebot“ sprechen kann. Auch wurde dem Gesetzesrecht kein „höheres Recht“ in Form der völkischen Sittenordnung vorgegeben, wie Werle[123] behauptet. Es ist bei der Änderung des § 2 nie zweifelhaft gewesen, daß auch das Volksempfinden gegenüber dem Grundgedanken eines Strafgesetzes zurücktreten müsse.[124]

Im folgenden ist zu untersuchen, wie die Novellierung des § 2 in der Praxis aufgenommen wurde, ob das Reichsgericht sich der neuen Möglichkeiten rege bedient, oder ob es die entsprechende Anwendung von Gesetzen eher vorsichtig gehandhabt hat. Dabei ist freilich auch auf die Rechtsprechung vor 1935 einzugehen, um Unterschiede in der Methodik deutlicher markieren zu können.

Das Reichsgericht hatte vor der Novelle des § 2 im Rahmen der Auslegung stets auf die subjektiv-teleologische Methode abgestellt und jede Auslegung, die von der „authentischen Interpretation“ abwich, strikt abgelehnt.[125] Neben dem Wortlaut sei allein der Wille des Gesetzgebers, der zur Schaffung der Norm geführt habe, zu untersuchen.[126] Es stellte die Entstehungsgeschichte im Rang

---

[119] Kontrollratsgesetz Nr. 11 vom 30.01.1946 (Amtsbl. S. 55).
[120] Zimmerl, Zur Auslegung des § 2 StGB, FS-Gleispach (1936), S. 176
[121] Schönke, Strafgesetzbuch (1942), S. 20
[122] Carl Schmitt, Kodifikation oder Novelle?, DJZ 1935, 919, 923; auch Wolf spricht von Analogiegebot, Befreiung des Strafrechts vom nationalsozialistischen Denken ?, JuS 1996, 189, 194.
[123] Werle, Justiz- Strafrecht, S. 177.
[124] Bruns, Zeitschrift der Akademie für deutsches Recht, 1940, S. 181.
[125] RGStE 54, 7.
[126] RGStE 49, 188, 192; 50, 32, 34; 52, 285, 286.

auch vor die systematische Auslegung.[127] Das formelle Gesetz war nach dem Text der Neufassung nach wie vor der vorrangige Maßstab aller Bestrafung. Die Volksanschauung ergänzte das Gesetz nur dann, wenn wenigstens der Gedanke einer Norm durch eine Tathandlung verletzt worden war.

Eine solche Einbeziehung der vermeintlichen Volksmeinung war jedoch bereits im Rahmen der telelologischen Auslegung möglich, wie zwei Entscheidungen des Reichsgerichts belegen, die in kongruenten Sachverhalten einmal durch Analogie und einmal durch Auslegung zu gleichen Ergebnissen kommen. Dabei ging es um das öffentliche Vorzeigen von Geschlechtsteilen durch die Täter. Zuerst hatte das Reichsgericht eine entsprechende Anwendung des § 183 StGB bejaht, weil das Merkmal der Öffentlichkeit nicht verwirklicht war, die direkte Anwendung also ausschied.[128] Ein Jahr später kam der gleiche Senat bei gleichem Sachverhalt zu einer unmittelbaren Anwendung des § 183, indem er den Begriff „öffentlich" dahingehend neu auslegte, daß das Erfordernis der Anwesenheit unbestimmt vieler Personen wegfiel.[129] Bestraft wurde fortan also auch derjenige, der sich auf ansonsten menschenleerer Straße vor einer einzelnen Person entblößte. Dieses Beispiel zeigt, daß schon das Reichsgericht eine teleologische Auslegung dem „Umweg über § 2" vorzog, der nur Lösungen von Fall zu Fall biete.[130] Die zuvor abweichenden Senate haben sich dieser weiten Auslegung angeschlossen.[131]

Die Schwammigkeit der Grenze zwischen Analogie und Auslegung führte in Verbindung mit der beschränkten Einsetzbarkeit des § 2 StGB n. F. auf gesetzlich nicht geregelte Fälle zu einer relativ zurückhaltenden Anwendung der Norm durch das Reichsgericht. Es sträubte sich zunächst gegen eine Analogie, die den Willen des historischen Gesetzgebers mißachten würde, obwohl das „Volksempfinden" also die nationalsozialistische Weltanschauung, eine Bestrafung vorgesehen hätte.

Den Schwerpunkt der Diskussion um die Anwendung des § 2 StGB n. F. bildeten die Sexualdelikte. Auch dort wurden die Instanzgerichte in ihrem Übereifer durch das Reichsgericht regelmäßig gebremst. Das Landgericht Breslau wollte z.B. für geschlechtlichen Verkehr, der kein Beischlaf war, den § 172 StGB (Ehebruch) analog anwenden, weil die bisherige Auslegung mit den Anschauungen des nationalsozialistischen Staates über die Reinhaltung der Ehe nicht mehr vereinbar sei[132] . Dem widersprach das Reichsgericht unter Hinweis auf das Fehlen einer unbeabsichtigten Lücke im Gesetz. Der § 2 erfasse nur Fälle, auf die der Wortlaut des Gesetzes an sich nicht zutrifft, die der

---

[127] RGStE 62, 369, 373.
[128] RGSt. 72, 67 ff. (1938).
[129] RGSt. 73, 90, 94 (1939).
[130] RGSt. 73, 90, 92.
[131] RGSt. 73, 90, 94.
[132] RGSt. 70, 173, 174 (1936).

Gesetzgeber aber vermutlich mit hätte treffen wollen, wenn er bei Schaffung des Gesetzes an sie gedacht hätte. Bewußt von ihm gezogene Grenzen seien hingegen durch die Anwendung des § 2 StGB nicht zu überschreiten[133]. Ebenfalls abgelehnt wurde die entsprechende Anwendung des § 177 StGB bei Vornahme einer Täuschung, anstelle der qualifizierten Drohung mit dem Ziel der Gewährung außerehelichen Beischlafs.[134] Ähnlich restriktiv handhabte das Reichsgericht die entsprechende Anwendung des § 174 I 1 StGB (Unzucht mit abhängigen Personen) auf die Vornahme unzüchtiger Handlungen der leiblichen Eltern mit ihren Kindern. Es begründete dies einmal mit der Möglichkeit der unmittelbaren Anwendung des § 185 StGB auf den Sachverhalt[135], aber auch mit dem erkennbaren Willen des Gesetzgebers von 1871, der im Interesse des Schutzes der Familie vor staatlicher Einwirkung[136] unzüchtige Handlungen mit leiblichen Angehörigen bewußt straffrei lassen wollte.[137] Es handelte sich also ebenfalls nicht um eine ungewollte Lücke im Gesetz.

Erst im Jahr 1942 hat das Reichsgericht die entsprechende Anwendbarkeit des § 174 StGB bejaht, allerdings unter Hinweis auf fehlende unmittelbare Einschlägigkeit anderer Normen, die in den vorhergegangenen Entscheidungen zum Ausschluß der Anwendung des § 2 StGB n. F. geführte hatte.[138] Das Gericht legte also stets den Schwerpunkt auf die Möglichkeit der unmittelbaren Anwendung eines anderen Strafgesetzes, was ihm den Vorwurf der Blockade der dynamischen Rechtsauffassung einbrachte.[139]

Die Anwendung der Norm blieb also weitgehend auf solche Tatbestände beschränkt, die durch umfangreiche Regelbeispiele eine ausreichende Angriffsfläche für entsprechende Anwendungen boten.[140] Demgegenüber waren die meisten Delikte im Besonderen Teil hinreichend geregelt, so daß dort kein Raum für Analogien blieb. Hier wurde dem Eindringen der Ideologie mit der Aufweichung der Tatbestände durch Generalklauseln, die wiederum das Volksempfinden oder volksgenössische Pflichten betonten, ausreichend Vorschub geleistet.[141]

Der neugefaßte § 2 StGB war also nicht die einschneidendste Änderung, die das Strafgesetz zur NS-Zeit im Sinne der „Rechtserneuerung“ umbilden sollte. Rüping stellt daher zutreffend fest, daß die Aufhebung des Analogieverbots nicht die Scheidelinie zwischen Rechtsstaatlichkeit und Willkürjustiz bildete,

---

[133] RGSt. 70, 173, 175.
[134] RGSt. 73, 358 ff. (1939).
[135] RG DJ 1936, 609.
[136] RGSt. 68, 365, 366 (1934).
[137] RG, Zeitschrift der Akademie für deutsches Recht 1940, 180.
[138] RGSt. 76, 242, 244 (1942).
[139] Schmidt-Leichner, DR 1942, 1758, 1759 (Anmerkung zu St. 76, 242).
[140] z.B. die Erstreckung „unzüchtiger Reden“ auf die „unzüchtigen Handlungen“ in § 174 I1 StGB in RGSt. 76, 165.
[141] Zu nennen sind insbesondere die §§ 211, 240, 253, 266 und 330c (heute 323c) StGB.

wohl aber eine grundsätzliche Aussage zur neuen juristischen Methode der völkischen Ideologie enthielt. [142]

Viel gravierender als die Zulassung der Analogie wirkte sich das Einfügen normativer Tatbestandsmerkmale und unbestimmter Rechtsbegriffe in die einzelnen Delikte des Besonderen Teils aus. Wie Dahm in der Strafrechtskommission ausführte, sollte dem Richter mit den normativen Merkmalen die Möglichkeit zur Beachtung des „im Volke lebendigen Werturteils" gegeben werden.[143] Zusätzlich entwickelt sich die objektiv - teleologische Auslegung Schwinges zur herrschenden Meinung, wonach der Wille des Gesetzes etwas dynamisches, sich wandelndes sei, das sich dem Lauf der Zeit anpasse. Oberste Richtlinie sei bei der Auslegung das Wohl der Volksgemeinschaft.[144]

Es entstanden mithin zwei Regulative, die den Zweck hatten, die Bestimmtheit des Strafgesetzes und somit die Rechtssicherheit im angeblichen Interesse der „Volksanschauungen" aufzuweichen. Diese Kombination von normativen Tatbestandsmerkmalen in Verbindung mit der objektiven Auslegung, die eine größere Gefahr für ein rechtsstaatliches Strafrecht darstellt als die damalige Änderung des § 2 StGB, ist nach dem Zusammenbruch des Dritten Reichs weitgehend beibehalten worden.

Schwinge führt als Stütze für den angeblichen Durchbruch seiner Methode in der Judikatur einige Entscheidungen an, die sich zum Verhältnis von Wortlaut des Gesetzes und gesetzgeberischer Intention äußern.[145] So hat das Reichsgericht in einer Entscheidung aus dem Jahr 1907 einmal festgestellt, daß die Auslegung nicht nach dem Zweck des Gesetzes oder den Gedanken des Gesetzgebers zu erfolgen habe, sondern nach dem vom Gesetzgeber im Gesetz selbst erklärten Willen.[146] Dabei handelte es sich jedoch um einen Sachverhalt, in dem sich ein teilweise in der Kommission geäußerter Wille nicht im Text der Norm niedergeschlagen hatte. Folglich wurde das Gesetz nach seinem Wortlaut angewendet, der keinen Spielraum für eine Auslegung ließ. Auch an anderer Stelle hatte das Reichsgericht entschieden, daß die Beachtung der gesetzgeberischen Absichten entfallen muß, wenn die Wortfassung des Gesetzes klar und objektiv eine bestimmte Entscheidung vorsehe.[147] In diesen Entscheidungen ist keineswegs eine Wendung zur objektiven Methode zu erkennen. Das Gericht wollte lediglich verdeutlichen, daß das Gewicht bei der Auslegung zunächst auf dem Wortlaut liegt und nur hilfsweise auf die gesetzgeberische Intention zurückgegriffen werden darf, wenn der Wortlaut zweideutig ist. Läßt der Text hingegen zweifellos nur eine Entscheidung zu, muß eine Auslegung ohnehin

[142] Rüping, Nullum crimen sine poena, FS Oehler, S. 41.
[143] Dahm in Schubert, Quellen zur Strafrechtsreform, Bd. 2, 1.Teil, S.8, Sitzung vom 27.11.1933.
[144] So Mezger, Deutsches Strafrecht (1943), S. 30 f.
[145] Schwinge, Teleologische Begriffsbildung, S. 56 f.
[146] RGSt. 40, 332, 334.
[147] RGSt. 43, 67, 69 f.; ebenso St. 47, 124, 125.

entfallen, da anderenfalls die Grenze zur Analogie überschritten wäre. Dann spielt folgerichtig auch die Entstehungsgeschichte keine Rolle mehr. Diese Urteile spiegeln also lediglich das Bekenntnis des Reichsgerichts zum Wortlaut als der Grenze zwischen zulässiger Auslegung und unzulässiger Analogie wider. Der von Schwinge unterstellte Grundsatz[148] der methodischen Nachrangigkeit der Entstehungsgeschichte läßt sich dort keinesfalls ablesen. Lediglich in einer noch früheren Entscheidung spricht das Gericht im Fall von „Gelegenheitsgesetzen" von der Selbständigkeit des Gesetzes nach seiner Verabschiedung, die es ‚unabhängig von den Kundgebungen einzelner Mitlieder der Organe im Gesetzgebungsverfahren, zu einer eigenen Rechtsquelle werden lasse, deren Wesen sich aus dem Gesetz selbst ergebe.[149]

In der gleichen Entscheidung wird dem historischen Willen des Gesetzgebers jedoch dann entscheidende Bedeutsamkeit eingeräumt, wenn das Gesetz das Ergebnis einer ruhigen Rechtsentwicklung sei, oder „auf umfassenden Vorarbeiten und reiflicher Erörterung der einschlägigen Gesichtspunkte" fuße.[150] Die Auslegung nach objektiven Kriterien war also als Ausnahme für Gesetze gedacht, die spontan aus einer politischen Tagesstimmung heraus geschaffen worden sind. Zur Jahrhundertwende mag dies noch häufiger vorgekommen sein. Wie allein die Materialien zur Änderung des § 2 StGB im Jahr 1935 jedoch zeigen, hatten Gesetzesänderungen selbst in der NS-Zeit einen langen Vorlauf. Auch die Gesetze der Weimarer Republik kamen nicht ohne „umfassende Vorarbeiten" in das Strafgesetzbuch, wie die zahlreichen Entwürfe für ein neues StGB von 1919, 1925 und 1927 dokumentieren. Das Reichsgericht hat diese Ausnahme von seiner grundsätzlich subjektiv-teleologischen Auslegung folglich bis 1933 auch nicht wiederholt, weshalb man die objektive Lehre nicht auf die Rechtsprechung zurückführen kann. Diese war, zumindest was das Reichs-gericht anbelangt, selbst zur Zeit nationalsozialistischer Herrschaft eher zurück-haltend in der Anwendung extensiver Auslegungsmethoden wie der objektiven Lehre im Sinne einer „dynamischen" Rechtserneuerung.

1.4 Objektive Teleologie in der Rechtsprechung nach 1945

Demgegenüber liegt die Nachkriegsjudikatur in ständiger Rechtsprechung methodisch auf der Linie der objektiv-teleologischen Bestimmung des Gesetzessinns. Der Bundesgerichtshof ist der Auffassung, daß kein Gesetz eine starre Begrenzung seiner Anwendbarkeit auf solche Fälle verlange, die der vom Gesetzgeber ins Auge gefaßten Ausgangslage entsprechen. Das Gesetz sei nicht ein toter Buchstabe, sondern ein sich lebendig entwickelnder Geist, der mit den

---

[148] Schwinge, a.a.O. S. 56.
[149] RGSt. 37, 330, 334.
[150] RGSt. a.a.O. S. 334.

Lebensverhältnissen fortschreite, ihnen sinnvoll angepaßt weitergelten wolle, solange dies nicht die Form sprenge, in die er gegossen sei.[151]
Auch das Bundesverfassungsgericht vertritt seit dem ersten Band die objektive Auslegung und hält die subjektiven Vorstellungen des Gesetzgebers und die Entstehungsgeschichte nur zur Behebung von Zweifeln am „objektiven gesetzlichen Willen“ für bedeutsam.[152] Das Bundesverfassungsgericht beruft sich in der Begründung[153] auf Radbruch, der in einer bekannten Metapher das Gesetz mit einem Schiff vergleicht, das bei der Ausfahrt aus dem Hafen von einem Lotsen gesteuert werde (dem Gesetzgeber), auf freier See dann aber unter Führung des Kapitäns seinen eigenen Kurs suche. Die „juristische“ Auslegung führe in einem flüssigen Übergang von der Interpretation des Geistes des Gesetzgebers zu Regeln, die der Ausleger als Gesetzgeber aufstellen würde.[154]

Radbruch gehörte sicherlich zu den wenigen deutschen Rechtslehrern, die zu dieser Zeit als „political correct“ bezeichnet werden konnten. Unabhängig davon erscheint es zweifelhaft, ob er seine Ausführungen in das Strafrecht transformiert sehen wollte, das in vielen Bereichen eine Sonderstellung einnimmt. In der vorbehaltlosen Übertragung dieses naturrechtlichen Gedankens auf die Auslegung im Strafrecht übersieht der BGH Radbruchs Beschränkung auf solche Fälle, in denen die Anwendung der positiven Norm sich in Widerspruch zum „unveräußerlichen Kernbereich des Rechts“ setzten würde.

Schulfall für die laxe Handhabung des Bestimmtheitsgrundsatzes durch die Nachkriegsrechtsprechung ist eine Entscheidung, in welcher der BGH einen LKW als „bespanntes Fuhrwerk“ im Sinne des § 3 I Nr. 6 des preußischen Forstdiebstahlgesetzes ansieht. Demnach falle das Fahrzeug zwar nicht nach dem Wortlaut der Norm, wohl aber nach „ihrem Sinn“ unter die Vorschrift.[155] Diese Begründung ist ein Paradebeispiel für die Gefährlichkeit der objektiv-teleologischen Auslegung. Das Gericht scheint mit dem „Sinn“ der Norm nicht den historischen Willen des Gesetzgebers gemeint zu haben, sondern den objektiven Sinn des sich „lebendigen entwickelnden Buchstaben“[156], der das Gesetz an die veränderten technischen Möglichkeiten anpaßt. Die objektive Betrachtung verleitete den BGH also dazu, im Interesse des lückenlosen Rechtsschutzes die Grenzen des möglichen Wortsinns zu überschreiten, mithin zur analogen Gesetzesanwendung.

Hier ist der Verstoß gegen § 1 StGB und Art. 103 II GG offensichtlich. Der BGH zitiert die Entscheidung des Reichgerichts, in welcher die elektrische Straßenbahn in den Anwendungsberich des § 315 StGB einbezogen wurde. Im

---

[151] BGHSt. 10, 151, 159 (Urt.v.21.12.1957).
[152] BVerfG. 1, 299, 312 (Urt.v.21.05.1952); ebenso 6, 126, 130 (17.01.1957).
[153] BVerfG. 11, 126, 130 (17.05.1960).
[154] Gustav Radbruch, Rechtsphilosophie, S. 207.
[155] BGHSt. 10, 375.
[156] BGHSt. 10, 151, 159.

Gegensatz zum BGH hat das Reichsgericht jedoch ausdrücklich den Willen des Gesetzgebers beachtet. Dieser habe sich bei der Formulierung des Textes nicht auf die damals üblichen Konstruktionen der Eisenbahnen beschränken wollen.[157] Folglich wurde allein der Wortlaut der Norm als entscheidend betrachtet, der ebenfalls keine Beschränkung auf dampfkraftbetriebene Eisenbahnen enthalten hat. Was der BGH also als Bekenntnis des Reichsgerichts zum objektiven Willen des Gesetzes auffaßte, war nichts anderes als eine strikte Wortlautauslegung.

Nicht weniger transparent war die Begründung einer weiteren Analogie „im Mantel der Auslegung" durch die Schaffung strafbarkeitsbegründender Merkmale im Rahmen der Rechtsprechung zu § 139 a StGB[158] bzw. 142 StGB bis zur Neufassung der Vorschrift im Jahr 1975.[159]

Die Unfallflucht wurde mit Verordnung vom 02. April 1940[160] in folgender Fassung eingeführt:

„Wer sich nach einem Verkehrsunfall der Feststellung seiner Person, seines Fahrzeugs oder der Art seiner Beteiligung an dem Unfall vorsätzlich durch Flucht entzieht, obwohl nach den Umständen in Frage kommt, daß sein Verhalten zur Verursachung des Unfalls beigetragen hat, wird mit Gefängnis..."

Nach der Rechtsprechung des Reichsgerichts und des BGH sollte Täter der Unfallflucht entgegen dem noch möglichen Wortsinn des Gesetzes auch derjenige sein, der sich zunächst entschuldigt vom Unfallort entfernt hatte, um einen Verletzten zu einem Krankenhaus zu bringen, und anschließend nicht zum Unfallort zurückgekehrt war.[161] Täter des § 142 StGB sollte schließlich auch der Unfallbeteiligte sein, der sich zunächst entschuldigt entfernt hatte, anschließend ebenfalls entschuldigt nicht an den Unfallort zurückkehrte, weil dort keinen feststellungsberechtigten Personen zu erwarten waren, sich aber auch nicht bei der Polizei meldete.[162]

Zur Begründung der Rückkehrpflicht verwies der BGH auf die Rechtsprechung des Reichsgerichts[163] zu § 22 Kraftfahrzeugsgesetz, dem nebenstrafrechtlichen Vorgänger des § 139 a StGB, der im Jahr 1940[164] eingeführt wurde. Demnach bezwecke die Vorschrift die Bindung der Beteiligten an den Unfallort. Dieser

[157] RGSt. 12, 371, 372.
[158] Die Norm wurde durch das dritte Strafrechtsänderungsgesetz vom 04.08.1953 (BGBl. I S. 735) dem § 142 StGB zugeordnet.
[159] 13. Strafrechtsänderungsgesetz vom 13.06. 1975 (BGBl. I S. 1349).
[160] Verordnung zur Änderung der Strafvorschriften über fahrlässige Tötung, Körperverletzung und Flucht bei Verkehrsunfällen vom 02.04.1940 (RGBl. I S. 606).
[161] BGH VRS 4, 49, 52 (1951); BGHSt. 4, 144, 149 (1953); 5, 124, 128 (1953); 7, 112, 116 (1955).
[162] BGHSt. 5, 124, 129 (1953).
[163] RG JW 1937, 2645, 2646; RG DR 1939, 1435.
[164] VO vom 02.04.1940 (RGBl. I S. 606)

Zweck würde umgangen, wenn der Beteiligte sich nach der entschuldigten Entfernung nicht zum Unfallort zurückbegeben müsse. Es bestehe daher nur ein Recht zur vorübergehenden Entfernung und die Unfallflucht könne auch von einem anderen Ort als dem Unfallort, wie z.B. dem Krankenhaus, begangen werden.[165]

Seien aber nach der entschuldigten Entfernung an der Unfallstelle keine Anhaltspunkte für den Unfall vorhanden und keine zur Feststellung bereiten Personen anwesend, so habe das Verbot der Unfallflucht den Inhalt, den Beteiligten so zu stellen, wie er stünde, wenn er am Unfallort verblieben wäre und Feststellungsberechigte angetroffen hätte. Dies bedeute, daß er den Unfall der Polizei mitteilen müsse.[166]

Weder die Rückkehrpflicht noch die Pflicht zur Selbstanzeige im Falle entschuldigter Entfernung fanden zum jeweiligen Entscheidungszeitpunkt eine Stütze im Gesetz, da insbesondere die Pflicht zur nachträglichen Ermöglichung der Feststellung gemäß § 142 Abs. 2 StGB in heutiger Fassung erst im Jahr 1975 [167] eingeführt wurde.

Während der BGH seine Rechtsprechung zur Selbstanzeigepflicht des sich entschuldigt entfernenden Beteiligten im Jahr 1955 [168] wieder aufgab, hielt er an der Rückkehrpflicht des Beteiligten bis zur Neufassung durch das 13. Strafrechtsänderungsgesetz fest und erweiterte sie sogar auf solche Fälle, in denen der Beklagte den Unfall nicht bemerkt und sich daher ohne Vorsatz entfernt hatte.[169]

Wie wir sehen werden, führte die objektive Auslegung in zahlreichen anderen Fällen zu weniger auffälligen Verfassungsverstößen.

1.5 Objektive Teleologie in der Literatur nach 1945

Während also das Reichsgericht bis in die 40er Jahre hinein den Willen des Gesetzgebers neben dem Wortlaut als für die Auslegung entscheidend betrachtete und in der Beachtung eines objektivierten Willens in Form des Volksempfindens sehr vorsichtig war, gehen der Bundesgerichtshof und das Bundesverfassungsgericht schon in ihren ersten Entscheidungen wie selbstverständlich von der objektiv-teleologischen Auslegungsmethode aus. Dies ist zum einen mit der personellen Kontinuität im Gerichtswesen nach 1945 zu erklären,[170] andererseits aber auch mit der Erziehung der jungen Juristen im Geiste des dynamischen Rechts seit 1933. Waren die Richter des Reichsgerichts

[165] BGH VRS 4, 49 ff.; BGHSt. 5, 124, 128; 7, 112, 116.
[166] BGHSt. 5, 124, 129.
[167] 13. Strafrechtsänderungsgesetz vom 13. 06. 1975 (BGBl. I S. 1349).
[168] BGHSt. 7, 112.
[169] BGHSt. 18, 114 (1962); 20, 258, 260 (1965).
[170] Dazu Köhler in Säcker, Recht u. Rechtslehre im Nationalsozialismus, S. 227 ff.

mehrheitlich noch im Geiste des Positivismus ausgebildet worden, konnten nach 1945 mit steigender Tendenz auch solche Richter an den Bundesgerichtshof berufen werden, die unter dem Einfluß des „völkisch-dynamischen“ Rechts ihren Beruf erlernten. Dies muß dann sukzessiv zur Verdrängung der älteren Positivisten geführt haben. Nur mit dieser Begründung läßt sich der Wandel in der Auslegungsmethodik erklären, da sich der BGH selbst dazu nicht äußert. Larenz äußerte sich zur Methodik vornehmlich aus der Sicht des Zivirechtlers. Das Zivilrecht enthielt jedoch seit der Geltung des BGB schon immer Generalklauseln wie die §§ 138, 242, 826 BGB, die eine Einbeziehung von außerrechtlichen Wertungen erlaubten. Es gab dort folglich auch nie ein Analogieverbot.

Im Strafrecht hingegen, wo ein solches besteht, wird die objektiv-teleologische Methode gar als „Krone der Auslegungsverfahren“ bezeichnet.[171] Jescheck hält sie unter Verweis auf Schwinge selbst dann für maßgeblich , wenn sie zu einem anderen Ergebnis führt als die subjektive Methode. Nur so könne man sich von einer als überholt empfundenen Entscheidung des Gesetzgebers frei machen und umgehe die anderenfalls notwendige Rekonstruktion der Vorstellungen einer fernen Vergangenheit. [172]

Auch Tröndle hält die subjektive Methode für die Auslegung letzten Ranges und lobt die Fähigkeit der objektiven zur „angepaßten Fortentwicklung“ in den Grenzen der Auslegung als entscheidenden Vorteil. Die Forderung nach Beachtung des historischen Willens des Gesetzgebers unter Berufung auf Art. 103 II GG bezeichnet er als „Musterbeispiel lebens- und praxisfremder Überdehnung verfassungsrechtlicher Normen“.[173] In den Formulierungen nahezu sämtlicher Lehrbücher des Allgemeinen Teils finden sich blumige Umschreibungen für das Eigenleben des Gesetzes nach seiner Verabschiedung. Es löse sich von seinen Schöpfern und nehme neue Vorstellungen und Willensbekundungen in sich auf.[174] Ebenso einhellig ist die Ablehnung der subjektiv-geschichtlichen Auslegung, die das Gesetz im Zeitpunkt seiner Entstehung mumifiziere und unfähig sei, es über Jahrzehnte hinweg elastisch und damit wirksam zu erhalten.[175] Das Gesetz müsse hingegen fähig sein, auf rechtspolitische Fragen, die zur Zeit seiner Entstehung noch nicht bestanden, eine Antwort zu geben, um eine Überforderung des Gesetzgebers durch ständig notwendige Anpassungen der Normen an den rapiden Fortschritt zu vermeiden.[176] Die objektiv teleologische Auslegung ist daher absolut herrschende Meinung.

---

[171] So Jescheck, Lehrbuch, S. 156.
[172] Jescheck, a.a.O. S. 157.
[173] Leipziger Kommentar - Tröndle, § 1, RN. 46.
[174] Baumann/Weber/Mitsch - Weber, § 9, RN. 76.
[175] Maurach/Zipf, § 9, RN. 22.
[176] Schönke/Schröder - Eser, § 1, RN. 41.

Als einer der wenigen Gegner dieser quantitativ erdrückenden Lehre hat Naucke bereits in seiner Habilitationsschrift am Beispiel des Betruges vor Übertreibung eines verschwommen gedachten, teleologischen Elements zu Lasten des logisch - begrifflichen gewarnt.[177] Er untersucht die Materialien zu Art. 103 II GG, die ihn über Art. 116 WRV und § 2 RStGB auf § 2 des preußischen StGB führen. Nach dem Willen des Gesetzgebers dieser Norm sei nicht nur die Analogie unzulässig gewesen, sondern alles, was der Möglichkeit zuwiderlaufe, die Tatbestandsmerkmale positiv festzustellen. Zweck des nulla poena sine lege-Satzes sei die weitgehende Vorhersehbarkeit und Berechenbarkeit richterlicher Entscheidungen gewesen. Bei Schaffung des § 2 Pr. StGB habe man die willkürliche Justiz der Landesherrn im Auge gehabt, bei der Formulierung von Art. 103 II GG die jüngste deutsche Geschichte, die es verbiete, den Bestimmtheitsgrundsatz als belächelnswertes, absurdes und der Vergangenheit huldigendes Postulat abzutun.[178] Folglich dürfe auch heute nur gelten, was ausgesprochen ist, um dem Bürger die größtmögliche Freiheit zu garantieren. An der objektiven Methode kritisiert Naucke, daß es gerade die Berufung auf die Vielgestaltigkeit des Lebens und die Gegenwartsnähe der Auslegung unmöglich macht, Auslegung und Analogie zu unterscheiden, da hierdurch der Wortlaut als das maßgebliche Abgrenzungskriterium ins Schwanken gebracht werde.[179]

Der Lehrer Nauckes, Hellmuth Mayer, hat bereits in seinem Lehrbuch von 1936 die Fehler der objektiven Theorie aufzu-zeigen versucht. Sie mache das Gesetz zu einem beliebig deutbaren Orakel und lasse die Teleologie des Gesetzes zu einer Teleologie des Auslegers verkommen. Das Gesetz sei jedoch dem Wesen nach Befehl und müsse folglich im Sinne des Befehlsgebers ausgelegt werden.[180] Es sei eine mytholo-gische Vorstellung, wenn man glaubte, im Volksbewußtsein schon Antworten für die Verwirklichung eines Rechtsideals zu finden. Vom Rechtsbewußtsein des Volkes gehe lediglich der Auftrag aus, ein solches zu schaffen. Den Bau der völkischen Sittenordnung müsse man daher dem Gesetzgeber und nicht dem subjektiven Bestreben einzelner Professoren überlassen.[181] Zur NS-Zeit verstand es Mayer also, seinen Kampf für die Rechtssicherheit mit einem militärisch- völkischen Tenor zu versehen und ihm den Anschein der Harmlosigkeit zu geben. Auch nach dem Krieg focht er konsequent die herrschend gebliebene, objektive Methode an, freilich ohne volkstümliche Floskeln. Demnach sei das Gesetz als Befehl der souveränen Staatsgewalt so auszulegen, daß die dem wirklichen historischen Willen des Gesetzgebers vorschwebenden Zwecke erreicht werden. Das flüssige Element

[177] Naucke, Zur Lehre vom strafbaren Betrug, S. 163.
[178] Naucke, a.a.O. S.188.
[179] Naucke, a.a.O. S. 194.
[180] Mayer, Das Strafrecht des deutschen Volkes (1936), S. 118.
[181] Mayer, a. a. O. S, 119.

des objektiven Sprachsinns im Sinne der Objektiven Theorie gebe keine Rechtssicherheit.[182]

Vorstehende, am Willen der Schöpfer von Art. 103 II GG und § 1 StGB orientierte Meinungen, werden in einem methodischen Gleichklang nahezu von allen anderen Strafrechtslehrern abgelehnt. Keine noch so aufwendige dogmatische Konstruktion wird gescheut, um eine Lösung vom Gesetzestext zu rechtfertigen. Es sollten doch die Absichten und Willensbekundungen der Väter des Grundgesetzes bei der Interpretation der Verfassung ernsthaft in Erwägung gezogen werden. Stattdessen werden Rechtslehrer, die sich an dem historischen Willen orientieren, uni sono als lebens- und praxisfremd bezeichnet.[183]

1.6 Personelle Kontinuität

Die personelle Kontinuität in der Lehre mag ihren Beitrag dazu geleistet haben, dass die Gerichte auch nach 1945 und trotz der Änderung des § 2 StGB dem Bestimmtheitsgrundsatz nicht die ihm verfassungsrechtlich gebührende Achtung erwiesen haben.

a) Larenz

So erläutert Karl Larenz als Zivilrechtslehrer der sogenannten Kieler „Stoßtruppfakulät“[184] auch nach 1945 bis zu seinem Tode 1993 in mehreren Auflagen seiner „Methodenlehre“ ausführlich die teleologische Auslegung unter Hervorhebung der objektiven Kriterien und die richterliche Fortbildung des Rechts „durch seine Anwendung“.[185] Demnach erfordere das Interesse an einer „sachgemäßen und angemessenen“ Auslegung die Untersuchung der objektiv zu beurteilenden Zwecke des Rechts anhand des Gerechtigkeits- und des Gleichheitsgedankens.[186] Rechtsethische Prinzipien sollten also die Auslegung steuern, um zu „sachgerechten“ Ergebnissen zu gelangen.

b) Welzel

Neben Larenz sei als Vertreter aus dem Strafrechtsbereich Hans Welzel genannt. Dieser trat in den 30 er Jahren der Lehre Schwinges teilweise bei, entschied sich dann aber für eine Methode, die dem konkreten Ordnungsdenken Carl Schmitts stark angenähert war.

Zu dieser Zeit mißbilligte Welzel die theoretische Umformung des empirisch-geschichtlichen Materials, also des unmittelbar gegebenen, zu den abstrakt-

---

[182] Mayer, Strafrecht 1953 S. 84; Strafrecht 1967, S. 36

[183] Schönke/Schröder-Eser, § 1 RN. 41 f.; Leipziger Kommentar-Tröndle, § 1 RN. 46.

[184] Zur Kieler Schule allgemein vgl. Eckert, Was war die Kieler Schule ?, in Säcker, Recht u. Rechtslehre, S. 37 ff.; zur Mitwirkung durch Karl Larenz jüngstens Frassek, Karl Larenz –Privatrechtler im Nationalsozialismus und im Nachkriegsdeutschland, JuS 1998, 296.

[185] Larenz, Richterliche Rechtsfortbildung als methodisches Problem, NJW 1965, 1

[186] Larenz, Methodenlehre, 5. Aufl. (1983), S. 319 ff.

irrealen Begriffsbildungen des Rechts. Dadurch entferne sich die rechtliche Begriffswelt immer stärker von der unmittelbaren Lebenswirklichkeit.[187] Infolge der Wandlungen des Lebens sei es aber die vornehmste Aufgabe des Rechts, die Wertungen der „konkreten historischen Epoche“ zu verstehen und ins klare Bewußtsein zu heben. Die Gemeinschaft bilde in der historischen Situation den obersten Richtpunkt, an dem sich Wertungen zu orientieren hätten. Juristisches Denken sei daher ein Denken in konkreten Lebensordnungen, wobei diese Lebensordnungen im Gesetz als dem geäußerten Führerwillen ihren Niederschlag fänden.[188]

Auslegungen erfordern grundsätzlich die Gegenüberstellung Lebenssachverhalts und des gesetzlichen Tatbestandes im Wege einer richterlichen Wertung. Wird das Gesetz bei Berücksichtigung der „konkreten Lebensordnungen“ zum jeweiligen Entscheidungszeitpunkt als oberstem Gesichtspunkt ausgelegt, besteht insofern Übereinstimmung mit Schwinges objektiver Lehre, als daß der historische Wille des Gesetz-gebers unerheblich ist. Unterschiedlich erscheint hingegen das Ausmaß der Durchdringung des Gesetzes mit Wertungen, die dem Text nicht immanent sind. Welzel hielt die objektive Teleologie für nicht weitgehend genug, da sie lediglich im Bereich der Deliktstatbestandsmerkmale die Einbeziehung allgemeiner Werte zulasse, während der Lebenstatbestand mit seiner Fülle sich kreuzender Wertbeziehungen als wertneutral betrachtet werde.[189]

Das „konkrete Ordnungsdenken“ geht auf Carl Schmitt zurück, der dieses dem Regel- oder Gesetzesdenken (Normativismus) und dem Entscheidungsdenken (Dezisionismus) gegen-überstellt. Im Normativismus sei das Gesetz der König, wodurch die Königs- oder Führerordnung zerstört werde,[190] und im Entscheidungsdenken sei mit gleicher Folge derjenige König, der souverän entscheide und erst dadurch Recht schaffe.[191] Erst normative Tatbestandsmerkmale, unbestimmte Rechtsbegriffe und Generalklauseln würden demgegenüber die Einbeziehung der konkreten Wirklichkeit eines Lebensverhältnisses in die juristische Denkweise gestatten. Das Verbrechen wurde also nicht mehr als Verstoß gegen abstrakte Normen, sondern aus der „konkreten Lebensordnung“ verstanden, die es verletze.[192] Exemplarisch für solche Lebensordnungen nennt Schmitt die Institutionen Ehe, Familie, Stand, Staat. Begriffe wie Treue, Gefolgschaft, Disziplin und Ehre könnten nur aus einer konkreten Ordnung heraus verstanden werden, welche auch auf der politischen Einheit aus den drei Ordnungsreihen Staat, Volk und Bewegung basiere.[193]

[187] Welzel, Naturalismus und Wertphilosophie im Strafrecht (1935), S. 68 f.
[188] Welzel. a.a.O. S. 75 f.
[189] Welzel, a.a.O. S. 72 ff.
[190] Carl Schmitt, Über die drei Arten rechtswissenschaftlichen Denkens, S. 13
[191] Schmitt, a.a.O. S. 21 ff.
[192] Dahm, Verrat und Verbrechen, ZStaatsW Bd. 95 (1935), S. 283.
[193] Schmitt, a. a. O. S. 52.

Ein solches Ordnungsdenken wird seit 1945 nur noch ansatzweise im Bereich der unechten Unterlassungsdelikte vertreten.[194] Der schnelle Niedergang des „Ordnungsdenkens" im Strafrecht wird einen Grund in der Person des Urhebers haben, der die Lehre bereits mit nationalsozialistischem Einschlag im Kern schuf. Die Herauslösung dieses ideologischen Kerns, also der „Völkischen Gemeinschaftsordnung", würde zur Auflösung des Gedankengebäudes führen. Auch Welzel erwähnt diese Theorie Schmitts in seinem wichtigsten rechtsphilosophischen Nachkriegswerk nicht mehr, obgleich er ihr 1935 noch angehangen hatte.[195] Er vertritt stattdessen die objektiv- teleologische Auslegung Schwinges,[196] der er ursprünglich ausreichende Konsequenz absprach. Das konkrete Ordnungsdenken war letztlich nur eine Steigerung der objektiven Theorie, welche die Verschmelzung von Recht und Wert durch Erweiterung der Reichweite der Wertungsmöglichkeiten vom Deliktstatbestand auf den gesamten der Entscheidung zugrunde liegenden Lebenssachverhalt zu maximieren versuchte. Einen nachhaltigen Eingang in die Rechtspraxis nach 1945 hat das konkrete Ordnungsdenken im Gegensatz zu Schwinges Lehre nicht gefunden.

Gleichwohl darf die größere Radikalität des Ordnungsdenkens nicht zu dem Fehlschluß führen, daß die objektive Lehre ungefährlich sei. Ihre Haltlosigkeit führt uns Welzel selbst vor Augen, in dem er die Forstdiebstahls- Entscheidung des BGH als im Rahmen dieser Methode zulässige Form „ausdehnender Auslegung" darstellt, weil sie nur den im Gesetz zum Ausdruck gekommenen Sinn der Vorschrift herausgearbeitet habe.[197]

Hier ist die Bezeichnung Auslegung bereits falsch, weil auslegbar nur der Wortlaut des Gesetzes ist, welcher die Bejahung der Qualifikation bei Verwendung von Kraftwagen eindeutig nicht deckt. Wenn also selbst ein glänzender Strafrechtsdogmatiker wie Welzel bei Anwendung der objektiven Lehre die Grenze zur Analogie übersieht, muß dies zwangsläufig auch weniger erfahrenen Praktikern, aber auch Richtern am BGH passieren, wie die Entscheidung verdeutlicht.

c) Henkel

Als drittes Beispiel für die Kontinuität in der Methodenlehre sei das Wirken Heinrich Henkels genannt. Dieser hat seit 1934 die Einheit des politischen und des rechtlichen Wertes als Folge der Überwindung der Gegensätzlichkeit von Individuum und Staat propagiert.[198] Ein wahres „Volksrecht" setze voraus, daß an die Stelle der Bestimmtheit des Gesetzes das Ideal der Bestimmtheit der

---

[194] So z.B. die Garantenpflicht aufgrund „häuslicher Gemeinschaft" in BGHSt. 19, 167 ff. , dazu unten B II 1 f.
[195] Vgl. Welzel, Naturrecht und materiale Gerechtigkeit, S. 206 ff.
[196] Welzel, Das deutsche Strafrecht, S. 22.
[197] Welzel, a. a. O.
[198] Henkel, Strafrichter und Gesetz im neuen Staat, S. 23.

Rechtsverwirklichung im Sinne der Übereinstimmung des Urteils mit dem Rechtsgewissen der Allgemeinheit trete.[199] Der Lebensinhalt des nationalsozialistischen Menschentyps bestehe im täglichen Dienst am Staat und nicht mehr im Schutz der eigenen Freiheit, weshalb die Berechenbarkeit des Rechts nicht mehr Grundbegriff der Rechtsordnung sein könne.[200]

Auch Henkel war also bestrebt, die Straftatbestände im angeblichen Interesse des Volkes aufzuweichen und so das Bestimmtheitsgebot auf dem Altar des „Volksrechts" zu opfern. Nach dem Krieg arbeitet er überwiegend im rechtsphilosophischen Bereich und befaßt sich in seinen Werken verstärkt mit der Vereinbarkeit von Ideologie und Recht, Recht und Wert, Recht und Sittlichkeit.[201]

In seiner Schrift „Ideologie und Recht" geht er von einem „positiven" Ideologiebegriff aus, wonach die Ideologie ein reales geistiges Phänomen sei, das programmatischen Charakter habe und auf die Erzielung von Wirkungen und Gestaltungen im Sozialleben gerichtet sei.[202] Eine solche Ideologie sei für das Recht unverzichtbar, weil sie den Gesamtplan für die gesellschaftlich-politische Gestaltung der Rechtsordnung darstelle, den jede Bildung positiven Rechts voraussetze.[203] Im Interesse des „Lebenszusammenhangs seiner Schöpfung" sei jeder Gesetzgeber gehalten, bestimmte Vorgegebenheiten zu beachten, also eine Verbindung zwischen Recht und Ideologie herzustellen, sofern das Recht nicht in einem leeren Raum konstruiert sein wolle.[204] An anderer Stelle schließt Henkel von der unterschiedlichen Beurteilung des Wertphänomens durch verschiedene Subjekte auf die Notwendigkeit der überindividuellen Festlegung von Wertmaßstäben, mithin der Objektivierung der Wertungen. Dabei werde aus einer Vielzahl von leichartigen Wertungsakten einzelner Personen ein Bestand „intersubjektiver Wertungen" , die sich als typische Wertentscheidungen aus einer Gruppe zu einer kollektiven Wertordnung entwickelten.[205]

Inhaltliche Unterschiede zwischen der „kollektiven Wertordnung" und dem „gesunden Volksempfinden" bestehen nicht, sofern man unter letzterem wirklich die Anschauungen der Volksmehrheit und nicht der Führung versteht. Die drei genannten Rechtslehrer behandeln also ausgiebig die „Gretchenfrage" der Rechtsphilosophie, das Verhältnis von Recht und Ethik. Dabei kommen sie jeweils zu einem kollektivistischen Ergebnis, das den Willen und die Wertung

[199] Henkel, a.a.O. S. 48.
[200] Henkel, a.a.O. S. 67.
[201] Das Thema „Recht und Sittlichkeit" wird ausführlich in seinem Lehrbuch behandelt, Rechtsphilosophie, S. 66 ff.
[202] Henkel, Ideologie und Recht (1973), S. 10.
[203] Henkel, a.a.O. S. 21.
[204] Henkel, a.a.O. S. 22.
[205] Henkel, Recht und Wert, FS Schaffstein (1975), S. 13, 24 ff.

des Einzelnen der Gemeinschaft unterordnet. Als Begründung wurde in der NS-Zeit stets die Ablehnung des liberalen Individualismus und die Verschmelzung von Einzelindividuum und Staat angeführt. Zu gleichen Ergebnissen gelangen die Autoren nach 1945 mit lediglich anders formulierten Begründungen. Aus dem Denken in konkreten Ordnungen wurde eine ausdehnende Auslegung nach objektivem Gesetzessinn, aus dem Rechtsgewissen der Allgemeinheit wird die kollektive Wertordnung.

Rechtliche und sittliche Ordnungen waren nach Feuerbach, auf dessen Lehren das Strafgesetzbuch von 1871 beruht, noch strikt zu trennen.[206] Erst im Zuge der nationalsozialistischen Rechtsumwälzung haben die ethischen Anschauungen des Volkes infolge der Aufweichung des Bestimmtheitsgebots Eingang in das Recht gefunden, gewann die Ethik als außerrechtliches Phänomen steigenden Einfluß auf das materielle Recht. Die Fortsetzung dieses Prozesses nach der Gründung der Bundesrepublik ist angesichts der zuvor erlebten, verheerenden Folgen besonders erstaunlich. Bedeutsam für die weitere Verbreitung der antiindividualistischen Lehren wird der Wechsel vieler ideologisch vorbelasteter Autoren in Rand-gebiete des Strafrechts gewesen sein, wie z.B. Bruns zur Strafzumessung oder Schaffstein zum Jugendstrafrecht. Welzel und Henkel, der Mitglied der Strafrechtskommission unter Reichsjustizminister Gürtner war, intensivierten Ihre Tätigkeit im Bereich der Rechtsphilosophie. Diese spielt jedoch im prak-tischen Alltag der Juristen nur scheinbar keine Rolle. Gerade der Bereich der Methodenlehre trifft die Anwendung allen Rechts genau an der Wurzel. Hier werden die Weichen für Entscheidungen wie der Wahl der Auslegung und der Einbeziehung sittlicher Anschauungen bei normativen Tatbestandsmerkmalen und Generalklauseln gestellt. Der Druck der Entnazifizierung hatte also die Folge der Unterwanderung der Rechtsphilosophie mit völkisch- kollektivistischem Gedankengut. Allein dieser Umstand erklärt die fast einhellige Ablehnung der Heckschen historischen Auslegung, die den Volkswillen nicht berücksichtigt und das Bekenntnis zur objektiven Methode durch nahezu die gesamte Strafrechtswissenschaft. Was Stammler als „zur Göttin erhobenen Riesenleib" bezeichnete, der von erhöhtem Standpunkt aus Befehle erteile,[207] nämlich der „Gemein-schaftswille", war nun tatsächlich in das Zentrum aller wertenden Betrachtungen gerückt worden. Der seit Luther anerkannte Konsens der Trennung von Recht und Sitte ist in der NS-Zeit zugunsten einer Moralisierung des Strafrechts aufgekündigt und infolge der personellen und inhaltlichen Kontinuität in der Rechtsphilosophie nicht wieder hergestellt worden.

Es könnte freilich argumentiert werden, eine gewisse Volksnähe des Rechts, der nationalsozialistischen Ideologie entkleidet, wäre durchaus wünschenswert. Schließlich werde das Recht für das Volk geschaffen.

---

[206] Feuerbach, Lehrbuch, S. 40.
[207] Stammler, Theorie, 1. Aufl., S. 614.

Die Unhaltbarkeit dieser Ansicht, sowie die Evidenz der Unvereinbarkeit mit dem geltenden Verfassungsrecht, wie mit § 1 StGB, wird im folgenden nachzuweisen sein.

1.7 Kritik der „objektiven“ Methode

a) Widersprüchlichkeit des „objektiven Zwecks“

Mit dem Abstellen auf den „sachlichen Gehalt“ des Gesetzes wird das grundsätzlich subjektive Phänomen des Zwecks objektiviert. Daraus entsteht das Problem der objektiven Feststellung dessen, was der Gesetzgeber hätte wollen müssen. Da eine objektive Bezweckung dem subjektiven Charakter des Zwecks fremd ist, muß doch wieder das Wollen eines einzelnen Menschen herangezogen werden. Fraglich ist dabei, aus wessen Sicht das „Seinsollende“ festgestellt werden soll. Im Normalfall der Auslegung unter Verwendung „objektiv-teleologischer“ Kriterien wäre es die Aufgabe des Richters, den „sachlichen Gehalt“ des Gesetzes zu bestimmen. Hierbei soll er sich gerade nicht auf den historischen Willen des Gesetzgebers stützen, sondern auf das, was das Gesetz im Zeitpunkt der Entscheidung „vernünftigerweise aussagt“. Mangels griffiger Anhaltspunkte wird der Richter folglich geneigt sein, die Anschauungen des täglichen Lebens zu Rate zu ziehen, also zu überlegen, wie die Öffentlichkeit wohl den Fall beurteilen würde. Die subjektive Einschätzung der öffentlichen Meinung bzw. „Volksanschauung“ wird jedoch geprägt von eher zufälligen Erlebnissen und Erfahrungen im Rahmen seiner Teilnahme am gesellschaftlichen Leben. Daher kann ein Richter aus einer norddeutschen Großstadt bekanntlich eine völlig gegenteilige Auffassung von Recht und Unrecht vertreten als sein Richterkollege in Süddeutschland nachgeht. Beide Richter werden im Rahmen der objektiven Methode intuitiv jeweils denjenigen „Zweck“ des Gesetzes zugrundelegen, der ihrer subjektiven Privatmeinung am nächsten kommt.

Sax hat als erster einen weiteren inneren Widerspruch der objektiv-teoleogischen Auslegung aufgezeigt, der darin besteht, das sich ihre Sinnerforschung von der –für sie inhaltslosen– Wortformel des Gesetzes löst, zeitgleich aber den Wortlaut als formalen Auslegungsgrenzwert benötigt, um bei der Sinnerforschung nicht grenzenlos auszuufern. Denn der vollständige Verzicht auf das formale Element eines „möglichen Wortlautes“ würde regelmäßig einen Gesetzessinn zum Ergebnis haben, der sich mit dem Wortlaut nicht mehr vereinbaren lässt. In solchen „Grenzsituationen“ versagt die Methode jedoch, da sie nicht in der Lage ist, den Inhalt des „möglichen Wortlautes“, der notwendig im Gegensatz zum wirklichen Wortlaut steht, zu bestimmen.[208] Andererseits geht auch Sax von der Notwendigkeit aus, neben dem subjektiven Sinngehalt des Gesetzes, also dem Willen des Gesetzgebers, einen objektiven

[208] Sax, Das strafrechtliche Analogieverbot, S. 80 ff.

Gesetzessinn zu berücksichtigen. Dieser erschließe sich aus der Ermittlung des normativen gesetz-geberischen Willens, der auch über dem gewählten Wortlaut hinausgehen könne. Der Wortlaut sei dabei nur eines der Indizien für das vom Gesetzgeber Gewollte. [209]

Seine berechtigte Kritik an der objektiv-teoleogischen Auslegung fällt daher auf Sax zurück, da auch er vergeblich versucht, den „möglichen Wortsinn" des objektiven Gesetzessinns in Abgrenzung zum wirklichen Wortlaut zu bestimmen. Nicht überzeugend ist daher auch seine Interpretation des Art. 103 II GG, dessen Sinn es sei, dass die „Strafbarkeit für jede Tat vorher gesetzlich bestimmt ist, die dem gesetzlich geregelten Lebensvorgang entweder entspricht, oder ihn im Wege einer sinnerforschenden Auslegung der Subsumtionsnorm, unbeschadet einer Überschreitung, von deren äußeren Wortlautgrenzen, als wesensgleich zur Seite gestellt werden kann."[210] Ein potentieller Straftäter wird kaum in der Lage sein, zu bestimmen, welchen objektiven, über die Wortlautgrenze hinausgehenden Sinngehalt der Gesetzgeber einer Norm beigeben wollte. Die Zulassung der Überschreitung des wirklichen Wortlautes, also der originären Wortbedeutung, durch den in Rechtsprechung und Schrifttum zumeist als „möglicher Wortsinn"[211] bezeichneten „möglichen Gesetzeswortlaut", nimmt dem Gesetz die grundgesetzlich gebotene Vorhersehbarkeit.

Der objektiv teleologisch interpretierende Richter erschleicht sich den Beweis der Richtigkeit seiner Auslegung, indem er stillschweigend die Prämisse setzt, daß nur der von ihm definierte Zweck der Vorschrift berechtigt ist, nicht aber die Grenze, die der Wortlaut der Zweckverfolgung zieht.[212] Durch die Einseitigkeit, mit der sich die teleologische Auslegung auf den „objektiven Zweck" des Gesetzes beruft und diejenigen Interessen des Gesetzgebers außer Acht läßt, die der einschränkenden Wortfassung zugrunde lagen, verliert der Wortlaut seine negative Begrenzungsfunktion. Denn auf der Suche nach dem über die originäre Wortbedeutung hinausgehenden, „möglichen Wortlaut"[213] löst sich der jeweilige Interpret zwangsläufig von dem in Gesetzestext gegossenen Willen des Gesetzgebers, den er gerade für unvollkommen manifestiert hält.

Dementsprechend hat der BGH z.B. in seinen Entscheidungen zur Rückkehrpflicht des sich zuvor entschuldigt entfernenden Unfallbeteiligten nicht einmal erörtert, daß eine solche Pflicht von der Wortformel des Gesetzes nicht gedeckt ist und statt dessen ausschließlich seine eigene Auffassung vom objektiven Sinn des § 139 a StGB bzw. § 142 StGB darlegt.[214] Dieses Vorgehen

---

[209] Sax, a. a. O., S. 86 ff.
[210] Sax, a. a. O., S. 93.
[211] BVerfGE 91, 12; BGHSt. 28, 230; 10, 160; Schönke/Schröder-Eser, § 1 RN. 55 m.w.N.
[212] Herzberg, NJW 1990, 2525, 2526.
[213] Sax, Das strafrechtliche Analogieverbot, S.80.
[214] BGH VRS 4, 49 ff; BGHSt. 5, 124 ff.

offenbart die oft einseitig zugunsten der „materiellen Gerechtigkeit“ und zum Nachteil der Rechtssicherheit aus-fallende, intuitive Abwägung zwischen dem Wert der Extension und den entgegenstehenden Interessen.[215]

b) Willkür

Wenn sonach von einer objektiven Ermittlung des Gesetzessinns keine Rede mehr sein kann und der Richter den „möglichen Wortsinn“ vielmehr mit seiner subjektiven Meinung ausfüllt, kann die Anfälligkeit für bestimmte Weltanschauungen und mithin die Gefahr der Willkür nicht deutlich genug betont werden. Man braucht nicht die überzogenen Darstellungen amerikanischer Filme heranzuziehen, um Beispiele zu finden, in denen persönliche Erlebnisse das Seelenleben eines Richters derart beeinflussen, daß er, wenn auch unbewußt, seine Entscheidungspraxis nach diesen Eindrücken ausrichtet. Dabei kommen insbesondere kriminelle Handlungen im eigenen Umfeld durch bestimmte Tätergruppen in Betracht, wie Ausländer, Rechtsradikale, Linksradikale oder Jugendliche. Es wäre allzu menschlich, wenn der Betroffene im nächsten Verfahren gegen einen anderen Angehörigen dieser sozialen Gruppe besonders streng urteilen wollte oder aber, in Kenntnis seines inneren Konflikts, besonders milde, um über jeden Vorwurf der Befangenheit erhaben zu sein. In beiden Fällen wäre die Entscheidung willkürlich. Eine solche Problematik besteht freilich grundsätzlich und nicht nur bei Anwendung der „objektiv-teleologischen“ Auslegung. Diese Methode eröffnet jedoch dem Richter die zusätzliche Möglichkeit zur Verurteilung anhand von Delikten, die nach dem Willen des Gesetzgebers nicht einschlägig gewesen wären. Auf diesem Wege könnten also persönliche Erfahrungen des Richters zu erheblich schwereren Strafen führen, unabhängig davon, ob der Richter seine eigene Willkür klar vor Augen hat, oder intuitiv vorgeht.

Wie die Begegnungen mit Kriminalität die Anschauungen des Richters beeinflussen können, gilt dies für sämtliche Erscheinungen aus seinem sozialen Umfeld, wobei heutzutage die Medien eine besondere Rolle spielen. Diese vermögen zum Beispiel durch verstärkte Veröffentlichung der bundesweit ständig vorkommenden Sexualdelikte gegenüber Kindern allgemein den Eindruck zu erwecken, diese Verbrechen würden derzeit überdurchschnittlich häufig begangen. Einem solchen Eindruck wird sich auch nicht jeder Richter entziehen können. Einige könnten daher in Versuchung geraten, durch besonders extensive teleologische Auslegung der Sexualdelikte dieser Entwicklung entgegenzusteuern. Etwas anderes gilt auch nicht für die Darstellung rechtsradikaler Straftaten, die dazu ermuntern könnte, den einen oder anderen „Denkzettel“ unter Zuhilfenahme teleologischer Extensionen, etwa des Mordtatbestandes, auszuteilen.

---

[215] Herzberg, NJW 1990, 2525, 2527.

Diese Beispiele sollten zeigen, daß es die objektive Lehre dem einzelnen Richter wesentlich erleichtert, seine eigene Weltanschauung unter dem Deckmantel eines „sachgerechten Ergebnisses“ in das Strafverfahren einzubringen. Jeder Mensch ist Träger eigener Anschauungen. Die Übertragung dieser Anschauungen in das Strafrecht ist einem Richter jedoch zu erschweren, indem ihm aufzugeben ist, Sachverhalte nach den Wertungen des Gesetzgebers zu beurteilen und nicht nach den eigenen. Genau das Gegenteil wird jedoch von der „objektiv-teleologischen“ Auslegung gefordert, die den Wertungen des Interpreten einen weiten Spielraum gibt und dadurch willkürlichen Entscheidungen Vorschub leistet.

c) Demokratieprinzip

Ein „ Wollen“ kann immer nur von einer einzelnen Person getragen werden. Es gibt keinen allgemeinen Willen, der sich als einheitliches psychologisches Gebilde darstellen ließe, das den Interessen der überwiegenden Bevölkerungsmehrheit entspreche. Die Ansichten der Millionen von Einzelindividuen sind gerade im sogenannten „Kommunikationszeitalter“ aufgrund zahlloser Informationsmöglichkeiten derart vielschichtig, daß es unmöglich ist, einen Ausgleich zu schaffen, der allen gerecht wird. Die Demokratie muß sich daher nach dem Willen richten, den die Mehrheit der dem Wahlvolk angehörigen Personen trägt, der in den periodisch stattfindenden Wahlen zum Ausdruck kommt. Im Vorfeld der Wahlen präsentieren die Parteien auch ihre kriminalpolitischen Programme, weshalb davon ausgegangen werden muß, daß die Ansichten der den Bundestag dominierenden Parteien auch in der Bevölkerung überwiegend sind. Diese Auffassungen werden dann im Gesetzgebungsverfahren in das Strafgesetzbuch getragen, indem neue Delikte aufgenommen werden, bestehende aufgehoben, auf der Tatbestandsseite oder im Strafrahmen verschärft oder gemildert werden. Indem die „objektiv-teleologische“ Methode im Zuge der Auslegung den subjektiven Willen des Gesetzgebers weitgehend außer acht läßt, ignoriert sie ebenso den Willen der Mehrheit der Bevölkerung im angeblichen Interesse einer „sachgerechten“ Lösung. Die Behauptung der „Volksnähe“ ist also falsch, weil die eigentlich dem unmittelbar gewählten Volksvertreter zukommende Aufgabe auf den hierfür weder zuständigen noch demokratisch legitimierten Richter übertragen wird. Es wird also die Normsetzungsprärogative des demokratisch legitimierten Gesetzgebers mißachtet und dadurch gegen das Demokratieprinzip des Art. 20 II GG verstoßen.[216]

Der übliche Einwand der objektiven Lehre lautet, der Gesetzgeber wäre bei Anwendung der subjektiv-historischen Methode angesichts der schnellen technischen, wirtschaftlichen und gesellschaftlichen Entwicklung durch die Notwendigkeit der ständigen Anpassung der Gesetze überfordert. Dies hätte neben Strafbarkeitslücken eine Destabilisierung des Rechts zur Folge.[217] Ein

---

[216] Krey, ZStW Bd. 101 (1989), S. 864.
[217] Schönke/Schröder - Eser, § 1 RN. 41 f. m.w.N.

solches Argument führt jedoch das Wesen der Demokratie ad absurdum. Denn die Gefahr der Entstehung von Strafbarkeitslücken wäre am geringsten in einem „Führerstaat“ wie dem Dritten Reich, in dem per Verordnung in kürzester Zeit und ohne langwierige Gesetzgebungsverfahren –notfalls auch rückwirkend- die Strafbarkeit eines Verhaltens „verfügt“ werden könnte. Es ist also gefährlich, ein subjektiv empfundenes Strafbarkeitsbedürfnis mit demokratischen Grundprinzipien abzuwägen.

Der Hinweis auf den schnellen Fortschritt in Wissenschaft und Technik ändert nichts daran, daß dem Gesetzgeber der Einschätzungsvorrang darüber zusteht, ob und wie auf die jeweilige Entwicklung kriminalpolitisch zu reagieren ist. Vermeintliche „Strafbarkeitslücken“, die stets nur in der Vorstellung des Interpreten bestehen und daher rein subjektiv sind, müssen angesichts der überragenden Bedeutung des Demokratieprinzips in Kauf genommen werden. Demnach liegt in jeder Abweichung vom gesetzgeberischen Willen ein Verstoß gegen Art. 20 II GG.

d) Bestimmtheitsgrundsatz

Autoren wie Mayer und Naucke mahnen zu Einhaltung des Bestimmtheitsgebots und müssen sich dafür den Vorwurf “lebens- und praxisfremder Überdehnung verfassungsrechtlicher Normen“[218] gefallen lassen. Es fragt sich, ob das Bestreben zur Einhaltung einer Verfassungsnorm und gleichzeitig des das StGB anführenden Paragraphen in dieser Weise herabgewürdigt werden darf. Mit der Übernahme des Bestimmtheitsgrundsatzes wollten die Väter des Grundgesetzes einen „alten bewährten Grundsatz wieder zu Ehren kommen lassen“, der in der NS-Zeit mißachtet wurde. Man wollte also anknüpfen an die im aufklärerischen Denken wurzelnde Idee von einem Gesetz als Garant bürgerlicher Freiheit, als Schutz vor richterlicher oder behördlicher Willkür.[219]

Diese Idee hatte in Gestalt von Feuerbachs „nullum-crimen-Prinzip“ Eingang in die deutschen Partikularstrafgesetzbücher und das RStGB von 1871 gefunden.[220] Wenngleich also davon ausgegangen werden kann, daß sich die gesellschaftlichen und politischen Verhältnisse von 1813 bis 1949 stark verändert hatten, enthält der strafrechtliche Bestimmtheitsgrundsatz mit der Verhinderung willkürlicher Bestrafungen eine Essenz, die ihn seit seiner Entstehung für jeden deutschen Gesetzgeber, mit Ausnahme des NS-Gesetzgebers, „alt und bewährt“ er-scheinen ließ. Eine Ausschluß „willkürlicher Macht der Strafrichter“, der unter Menschen so schrecklichen Gewalt zu richten (puissance de juger si terrible parmi les hommes),[221] kann jedoch nur gelingen, wenn § 1 StGB in seinem Sinngehalt als gesetzgeberisches Ideal richtig erfasst

[218] Leipziger Kommentar - Tröndle, § 1 RN. 46.
[219] Krey, Keine Strafe ohne Gesetz, S. 12ff.
[220] vgl. oben I A 2.
[221] Montesquieu, zitiert nach Krey, Keine Strafe ohne Gesetz, S. 13.

und nicht als lästiges und praxisfremdes Bestrafungshindernis, als blutleere Verfassungsnorm begriffen wird. der Willkür läßt sich jedoch nur durchsetzten, wenn der Satz selbst richtig ausgelegt wird. Nur dann können klare Verstöße wie im Fall der Forstdiebstahlsentscheidung oder der Entscheidungen zur Rückkehrpflicht- und Selbstanzeigepflicht des Unfallbeteiligten vermieden werden. Dem nullum-crimen-Prinzip lag Feuerbachs Lehre vom psychologischen Zwang zugrunde. Diese sah den Sinn jeder Strafandrohung durch ein Gesetz in einem psychologischen Zwang, der dadurch erzeugt werde, daß die Lust des potentiellen Täters an der Begehung der Tat durch seine Unlust an der Erduldung der angedrohten Strafe neutralisiert wird.[222] Davon ausgehend, verliert die gesetzliche Strafandrohung jeden Sinn, wenn aus ihr nicht ersichtlich ist, welche Strafe den Täter für seine Handlung erwartet. Erst recht wird also der Zweck jeden Strafgesetzes mißachtet, wenn aufgrund extensiver Auslegungsmethoden wie der objektiv- teleologischen noch nicht einmal ersichtlich ist, ob die Handlung überhaupt in den Anwendungsbereich einer Strafnorm fällt oder nicht. Mithin ist nicht nur die Rechtssicherheit im Sinne einer Berechenbarkeit und Vorhersehbarkeit des Strafrechts beeinträchtigt, sondern es wird auch die Abschreckungswirkung der Strafandrohung im Sinne der Lehre vom psychologischen Zwang beseitigt, weil sich beim Täter wegen der fehlenden Bestimmtheit keine neutralisierende „Unlust" an der Bestrafung aufbauen kann. Den Strafandrohungen wird somit die vom Gesetzgeber gewünschte, spezialpräventive Wirkung genommen.

Zusammenfassend läßt sich feststellen, daß die objektiv - teleologische Auslegungsmethode häufig zu einer Missachtung des Bestimmtheitsgrundsatzes führt, weil sie eine Bestrafung regelmäßig unvorhersehbar werden lässt. Sie verletzt zudem das Demokratieprinzip in der Ausformung des Gewaltenteilungsgrundsatzes verletzt, indem sie den Willen des Gesetzgebers mißachtet. Weiterhin wird in großem Maße richterliche Willkür ermöglicht und die rechtspolitische Fehlentwicklung gefördert, wonach der Richter sich mit seiner Entscheidung nur noch auf sein eigenes Gewissen und nicht mehr auf das Gesetz stützen kann. Schwinges kollektivistische Lehre, die dem völkisch-dynamischen Denken der NS-Rechtslehrer nahekommt, ist folglich nicht nur wegen ihres ideologischen Fundaments, sondern vor allem wegen ihrer verfassungsrechtlichen Bedenklichkeit abzulehnen. Dies wird sich im folgenden anhand einzelner Tatbestände aus dem Besonderen Teil erweisen, wo die verwässernde Doppelwirkung von normativen Tatbestandsmerkmalen mit objektiv - telelologischer Auslegung besonders deutlich wird.

---

[222] Feuerbach, Lehrbuch, S. 37.

2. Mordtatbestand

Als Beispiel für die Auswirkung der völkischen und anti-liberalistischen Strafrechtsreform kann der Mordparagraph herangezogen werden, der seine jetzige Wortfassung im Jahr 1941 erhalten hat.[223] Nach dem Wortlaut von 1871 war dagegen derjenige Mörder, der vorsätzlich einen Menschen tötet, wenn er die Tötung mit Überlegung ausgeführt hat. Entscheidendes Abgrenzungskriterium zum Totschlag war also die „Überlegung" während der Tötungshandlung. Diese wurde definiert als die geistige Beschaffenheit, bei der sich der Täter der von der Handlung abhaltenden Motive bewußt ist und sie gegen die ihn zur Handlung drängenden Motive abwägt.[224] Auch hier ist also wiederum die Patenschaft der Lehre vom psychischen Zwang ersichtlich,[225] die eine Milderung nur bei dem Täter zulassen konnte, der sich der Strafandrohung überhaupt bewußt war, was etwa bei der Tat im Affekt, aus rasendem Zorn oder im Rausch zu verneinen war. Die Formel „der Totschläger tötet spontan, der Mörder geplant", die ein relativ hohes Maß an Bestimmtheit bot, wurde durch den Mordtatbestand mit den bekannten drei Gruppen von Mord-merkmalen ersetzt. Die Vorschrift ähnelt dem schweizerischen Entwurf von 1916,[226] der dort jedoch zugunsten einer allgemeineren Fassung[227] nicht zum Gesetz geworden ist. Auch der Entwurf der Strafrechtskommission von 1936 sah bereits die gleiche Fassung vor, enthielt lediglich noch nicht das Merkmal der Verdeckungsabsicht.[228]

2.1 Intention des Gesetzgebers von 1941

In der Begründung zum Entwurf von 1936 wird ausgeführt, das Unterscheidungsmerkmal der „Überlegung" habe inhaltlich nicht einwandfrei festgesetzt werden können. Auch habe die Erfahrung gezeigt, daß die Überlegung nicht regelmäßig ein Anzeichen für die höhere Strafwürdigkeit der Tat darstelle.[229] Freisler hatte als Beispiel für diese Unzulänglichkeit die „Femevollstreckung" genannt, die zwar mit Überlegung ausgeführt werde, was aber keineswegs die Schwere der Schuld belege, da es ein Vorteil für die Allgemeinheit sei, wenn ein Verräter beseitigt werde.[230] Bereits die Denkschrift von 1933 bemängelte die Gleichbewertung jeder Tötung ohne Unterscheidung nach dem Gewicht der Persönlichkeit für Staat und Volk, sowie die fehlende Einbeziehung des Rechtsempfindens des Volkes bei der herkömmlichen Abgrenzung.[231] Ziel der

---

[223] Ges. z. Änderung d. RStGB v. 04.09.1941 (RGBl. I, S. 549), als Sanktion war damals freilich die Todesstrafe vorgesehen, wobei ein dritter Absatz Ausnahmen in minder schweren Fällen gestattete.
[224] Reinhard Frank, StGB (1931), S. 463.
[225] Feuerbach, Lehrbuch, S. 37.
[226] Schönke, StGB (1942), S. 434; ebenso Maurach/Schroeder/Maiwald, S. 27
[227] Art. 112 des Schweizerischen StGB v. 1938: Hat der Täter unter Umständen oder mit einer Überlegung getötet, die seine besonders verwerfliche Gesinnung oder seine Gefährlichkeit offenbaren, so wird er mit lebenslänglichem Zuchthaus bestraft.
[228] Regge/Schubert, Quellen, Bd. 1, Teil 2, S. 459.
[229] R/S, Quellen, Bd. 1, Teil 2, S. 245.
[230] R/S, Quellen, Bd. 2, 1. Teil, S. 505; Sitzung v. 16.04.1934.
[231] Nationalsozialistisches Strafrecht, Denkschrift des preußischen Justizministers (1933), S. 85.

Reform der §§ 211ff. war also nur vordergründig die angebliche Untauglichkeit der Überlegung als Abgrenzungsmerkmal. Im Kern wurde wiederum versucht, die das Leben schützenden Straftatbestände für ideologische Wertungen zu öffnen. Die Neufassung schien einerseits die Tätertypenlehre zu bestätigen. Demnach werde der Täter nicht nur wegen seiner Tat bestraft, sondern weil er nach der Volksanschauung dem vom Gesetz vorgegebenen Täterbild entspreche.[232] Anhänger der Typenlehre stellten begeistert fest, man sehe den Mörder als Typus plastisch vor sich, wenn man den neuen Mordparagraphen lese. Ein farbloser Paragraph sei einer lebensvollen, anschaulichen und konkreten Tatbestandsumschreibung gewichen [233]

Neben der Erschaffung des neuen „Tätertypus" eines Mörders enthielt § 211 in seiner neuen Formulierung ausschließlich normative Tatbestandsmerkmale, denen in der ersten Gruppe mit den „niedrigen Beweggründen" noch eine Generalklausel beiseite gestellt worden war. Wie die Betrachtung des Täters, so wurde auch die Beurteilung der Tat im Sinne der Einheit von Recht und Sitte für außergesetzliche Wertungen geöffnet. Während die Täterbetrachtung nach 1945 jedoch teilweise zurückgedrängt werden konnte, sind die weiten Tatmerkmale geblieben.

2.2 Kontinuität der Wertungen

Was Carl Schmitt als Kennzeichen der Auflösung des Positivismus erkannt hatte, nämlich die Einführung un-bestimmter Tatbestände und das Vordringen normativer, statt deskriptiver Tatbestandsmerkmale,[234] ist auch nach dem Zusammenbruch beibehalten worden. Heute fehlt zwar die allgegenwärtige Betonung der Volkstümlichkeit des Strafrechts. Dennoch bestehen inhaltlich kaum Unterschiede in dem Ansinnen, das Strafrecht lebensnah und beweglich, statt positivistisch und statisch zu gestalten. Freilich werden hier die sittlichen Wertungen der Allgemeinheit nicht gleichgesetzt mit den Anschauungen der Staatsführung, wie etwa Schwinge, Zimmerl und Mezger das 1935 getan haben.[235] Lediglich im Bereich dieser zur NS-Zeit behaupteten Kongruenz fehlt also die inhaltliche Übereinstimmung mit dem Strafrecht der Bundesrepublik Deutschland. Gerade in der Inkongruenz zwischen den Wertungen der herrschenden Rechtsmeinung, die sich nach den vermuteten Empfindungen der Rechtsgemeinschaft richtet, und denjenigen des demokratisch legitimierten Gesetzgebers liegt in der Demokratie jedoch die Gefahr für die Rechtssicherheit.

Während es im diktatorischen NS-Regime, das weder rechtsstaatliche Grundsätze, noch die Menschenrechte beachtete, zu einem Niedergang des Rechts führen mußte, wenn die Ansichten der Führung in den Mittelpunkt der

[232] Dahm, Der Tätertyp im Strafrecht, S. 26 ff.
[233] Schmidt-Leichner, DR 1941, 2145, 2147, zur Tätertypenlehre im einzelnen siehe unten II 3.
[234] Carl Schmitt, Über die drei Arten rechtswissenschaftlichen Denkens, S. 49.
[235] Schwinge/Zimmerl, Wesensschau und konkretes Ordnungsdenken im Strafrecht, S. 58; Mezger, ZStW Bd. 55, S. 9.

Entscheidung über Recht und Unrecht rückten, wird in der parlamentarischen Demokratie hingegen die gleiche Wirkung erzielt, wenn die Vorgaben des demokratischen Gesetzgebers nicht als entscheidende Indikatoren für die Strafbarkeit angesehen werden, sondern die subjektiven Anschauungen der Richter.

In der Demokratie kommen die sittlichen Anschauungen der Bevölkerung am unmittelbarsten durch die Parlamentswahlen zum Ausdruck, weshalb ein demokratisches Strafrecht sich an den Wertungen des Parlaments, also des Gesetzgebers, ausrichten muß und nicht nach dem, was ein Richter für Volksethik hält. Nur wenn man sich also vor Augen führt, daß Volksanschauung und Wille des Gesetzgebers im demokratischen Staat eine Einheit bilden, erscheint die Sinnwidrigkeit einer Strafnorm wie dem § 211 StGB als evident. Dies wird sich an den folgenden Beispielen aus der Rechtsprechung zu unterschiedlichen Merkmalen erweisen.

a) Niedrige Beweggründe

Merkmale wie die niedrigen Beweggründe, die als Zeichen für die „besonders verwerfliche Gesinnung" des Täters in den Vordergrund treten sollten, um die Beachtung des Volksempfindens sicherzustellen,[236] werden noch heute dementsprechend definiert. Als niedrig wird ein Beweggrund angesehen, der nach allgemeiner sittlicher Wertung auf tiefster Stufe steht, als besonders verwerflich gilt und geradezu verachtenswert ist.[237] Inhaltlich bedeutet diese Umschreibung nichts anderes als die Einbeziehung des Volksempfindens in die Bestimmung der Tatbestandsmäßigkeit einer Handlung. Ebensowenig wird bestritten, daß es sich bei den niedrigen Beweggründen, wie bei allen Merkmalen der ersten und dritten Gruppe um sogenannte „Gesinnungsmerkmale" handelt.[238] Die heute herrschende Umschreibung der niedrigen Beweggründe macht deutlich, daß es sich bei diesem Merkmal um eine Generalklausel handelt, was wegen der tatbestandlichen Weite unter dem Aspekt der Bestimmtheit problematisch ist. An der Unklarheit der Bestimmung ändern auch die Hinweise auf die Einbeziehung einer „Gesamtwürdigung" der Tatumstände und die Feststellung eines Mißverhältnisses zwischen Tatanlaß und Zweck nichts.[239] Eine „Gesamtwürdigung" und eine Beurteilung des „Mißverhältnisses" setzten ihrerseits wiederum eine wertende Betrachtung voraus. Die Bestimmtheit vermögen solche Umschreibungen daher nicht zu fördern. Man könnte wie Erich Schwinge in einer seiner Nachkriegsschriften annehmen, von Generalklauseln ginge keine Gefahr für die Rechtssicherheit aus, weil sie von Lehre und Rechtsprechung in zahlreiche Einzelrichtlinien aufgelöst

[236] Vgl. Freisler, DJ 1941, 929, 932 ff.
[237] Vgl. BGHSt. 3, 132, 133; Wessels, BT 1, S. 22; Maurach/Schroeder/Maiwald, BT 1, S.42; Schönke/Schröder - Eser, § 211, Rn. 18; Tröndle/Fischer, § 211 RN. 5a.
[238] Wessels AT, RN. 112, Schönke/Schröder - Lenckner, vor § 13, RN. 122; Tröndle/Fischer, § 16 RN. 19.
[239] BGHSt. 30, 330; Wessels, BT. 1, S. 22.

worden und so dem Erfordernis der Vorhersehbarkeit Genüge getan sei. [240] Eine solche Unbedenklichkeitserklärung muß freilich im Angesicht von Fällen aus der Praxis bestehen können.

Dort wird die Motivation durch niedrige Beweggründe z.B. bejaht bei der Tötung eines anderen, um statt diesem als tot zu gelten und unter Befreiung von familiären und beruflichen Pflichten ein „neues Leben" zu beginnen. Hier liege ein erhebliches Maß an Menschenverachtung vor, das die Tat als besonders verwerflich kennzeichne.[241] Demgegenüber wird diese Verwerflichkeit in Frage gestellt, wenn ein Betäubungsmittelverkäufer einen Kunden aus Verärgerung über dessen „Zahlungsverzug" zu töten versucht. In dem Zahlungsrückstand sah das Gericht einen die Wut verursachenden, „beachtlichen Grund", der selbst keinen niedrigen Beweggrund darstelle.[242] Es ist unklar, weshalb dem Dealer nicht die gleiche „Menschenverachtung" angelastet wird, obwohl er aus Wut über das Ausbleiben von Zahlungen aus nichtigen (§ 134 BGB) Rechtsgeschäften einen Menschen tötet. Wenn bereits die Erhebung eines solchen Anspruchs durch § 29 BtMG als verwerflich gekennzeichnet ist, sollte man doch eine besondere Verwerflichkeit annehmen, wenn aus Zorn über die Undurchsetzbarkeit der Forderung ein Mensch getötet wird. Im Gegensatz dazu erscheint die Intention desjenigen, der ein „neues Leben" auf Kosten des Opferlebens beginnen will, nicht zwingend verwerflicher.

aa) Motivation durch Wut

Bei Tötungen aus Zorn oder Wut sollten nach der Rechtsprechung niedrige Beweggründe stets nur vorliegen, wenn die Wut ihrerseits auf einem niedrigen Beweggrund beruhe.[243] Als Tötungsmotivation, die selbst bereits ein niedriger Beweggrund sei, wurde z.B. die Enttäuschung des Täters über verweigerten Geschlechtsverkehr gewertet, was einen „besonders gemeinen und daher verächtlichen" Beweggrund darstelle.[244] Auf ebenso verwerfliche Motivation wurde bei Tötung eines Neugeborenen aus Furcht vor einem Ansehensverlust in ländlicher Gemeinde erkannt.[245] Widersprüchlich wurde die Rechtsprechung durch die Aufnahme des subjektiven Elementes eines Bewußtseins der Verwerflichkeit der Tat. Früher wurde die Kenntnis der objektiven Umstände, die den Beweggrund als niedrig erscheinen lassen, für die Bejahung des Merkmals als ausreichend erachtet.[246]

Heute verlangt der BGH zusätzlich beim Täter das Bewußtsein aller Umstände, die die Niedrigkeit der Beweggründe ausmachen. Er müsse in der Lage gewesen

---

240 Schwinge, Der Jurist und sein Beruf (1960), S. 16.
241 BGH NStZ 85, 454.
242 BGH StV 95, 301, 302.
243 NStZ 84, 261; 85, 216; StV 95, 301, 302.
244 BGHSt. 2, 60, 63.
245 BGHSt. 9, 180, 183.
246 Maurach/Schroeder/Maiwald, BT 1, S. 44.

sein, seine Motive gedanklich zu beherrschen und willensmäßig zu steuern.[247] Daher wurde die Blutrache nicht als niedriger Beweggrund angesehen, wenn ein ausländischer Täter sich von den traditionellen Wertvorstellungen seiner Heimat trotz seines Aufenthalts in Deutschland nicht lösen konnte und ihm die Verwerflichkeit der Tat folglich nicht bewußt war.[248] Auch eine Tötung der eigenen Mutter im Trinkermilieu zur Beendigung jahrelanger Streitereien wurde nicht als niedriger Beweggrund gewertet, weil dem Täter aufgrund einer alkoholbedingten Persönlichkeitsstörung die Niedrigkeit nicht bewußt zu sein schien.[249] In einer anderen Entscheidung wurde ein Zustand „affektiver Anspannung“ wegen einer drohenden Trennung bemüht, um die volle Schuldfähigkeit des Täters und mithin die gedankliche Beherrschung seiner Motive anzuzweifeln.[250]

Diese Einbeziehung von Aspekten der Schuld auf der Ebene der Tatbestandsvoraussetzungen führt zu fragwürdigen Ergebnissen. Durch die Voraussetzung, dem Täter müsse die Verwerflichkeit der Tat im Tatzeitpunkt bewußt sein, wird faktisch ein aktuelles Unrechtsbewußtsein bereits auf der Tatbestandsebene verlangt. Das führt wiederum zur Einbeziehung von eigentlich schuldspezifischen Aspekten wie der Steuerungsfähigkeit[251], deren eventuelle Verminderung dann die Negation des Mordmerkmals bedingt. Auf der Schuldebene entfallen in diesen Entscheidungen jedoch Äußerungen zur Schuldfähigkeit, oder sie wird sogar ausdrücklich bejaht.[252]

Hier ist ein innerer Widerspruch zu sehen, da man einerseits unter Hinweis auf den Alkoholgenuss die „willentliche Steuerbarkeit“ als beeinträchtigt bezeichnet, was zur Verneinung des Mordmerkmals führt, dann aber die Anwendung von § 21 StGB bei der Schuldfeststellung ablehnt. Eine einheitliche Anwendung dieser Einschränkung des Merkmals würde zu dem problematischen Ergebnis führen, daß auch die Tötung eines Ausländers aus Rassenhaß nur als Totschlag bestraft werden dürfte, wenn der Täter in einem rechtsradikalen Umfeld aufgewachsen ist und dessen Moralvorstellungen nicht abzulegen vermochte. Auch die ständige psychische Beeinflussung mit ausländerfeindlichen Parolen kann bei einem Täter einfachen Gemütes bewirken, daß bei Tötung eines Ausländers kein Unrechtsbewußtsein besteht, er vielmehr in einer Art Notstand zu handeln glaubt. Alkoholgenuss geht rechtsextremen Straftaten ebenfalls regelmäßig voraus, weshalb auch hier die „gedankliche Beherrschbarkeit und willentliche Steuerbarkeit gefühlsmäßiger Tatantriebe beeinträchtigt“[253] wird und die subjektiven Voraussetzungen des

[247] BGH StV 83, 503, 504; 84, 72; BGH NStZ 93, 281.
[248] BGH NJW 95, 602, 603= NStZ 95, 79.
[249] BGH NStZ 85, 216.
[250] BGH StV 84, 72.
[251] BGH NStZ 93, 281, 282; BGH StrVert 84, 72.
[252] So in BGH NStZ 93, 281, wo bei 1,7 Promille BAK jegliche Schuldminderung verneint wird.
[253] BGH NStZ 93, 281, 282.

Mordmerkmals in Frage gestellt werden müßten. Ein Neonazi, der aus Wut über den Verlust seines Arbeitsplatzes, den er wegen politischer Verblendung Ausländern zurechnet, eine Tötung aus Rassenhaß begeht, dürfte beim Festhalten der Rechtsprechung an der subjektiven Einschränkung des Merkmals nur als Totschläger bestraft werden. Schließlich soll danach demjenigen die Niedrigkeit seiner Handlung nicht zum Vorwurf gemacht werden können, der nicht in der Lage ist, seine „Gefühlsregungen im Augenblick der Tat verstandesmäßig zu erkennen, oder, wenn er sie erkennt, sie mit seinem Willen zu steuern".[254] Vorstehendes Beispiel dient dazu, die Problematik der bisherigen Rechtsprechung mit ihrer Vermischung von Unrechts- und Schuldelementen zu verdeutlichen.

bb) Eifersucht

Nicht weniger unberechenbar ist die Rechtsprechung zur Eifersucht im Zusammenhang mit diesem Mordmerkmal. Wie Zorn und Wut soll auch die Eifersucht ein niedriger Beweggrund sein, wenn sie selbst auf niedrigen Beweggründen beruht. Dabei komme es wiederum auf die Umstände des Einzelfalls an, wobei dahinstehen könne, ob Eifersucht „im eigentlichen Sinne" ein Beweggrund, eine Leidenschaft oder eine in einem besonders starken Elementargefühl wurzelnde, seelische Regung und als solche wesentlicher Tötungsgrund sei.[255] In einer Entscheidung aus dem Jahr 1952 bejaht der BGH das Mordmerkmal mit folgender „Konkretisierung" der Anforderungen, die eine tatauslösende Begierde zu einem niedrigen Beweggrund werden lassen:

„Daß der Täter seiner Begierde so stark unterliegt, daß er um ihretwillen alle natürlichen, menschlichen Hemmungen überwindet und sogar vorsätzlich tötet, zeigt, daß er in seinen Vorstellungen, Wünschen und Antrieben unter das Mindestmaß der Anforderungen herabgesunken ist, die die Gemeinschaft allgemein stellen muß. Auf dieser Stufe verleugnet er die sittliche Verantwortung, vor die jedermann gestellt ist, bewußt so stark, daß der Antrieb seines Tuns keinerlei Rechtfertigung oder selbst Verständnis mehr verdient, sondern nur noch Verachtung."[256]

Als wäre der Zirkelschluß, Eifersucht sei nur ein niedriger Beweggrund, wenn sie auf einem solchen beruhe, nicht schon unbeholfen genug, begründet der BGH die Bejahung des Mordes mit allgemeinen Floskeln, die auf jede Tötung angewendet werden könnten. Wilhelm Class ist zuzustimmen, wenn er angesichts einer ähnlich verklausulierten Entscheidungsbegründung anmerkt, daß scheinbar eine logisch nicht begründete „Wollensentscheidung" durch diese Phrasen kaschiert werden sollte.[257] Man gewinnt angesichts der aufgezeigten

---

[254] BGH StV 83, 503, 504.
[255] BGHSt. 3, 180,182; 22,12,13.
[256] BGHSt. 3, 132, 133.
[257] Class, Generalklauseln im Strafrecht, FS Eberhard Schmidt, S. 134, zu BGH NJW 52, 1303, 1304.

Wertungswidersprüche den Eindruck, das Gericht zwinge das Gesetz unter Vernachlässigung der Vorhersehbarkeit gewaltsam in das Korsett der Handlung des Täters, um zu einer als billig empfundenen Bestrafung zu gelangen. Durch diese Rechtsprechung entfaltet das Strafrecht also noch immer die von den Vertretern der nationalsozialistischen Gemeinschaftsethik geforderte „Dynamik", da es den Gerichten möglich ist, jeweils zu bestimmen, was die Volksanschauung für verächtlich hält. Ein inhaltlicher Unterschied zwischen dem „gesunden Volksempfinden" und den „sittlichen Anschauungen der Rechtsgemeinschaft" besteht nicht.[258] Die gesetzgeberische Intention der Neufassung des § 211 StGB, die von dem Motto „Recht ist was dem Volke nützt" getragen wurde, scheint sich somit auch über 1945 hinaus durchgesetzt zu haben.

Die Beispiele zeigen, daß das Merkmal der niedrigen Beweggründe keinesfalls durch die Richtlinien einer einheitlichen Rechtsprechung scharfe Konturen gewonnen hat, sondern daß seine Anwendung regelmäßig vom subjektiven Sittlichkeitsempfinden der unterschiedlichen Senate getragen wird, also eher dynamisch und einzelfallorientiert, „volksethisch" erfolgt. Schwinges eingangs angeführte Behauptung, Vorhersehbarkeit und mithin Rechtssicherheit sei durch die gefestigte Rechtsprechung gewährleistet, geht daher fehl. Die Lektüre der einzelnen Entscheidungen zeigt vielmehr ein buntes Sammelsurium von subjektiven Motivationen, die jeweils manchmal als niedrige Beweggründe angesehen wurden und manchmal nicht.

b) Heimtücke

Nach Freisler entsprach dem Bild des Mörders in der Öffentlichkeit die Gestalt mit dem dunklen Mantel, die aus der Dunkelheit heraustritt und dem Opfer einen Dolch in den Rücken stößt. Dem sollte mit der Einführung des Merkmals der Heimtücke Rechnung getragen werden, das die Heimlichkeit als Kernpunkt der „im Volke lebendigen Mordauffassung" berücksichtige.[259] Der BGH stützt sich zur Bestimmung des Heimtückebegriffs auf den Gesetzgeber von 1941, der, anders als Art. 112 des schweizerischen StGB, dem Richter keinen weiten Ermessensspielraum lassen wollte. Fest umrissene Tatbestände sollten die Mordmerkmale vielmehr zwingend und abschließend umschreiben, um „vage und fließende Unterscheidungsmerkmale" zu vermeiden.[260] Er stützt sich auf die vom Reichsgericht entwickelte Ausnutzungsformel, wonach heimtückisch derjenige handelt, der die Arg- und Wehrlosigkeit seines Opfers ausnutzt.[261] Daneben wird zusätzlich eine „feindselige Willensrichtung" des Täters gegenüber seinem Opfer verlangt, um Fälle der Tötung aus Mitleid auszuschließen.[262] Der Ausnutzungsformel der Rechtsprechung wird von einem Teil des Schrifttums vorgehalten, sie führe zu unangemessener Ausdehnung des

---

[258] So auch Class, FS Eberhard Schmidt, S. 131.
[259] Freisler, DJ 41, 929, 933.
[260] BGHSt. 9, 385, 389.
[261] RGSt. 77, 41, 44.
[262] BGHSt. 9, 385, 390.

Anwendungsbereichs des § 211, weil Heimtücke nicht unbedingt Ausdruck besonderer Verwerflichkeit sein müsse. Sie könne ebenso Waffe des Schwächeren gegen einen physisch überlegenen Peiniger sein, etwa eines ständig seine Familie mißhandelnden Trunkenboldes.[263]

Unter Hinweis auf die an der Gesetzgebung beteiligten Freisler und Schönke wird bestritten, daß mit dem Wortlaut des Absatzes 2 eine Legaldefinition mit Vollständigkeitsanspruch geschaffen werden sollte. Wegen der genannten Fälle, in denen die Tötung unter Ausnutzung der Arg- und Wehrlosigkeit nicht besonders verwerflich sei, müsse das Merkmal dahingehend restriktiv ausgelegt werden, daß heimtückisch nur diejenige Tötung ist, welche der Täter unter Mißbrauch des ihm geschenkten Vertrauens begehe.[264] Den naheliegenden Einwand der Unbestimmtheit[265] versucht man einerseits mit Präzisierungsversuchen zu entkräften. So dürfe das Vertrauen weder mit der Arglosigkeit gleichgesetzt, noch auf intrafamiliäre Beziehungen beschränkt werden, sondern müsse Ausdruck eines sozial- positiven Vertrauensmusters sein.[266] Andere Autoren rechtfertigen die Vertrauensbruchslehre mit dem Wesen eines Gesinnungsmerkmals. Dieses bestehe nicht in der objektiven Gefährlichkeit, sondern darin, daß der Täter neben dem Menschenleben an sich, zusätzlich noch gegenüber einem besonderen Vertrauensverhältnis als einem zweiten Wertanruf seine Mißachtung manifestiere.[267]

Keiner der beiden Ansätze ist überzeugend. Sieht man einmal von dem Vertrauen ab, das z.B. das Opfer eines Schutzgelderpressers seinem „Beschützer" oder eine Prostituierte ihrem Zuhälter entgegenbringt, ist fast jedes Vertrauensverhältnis sozial-positiv. Schaffstein erklärt zwar das unrechtserhöhende Moment eines Vertrauensbruchs, versäumt es aber ebenfalls, den Vertrauensbegriff praktikabel zu definieren. Seine Unbestimmtheit ist folglich der wundeste Punkt der Lehre vom verwerflichen Vertrauensbruch. Zusätzlich spricht noch die ratio legis gegen sie, die gerade den „Mann im dunklen Mantel", also den Meuchelmörder, bei der Fassung des Merkmals im Auge hatte. Dieser soll nun vom Anwendungsbereich der Norm ausgeschlossen sein, was zu Recht als unerträglich empfunden wird.[268]

Zutreffend stellt Geilen daher fest, daß wegen der Vieldeutigkeit des Vertrauensgedankens und dem daraus resultierenden Defizit an begrifflicher Präzision

[263] Jescheck, JZ 1957, 386, 387 (Anm. zu St.9, 385); Bockelmann, BT 2, S. 14.
[264] Jescheck, a.a.O. S. 387, ebenso Lange, Ged.-Schr. Schröder, S. 217, 233; Krey, BT Bd. 1, S. 32; Blei, BT, S. 25 spricht von verwerflichem Vertrauensbruch.
[265] Geilen, Heimtücke und kein Ende, Ged.-Schr. Schröder, S. 235.
[266] Schönke/Schröder - Eser, § 211, RN. 26.
[267] Schaffstein, FS H. Mayer, S. 419, 428.
[268] Geilen, a.a.O. S. 253; Tröndle/Fischer, § 211, RN. 6c; Gössel, BT 1, § 4 RN.93

es zusätzlicher Korrekturen durch das seinerseits wieder unbestimmte Merkmal der Verwerflichkeit bedarf.[269]

aa) Restriktionsauflage

Das Bundesverfassungsgericht hat 1977 in einem Normenkontrollverfahren die Verfassungswidrigkeit des Heimtückemerkmals verneint, sofern es, am Verhältnismäßigkeitsgrundsatz orientiert, restriktiv ausgelegt werde.[270] Ob die verfassungskonforme Auslegung ihre Einschränkung über die Lehre vom verwerflichen Vertrauensbruch oder die besondere Verwerflichkeit im Wege einer Typenkorrektur[271] erfolgen sollte, wurde der Interpretation des BGH überlassen.[272]

Der BGH hat keinen der Vorschläge des Bundesverfassungsgerichts aufgegriffen. Wegen der „generalklauselartigen Weite" des Begriffs der besonderen Verwerflichkeit, die eine Berechenbarkeit und Gleichartigkeit der Tatbestandsanwendung gefährde, wurde die Typenkorrektur abgelehnt. Ebenso unbestimmt und vieldeutig sei der Vertrauensbegriff, zumal nicht in jedem Fall eine Kongruenz zwischen Vertrauensbruch und gesteigertem Handlungsunwert bestehe.[273] Aufgrund dieser Unzulänglichkeiten konstruierte der BGH seine bekannte „Rechtsfolgenlösung", die eine Anwendung des § 49 StGB trotz fehlender Verweisung im Normtext des § 211 StGB vorsieht, wenn „außergewöhnliche Umstände" die Verhängung der lebens-langen Freiheitsstrafe wegen erheblich geminderter Schuld als unverhältnismäßig erscheinen ließen.[274]

Bereits auf den ersten Blick erscheint merkwürdig, daß zwar die Kriterien der besonderen Verwerflichkeit und des verwerflichen Vertrauensbruchs wegen ihrer Unbestimmtheit für die Einordnung der Tat als Mord abgelehnt werden, im Anschluß aber die „außergewöhnlichen Umstände" für diese Abgrenzung als tauglich erachtet werden. Eine höhere Berechenbarkeit ist der Rechtsfolgenlösung nicht eigen.

bb) „Personalisierung" des Unrechts

Ähnlich der Rechtsprechung zu den niedrigen Beweggründen fällt auch hier auf, daß der BGH dazu neigt, Probleme bei der Feststellung des Tatbestandes durch Erwägungen zu umgehen, die an sich auf die Ebene der Strafzumessung gehören. Der Unterschied besteht lediglich darin, daß das Unrechtsbewußtsein

---

[269] Geilen, a.a.O. S. 255 f., ebenso Leipziger Kommentar - Jähnke, § 211 RN. 50f., der anhand einer Reihe von Beispielen nachweist, daß gesteigertes Vertrauen nicht zwingend eine besondere Verwerflichkeit und fehlendes Vertrauen keinen Ausschluß der Verwerflichkeit bedingt.

[270] BVerfGE 45, 187, 260 ff.

[271] So ein Teil der Literatur, Bockelmann, BT 2, S. 14, Tröndle/Fischer, § 211, RN. 6c; im Ansatz auch Schönke/Schröde - Eser, § 211 RN. 10 (für negative Typenkorrektur).

[272] BVerfGE a.a.O. S. 267.

[273] BGHSt. 30, 105, 115 f.

[274] BGH a. a. O. S. 119.

bei den niedrigen Beweggründen auf der Tatbestandsseite behandelt wird, während die „Rechtsfolgenlösung“ das Problem auf die Zumessungsebene zieht.

Zuzustimmen ist daher dem Schrifttum, das überwiegend eine „richterliche Rechtsschöpfung“ contra legem ablehnt[275], weil sie dem klaren Wortlaut und Sinn des Gesetzes widerspricht, das nach dem Wortlaut des § 49 I StGB eine ausdrückliche Verweisung verlangt, die § 211 StGB nicht enthält. Insbesondere verfassungsrechtliche Bedenken werden erhoben: Der BGH greife dem verfassungsmäßigen Gesetz-gebungsverfahren vor, indem er Gesetzgebungskorrekturen vornehme, die allein dem demokratisch legitimierten Gesetzgeber vorbehalten seien.[276] Die Entscheidung des Großen Senats sei zudem mit der Bindung der Justiz an das Gesetz nicht vereinbar. Die Justiz dürfe sich nicht anmaßen, Einzelfallgerechtigkeit unter ausdrücklicher Absage an die gesetzlichen Vorgaben herzustellen, woraus eine Unvereinbarkeit der Rechtsfolgenlösung mit Artikel 20 GG folge.[277] Es werde eine zwingende Rechtsfolge beiseite geschoben und auf eine nicht analogiefähige, allgemeine Strafzumessungsvorschrift zugegriffen. Dem Richter sei es versagt, einem nach Wortlaut und Sinn eindeutigen Gesetz durch „verfassungskonforme“ Auslegung contra legem einen entgegengesetzten Sinn zu geben. Letztlich könne sich der BGH auch nicht auf das Bundesverfassungsgericht berufen, das ihm lediglich eine einengende Auslegung aufgetragen hatte. Gerade diesem Auftrag komme der BGH nicht nach, da er den Tatbestand auch in Fällen der „außergewöhnlichen Umstände“ uneingeschränkt bejahe.[278]

Wie bei der objektiv-teleologischen Auslegung setzt sich der BGH also in Widerspruch zum Willen des Gesetzgebers, der nach 1945 mit der Abschaffung der Todesstrafe gleichzeitig die ursprüngliche Milderungsmöglichkeit des Absatzes 3 gestrichen und so die absolute Strafandrohung der lebenslangen Freiheitsstrafe konstituiert hatte. Der Umfang der Lossagung der Rechtsprechung vom Wortlaut des Gesetzes wird beim Merkmal der Heimtücke besonders deutlich. Selbst in der NS-Zeit, als eine Lösung des Richters von der strengen Gesetzesbindung im Interesse des dynamischen Rechts begrüßt wurde, bestand kein Zweifel an der zwingenden Rechtsfolge bei der Bejahung eines Mordmerkmals. Die von Jescheck[279] angeführten abweichenden Meinungen Freislers und Schönkes schlagen sich weder im Wortlaut des § 211 StGB n. F., noch in der Begründung zum amtlichen Entwurf nieder. Dort heißt es ausdrücklich: „Mörder ist (...) zunächst, wer aus niedrigen Beweggründen einen Menschen tötet. Die wichtigsten der hier in Frage kommenden Beweggründe bezeichnet der Entwurf selbst.“[280]

---

[275] Arzt/Weber, LH 1, S. 49; Tröndle/Fischer, § 211 RN. 17; Krey, BT, RN. 67; Mitsch, JuS 1996, 121, 122;
[276] So Mitsch a. a. O. S. 122.
[277] Arzt/Weber, LH 1, S. 49 f.
[278] Tröndle/Fischer, § 211, RN. 17.
[279] Jescheck, JZ 1957, 386.
[280] Regge/Schubert, Bd. 1, Teil 2, S. 245.

Dementsprechend hat auch das Reichsgericht festgestellt, daß als Mörder mit dem Tode, oder nach Absatz 3 gemildert bestraft werden müsse, wer eines der Merkmale des Absatzes 2 erfülle.[281] Indem der BGH einen Täter zwar dem Tenor nach als Mörder, nicht aber mit der gesetzlichen Rechtsfolge eines Mörders bestraft, übertrifft er selbst die im Dritten Reich herrschende Rechtsmeinung an der Lösung von der lex lata. Die durch die Schuldlösung erzielte Bestimmtheit auf der Tatbestandsseite wird nur durch die Unbestimmtheit des Begriffs der „außergewöhnlichen Umstände" auf der Rechtsfolgenseite erkauft.[282] Das Gericht schließt sich mit diesem Beschluß faktisch an die Auffassung Freislers an, wonach eine entschuldbare, heftige Gemütsbewegung die Verurteilung als Mörder auch ausschließen könne, wenn ein Mordmerkmal erfüllt ist.[283]

Mit der Strafmilderung contra legem wurde dem bundesdeutschen Recht das Gegenstück zur straf-begründenden Analogie eingepflanzt. Freisler hatte diese Spiegelbildlichkeit hervorgehoben, indem er feststellte, daß gleich der Unmöglichkeit der Erfassung allen Unrechts durch das geschriebene Gesetz auch kein Gesetz ausdrücklich die Fälle vollständig erfassen könne, in denen kein Unrecht vorliegt, obgleich der Täter bewußt alle Merkmale eines Delikts erfüllt habe.[284]

Das Amtsgericht Wuppertal hatte bereits 1947 das gesetzliche Mindeststrafmaß des § 243 II StGB ignoriert, weil „Gesetze nicht als etwas Starres und Unabänderliches aufgefaßt werden dürfen unter Hintansetzung allen Gerechtigkeitsgefühls", da „höher als das positive Gesetz das absolute Pflichtbewußtsein des Strafrichters gegenüber Recht und Moral und den von ihm zu verurteilenden Volksgenossen" stehe.[285] Bei dieser Entscheidung steht der Einfluß des völkisch-dynamischen und antipositivistischen Rechtslehre allein durch die Wortwahl noch handgreiflicher vor Augen. Inhaltlich bedeutet die „richterliche Rechtsschöpfung" des BGH jedoch ebenfalls nichts anderes als die gesetzeswidrige Anpassung des Strafrahmens an sein subjektives Rechtsempfinden. Dieser Umstand ist hier durch den Mantel des „Übermaßverbotes"[286] lediglich geschickter verdeckt als in der Amtsgerichtsentscheidung. Der BGH-Beschluß ist auch nicht durch die Vorgaben des Bundesverfassungsgerichts gedeckt, da dieses lediglich eine restriktive Auslegung gefordert hatte. Eine Ermächtigung zur Schließung vermeintlicher Gesetzeslücken durch Analogie hat das Verfassungsgericht nicht erteilt.

[281] RGSt. 76, 297, 299, ebenso Schmidt-Leichner, DR 1941, S. 2147.
[282] Vgl. Mitsch, a. a. O. S. 122.
[283] Freisler, DJ 1941, 929, 935.
[284] Freisler, a. a. O.
[285] AG Wuppertal, DRZ 1947, 343.
[286] BGHSt. 30, 105, 120 f.

c) Verdeckungsabsicht
Als letztes Merkmal des Mordtatbestandes sei hier aus der dritten Gruppe die Verdeckungsabsicht näher betrachtet.

Ausdruck der besonderen Verwerflichkeit der Tötung ist dabei die Vernichtung eines Menschenlebens als Mittel zur Verdeckung strafbaren Unrechts .[287] Die Strafschärfung ist dadurch gerechtfertigt, daß der Täter nicht davor zurückschreckt, Menschenleben zu opfern, wenn sie ihm bei der Durchsetzung seiner kriminellen Ziele im Wege stehen.[288]

aa) Restriktionsauflage
Gleichwohl verlangt das Bundesverfassungsgericht auch hier eine restriktive Interpretation des Merkmals und nennt als Beispiel eine Beschränkung auf Taten, bei denen die Tötung bereits im voraus geplant sei, [289] was stark an die bis zur Änderung im Jahr 1941 geltende Fassung des Mordtatbestandes erinnert. Daran anknüpfend, hebt der BGH Mordverurteilungen auf, wenn ursprünglich Körperverletzungsvorsatz bestanden hatte, dieser dann aber während der Tätlichkeiten in Tötungsvorsatz umgeschlagen ist.[290] In diesem Fall wird die besondere Verwerflichkeit verneint, weil der Täter einer jähen Eingebung erliegen könne, und seine „Fähigkeit, den ihn plötzlich überkommenden Gedanken zu unterdrücken", gemindert sei, wenn schon die Vortat in einem tätlichen Angriff auf Leib oder Leben des Opfers bestanden habe und diese sich mit der Verwirklichung des Beschlusses, zum Zwecke der Verdeckung der Vortat zu töten, nur noch fortzusetzen brauche.[291]

Mit diesen Erwägungen verhinderte der BGH die Bestrafung eines Täters als Mörder, der im Streit über eine Zuzahlung für außergewöhnliche Dienste eine Prostituierte ins Gesicht schlug, sie bis zur Bewußtlosigkeit würgte und dann in Befürchtung einer Anzeige mit einer Glasscherbe erstach. Obgleich also nicht bestritten wird, daß die Tötung in Verdeckungsabsicht erfolgte, wenn auch in engem Zusammenhang mit der Vortat, sah das Gericht in klarem Widerspruch zum Wortlaut von der Bejahung des Mordmerkmals ab. Die Abweichung vom Gesetz wird, wie auch in den aufgezeigten Fällen der niedrigen Beweggründe und der Heimtücke, mit Erwägungen zu begründen versucht, die für eine Abgrenzung völlig untauglich erscheinen. Sinneszustände wie „jähe Eingebungen" und den Täter „plötzlich überkommende Gedanken" liegen bei nahezu jeder Tötung in Verdeckungsabsicht vor, was den BGH bis zu dieser Entscheidung auch nicht an der Bestätigung von Mordverurteilungen gehindert hat.

---

[287] BGHSt. 7, 287, 290.
[288] BVerfGE 45, 187, 265.
[289] BVerfG a.a.O. S. 267.
[290] BGHSt. 27, 346.
[291] BGH a.a.O. S. 348.

Das Bundesverfassungsgericht nennt als typische Fälle von Verdeckungsmord die Tötung eines Tatzeugen, um unentdeckt zu bleiben,[292] eines verfolgenden Polizeibeamten[293] oder eines schreienden Opfers zur Verhinderung der Aufmerksamkeit Dritter.[294] In allen diesen Fällen erfolgt das Schießen, Gas geben, Stechen aufgrund der jähen und plötzlichen Eingebung, eine als möglich erkannte Entdeckung verhindern zu wollen. Starke Gefühlsregungen werden jeden nicht völlig abgestumpften Täter nach Begehung einer Straftat befallen. Auch das plötzliche Einsetzen der Furcht vor Entdeckung und den strafrechtlichen Folgen ist geradezu die logische Konsequenz der psychologischen Zwangswirkung der Strafnormen. Den wenigsten Tätern wird daran gelegen sein, die ihnen gesetzlich zugedachten Sanktionen zu erdulden, weshalb die plötzliche Erkenntnis einer Entdeckungsgefahr nichts Außergewöhnliches und Schuldminderndes sein darf.

Demgegenüber konstruiert der BGH aus dem natürlichen Geheimhaltungstrieb eine Art Affekthandlung, die sich jedoch nicht auf der Schuldebene, sondern bereits bei der Tatbestandsfeststellung auswirkt. Auch hier verwischt das Gericht also wieder Schuld- und Unrechtselemente, um zu einem von ihm als billig empfundenen Ergebnis zu gelangen. Ein Unterschied im Verwerflichkeitsgrad läßt sich zwischen dem Zufahren auf einen Polizisten zur Verdeckung einer Trunkenheitsfahrt und dem Erstechen einer Prostituierten zur Verdeckung der begangenen Körperverletzung nicht erkennen. Um dem BGH nicht unterstellen zu müssen, er bewerte das Leben eines Polizisten höher als das einer Dirne, muß die restriktive Entscheidung als willkürlich bezeichnet werden, da sie ohne sachlichen Grund die Anwendung des Mordmerkmals verneint.

Freilich hat das Bundesverfassungsgericht wesentlichen Anteil an der vorgenommenen Einschränkung, weil es eine Mordverurteilung als bedenklich einstufte, die auf einer Tat beruht, in der sich der Täter unmittelbar nach Vollendung der Vortat zur Tötung hinreißen ließ, weil „in einem solchen Fall der Tötungsgedanke den Täter oft urplötzlich überkomme“.[295] Die Entscheidung über die Art und Weise einer verfassungsgemäßen Restriktion hat das höchste deutsche Gericht jedoch ausdrücklich an den für die Strafrechtsauslegung zuständigen BGH übertragen.[296] Auch hier rechtfertigt der Hinweis auf das Verfassungsgericht also nicht den mißglückten Restriktionsversuch des BGH. Die Untauglichkeit des Abgrenzungskriteriums „unmittelbarer Zusammenhang von Vortat und Tötung“ hat der BGH inzwischen selbst erkannt.

Er begründet diese Abkehr von der bisherigen Rechtsprechung mit der Gleichwertigkeit des Merkmals der Verdeckungsabsicht und der niedrigen

[292] BGHSt. 11, 268.
[293] BGHSt. 15, 291.
[294] BVerfGE 45, 187, 264.
[295] BVerfGE 45, 187, 266.
[296] BVerfG, a.a.O. S. 267.

Beweggründe. Bei den niedrigen Beweggründen berühre die aufgrund von Verärgerung, Wut, oder ähnlich entstandene verminderte Hemmungsfähigkeit des Täters nicht die Feststellung der Tatbestandsmäßigkeit, sondern werde erst über § 21 StGB bei der Schuld berücksichtigt. Weil die Verdeckungsabsicht nur eine Ausprägung der niedrigen Beweggründe sei, verbiete es sich, bei ihr eine Restriktion vorzunehmen, die beim Mord aus niedrigen Beweggründen keine Entsprechung habe.[297]

Dem BGH scheint nunmehr also die Problematik der Vermischung von Unrechts- und Schuldfeststellungserwägungen zu dämmern. Er erkennt, daß die seelische Gemütslage des Täters, seine Erregung, Zorn, Angst vor Entdeckung oder auch Unreife für die Bestimmung der Niedrigkeit von Beweggründen keine Rolle spielen, sondern erst auf der Schuldebene über § 21 StGB oder § 3 JGG zum Ansatz gebracht werden dürfen. Um so unverständlicher ist es jedoch, daß dem Gericht bei der Behandlung der Generalklausel „niedrige Beweggründe" genau der gleiche Fehler unterläuft. Für eine Restriktion ungeeignet und zu unbestimmt ist folglich auch der vom BGH alternativ vorgeschlagene Wertungsvergleich mit den niedrigen Beweggründen, wonach die Verdeckungsabsicht verneint werden sollte, wenn sie nicht die Eigenschaft eines solchen habe, also nicht nach allgemeiner sittlicher Wertung auf tiefster Stufe stehe.[298]

Wie wir oben[299] gesehen haben, werden auch dort Begriffe wie die „affektive Anspannung"[300], die „alkoholbedingte Persönlichkeitsstörung"[301] oder die „willentliche Steuerbarkeit"[302] zur Feststellung des Tatbestandes herangezogen. Insofern erscheint es seltsam, wenn der zweite Senat im Urteil vom 02. Dezember 1987 erklärt, die Fähigkeit zur willentlichen Steuerung spiele auch bei den niedrigen Beweggründen nur auf der Zumessungsebene eine Rolle,[303] zehn Monate zuvor jedoch ein Schwurgericht rügt, das die mangelnde Fähigkeit des Täters, seine Emotionen gedanklich zu erfassen und willentlich zu steuern sowie sein Persönlichkeitsbild und den tatpsychologischen Hintergrund unbeachtet gelassen hatte.[304]

Der Versuch der Eingrenzung eines normativen Tatbestandsmerkmals durch den Vergleich mit einer Generalklausel, der allein schon fragwürdig erscheint,[305] ist

---

[297] BGHSt. 35, 116, 120ff.
[298] BGH, a.a.O.
[299] Vgl. oben 2 aa
[300] BGH StV 84, 72.
[301] BGH NStZ 85, 216.
[302] BGH NStZ 93, 281, 282.
[303] BGHSt. 35, 116, 120.
[304] BGH StV 87, 150, 151 (Urt. v. 31.10.86); vgl. auch StV 87, 296 (Urt.v.30.07.86).
[305] Der BGH selbst hält es in St. 41, 358, 361f. für bedenklich, das nicht näher bestimmte Merkmal der niedrigen Beweggründe seinerseits zur Überprüfung einer benannten Qualifikation –noch dazu aus einer anderen Gruppe- zu benutzen und meint auch dort die Verdeckungsabsicht.

wegen der erneuten Überlagerung des Tatbestandes mit Aspekten der Schuld untauglich.

bb) Ausweitung

Entgegen der verfassungsgerichtlichen Forderung nach einer Eingrenzung des Merkmals machen sich ausweitende Tendenzen bemerkbar. So wird zunächst Verdeckungsabsicht auch angenommen, wenn der Zweck der Tötung nicht die Verheimlichung einer vorausgegangenen Straftat, sondern die „Vermeidung außerstrafrechtlicher Konsequenzen" ist.[306] Als Begründung führt der BGH die ratio legis an, die nicht den Schutz der Rechtspflege intendiere, sondern eine „Verknüpfung von Unrecht mit weiterem Unrecht" verhindern wolle.[307]

Es drängt sich die Frage auf, ob es mit dem Wortlaut des Merkmals noch vereinbar ist, die Verdeckungsabsicht bei einem Täter zu bejahen, der anstelle einer Verheimlichung vor den Strafverfolgungsbehörden lediglich die Sicherung der Beute aus der Vortat vor anderen Personen aus kriminellem Milieu intendiert. Kernpunkt der Behandlung dieser Entscheidung muß also der Begriff des „Verdeckens" sein.

Wie oben festgestellt wurde, enthielt der Entwurf von 1936 dieses Mordmerkmal noch nicht. Zu der Änderung im Jahr 1941 existieren –soweit bekannt- keine weiteren Gesetzesmaterialien, weshalb auf zeitgenössische Autoren zurückgegriffen werden muß.

Weder Freisler,[308] noch Dahm[309] oder Schmidt-Leichner[310] un-ternahmen in ihren Veröffentlichungen genauere Umschreibungsversuche. Auch Küper findet in seiner historischen Betrachtung keine Definitionen.[311] Lediglich Schönke nennt einen brauchbaren Ansatzpunkt, indem er auf den § 214 des RStGB von 1871 verweist, der mit der Einführung des neuen § 211 StGB gestrichen worden ist.[312] Dieser lautete:

„Wer bei Unternehmung einer strafbaren Handlung, um ein der Ausübung derselben entgegenstehendes Hindernis zu beseitigen oder um sich der Ergreifung auf frischer Tat zu entziehen, vorsätzlich einen Menschen tötet, wird... ".

---

[306] BGHSt. 41, 8 zum „Abjagen" der Beute im Rauschgift - Milieu.

[307] BGH a.a.O. S. 9.
[308] Freisler, DJ 1941, 929.
[309] Dahm, DR 1942, 401.
[310] Schmidt-Leichner, DR 1941, 2145.
[311] Küper, JZ 1995, 1158, 1161f.
[312] Schönke, StGB (1942), S. 439.

Schönke erläutert dazu, daß die beiden Tatmodalitäten, die bisher einen Strafrahmen von 10 Jahren bis zu lebenslanger Freiheitsstrafe eröffneten, in den Bereich der Todesstrafe überführt werden sollten.[313] Aus diesem Umstand und dem geringen Widerhall, den die dritte Gruppe der Mordmerkmale in der zeitgenössischen Literatur findet, läßt sich folgern, daß keine Zweifel an der inhaltlichen Kongruenz der Gruppe mit dem früheren § 214 RStGB bestanden. Von extensiver Tendenz ist lediglich Ersetzung der „Ergreifung auf frischer Tat" durch das „Verdecken", wodurch seit 1941 auch Vortaten in Betracht kommen, die nicht in engem zeitlichen und räumlichen Zusammenhang mit der Tötung liegen, denen also die „Frische" fehlt.[314]

Im übrigen besteht zwischen „Verdecken" und „Entziehung vor der Ergreifung" kein Unterschied, weshalb Entscheidungen dem Zweck der Norm, den der konstitutionelle Gesetzgeber in seinen Willen aufgenommenen hat, widersprechen, wenn auf die Verfolgungsentziehungsabsicht im subjektiven Bereich verzichtet wird. Zutreffend kritisiert Küper daher die Aufhebung der klaren Struktur des Mordmerkmals durch die Erweiterung auf habgierähnliche Motive wie die „außerstrafrechtlichen Konsequenzen".[315] Verzichtet man auf den Willen des Täters, sich der Strafverfolgung zu entziehen, ist auch der Weg zur Aufgabe des Bezugsobjektes, also der Straftat nicht mehr weit.[316]

Die Auslegung des BGH ist weder durch den Wortlaut, der bereits etymologisch eine Verheimlichungsabsicht nahelegt (Verdecken = Zudecken = Verheimlichen),[317] noch durch die gesetzgeberische Intention gedeckt. Es handelt sich somit wiederum um eine objektiv -teleologische Auslegung, im Zuge derer der BGH meint, den Sinn des Gesetzes besser erkannt zu haben, als es der Gesetzgeber in Worte zu fassen vermochte.

Würde man den vom BGH erdachten Normsinn schriftlich fixieren, müßte der Text der dritten Gruppe lauten:

„um eine andere Straftat zu ermöglichen oder in der Absicht, sich die Vorteile einer anderen Straftat zu sichern , einen Menschen tötet."

Bei dieser Formulierung erschiene die Ähnlichkeit mit der „Habgier" evident, weshalb es unverständlich ist, warum nicht dieses Merkmal zur Begründung der Verurteilung herangezogen wurde. Ohne Not hat der BGH eine weitere Rechtsfortbildung contra legem vorgenommen, anstatt den ohnehin großzügigen Tatbestandsrahmen des nationalsozialistischen Gesetzgebers auszuschöpfen.

---

[313] Schönke, a.a.O.
[314] Vgl. Tröndle/Fischer, § 252 RN. 5.
[315] Küper, JZ 1995, 1158, 1163 f.
[316] Küper, a.a.O. S. 1164.
[317] A. A. Brocker, MDR 1996, 228, der ohne Begründung auch die weite Auslegung für wortlautkonform hält.

Ebenfalls erweiternd wirken sich die Entscheidungen aus, die die Verdeckungsabsicht bejahen, obwohl keine Entdeckungsgefahr bestand.[318] Anfänglich war der BGH, was die Tauglichkeit des Getöteten als Tatobjekt anbelangt, eher zurückhaltend. Er forderte, die Tötung müsse Mittel zur Verdeckung sein und nicht bloße Folge der Straftat.[319] In einer die Ermöglichungsalternative betreffenden Entscheidung wird diese Einschränkung aufgehoben und jede Tötungshandlung für ausreichend erachtet, die die Begehung der Tat erleichtert. Es komme nicht darauf an, ob die Tötung als Mittel zur Begehung der Tat dienen soll.[320]

Kurz danach wird dieser Verzicht auf den dolus directus auf die Verdeckungsabsicht übertragen. Mittel der Verdeckung sei der vom Täter in Gang gesetzte Ursachenverlauf, der dazu diene, die vorangegangene Straftat nicht offenbar werden zu lassen und der zugleich (vorsätzlich) zum Tod eines Menschen führt.[321] Das einseitige Abstellen auf die Verdeckungshandlung (dort das Anzünden des Hauses) dient dabei zur Durchsetzung einer kriminal-politischen Erwägung: Wenn schon die Tötung eines Tatzeugen die Bestrafung aus § 211 StGB begründe, müsse die Verwerflichkeit der Tat mindestens ebenso groß sein, wenn ein gänzlich Unbeteiligter getötet werde, von dem eine Entdeckung nicht zu befürchten war.[322] Die Bemühung dieses argumentum a fortiori zur Begründung des Mordmerkmals begegnet berechtigten Bedenken.[323]

Wie bereits das Bundesverfassungsgericht festgestellt hat, bestätigt der Wortlaut des § 211 StGB die ältere Rechtsprechung, wonach die Tötung Mittel der Verdeckung sein muß und nicht nur die Folge eines anderen Mittels.[324] Diesen Hinweis hat der BGH völlig unbeachtet gelassen: Statt der verfassungsgerichtlich geforderten Restriktion des Merkmals weitet er dessen Anwendung ständig aus. Unabhängig von der fehlenden Überzeugungskraft seiner Argumentation[325] bestehen auch erhebliche verfassungs-rechtliche Bedenken gegen die Ausweitung des Merkmals der Verdeckungsabsicht auf Fälle, in denen keine Entdeckungsgefahr bestanden hatte.[326]

2.3 Schlußbetrachtung zu § 211 StGB

Zusammenfassend zum Mordtatbestand läßt sich feststellen, daß es der Rechtsprechung nach 1945 nicht gelungen ist, den 1941 unter Gesichtspunkten

[318] BGHSt. 41, 358.
[319] BGHSt. 7, 287.
[320] BGHSt. 39, 159, 161.
[321] BGHSt. 41, 358, 360.
[322] BGH a. a. O. S. 361.
[323] Ähnlich Schroeder, JZ 1996, 688 (Anmerkung zu St. 41, 358).
[324] BVerfGE 45, 187, 265.
[325] Dazu ausführlich Fischer, NStZ 1996, 416.
[326] Vgl. Krey, ZStW Bd. 101 (1989) S. 838, 849, der ebenfalls der Auffassung ist, das schnelle Zuschlagen vor dem Bemerktwerden verhindere gerade die Entdeckung, weshalb das Merkmal bereits begrifflich auszuschließen ist.

des „dynamischen Strafrechts“ neugefaßten Paragraphen durch restriktive Auslegung in den Kernbereich eines rechtsstaatlichen Strafrechts zurückzuführen. Das gilt vor allem wegen der groben Mißachtung des Bestimmtheitsgrundsatzes durch das generalklauselartige Merkmal der niedrigen Beweggründe, das vielfach zu Entscheidungen ermutigt hat, denen der die Willkürlichkeit kaum abzusprechen ist. Im Bereich der Heimtücke, die sogar in der NS-Zeit mit der Ausnutzungsformel noch einigermaßen klar umschrieben war, wurde der Strafrahmen durch die Zulassung einer täterbegünstigenden Analogie contra legem zur Implosion gebracht.

Die Verdeckungsabsicht schließlich bildet ein buntes Bild von Einschränkungen und Ausweitungen bis hin zur Analogie, so daß auch dort nicht von einem Merkmal gesprochen werden kann, dem die Judikatur durch wiederholte Rechtsprechungsgrundsätze erkennbare Konturen verliehen hätte.

Neben der Verletzung von Art. 103 II GG und § 1 StGB durch zahlreiche Anwendungen des § 211 StGB ist durch den normtext- und sinnwidrigen Gebrauch des Tatbestandes auch gegen den Demokratiegrundsatz in der Ausformung des Gewaltenteilungsgebotes verstoßen worden, der die Justiz an das Gesetz bindet. Denn § 211 StGB hat ab 1949 Eingang in den Willen des konstitutionellen Gesetzgebers gefunden, weshalb die Norm ungeachtet des Umstandes, dass sie ihre Textfassung 1941 erhielt, selbstverständlich unter Beachtung rechtsstaatlicher Grundsätze auszulegen ist. Das Bestimmtheitsgebot gilt auch insoweit uneingeschränkt. Zwar wurzelt die rechtsstaatliche Bedenklichkeit der Vorschrift zuvorderst in der weiten Textfassung, die ihr im Jahr 1941 im Interesse der die Anpassung des Rechts an die „Vielgestaltigkeit des Lebens“ verliehen wurde. Daraus darf jedoch nicht geschlossen werden, dass die Bindung an das Gesetz hier weniger streng zu verstehen ist. Solange der konstitutionelle Gesetzgeber die weite Fassung nicht zugunsten eines hinreichend bestimmten Tatbestandes ändert, muss auch der Mordtatbestand selbstverständlich unter strikter Wahrung des Bestimmtheitsgrundsatzes ausgelegt werden und sollte die Unbestimmtheit nicht durch wortlautwidrige Ausweitungs- oder Restriktionsversuche perpetuiert werden

Durch den Umstand der personellen Kontinuität in der Rechtsphilosophie und Dogmatik hat das Postulat der Bestimmtheit auch nach 1945 niemals wieder den hohen Rang erhalten, den es vor 1933 in Rechtsprechung und Literatur nahezu unangefochten inne hatte. Insofern zeigt die sprunghafte und unvorhersehbare Rechtsprechung zu § 211 StGB die ungebrochene Überzeugung der Strafgerichte, ein Tatbestand dürfe im Interesse einer als „gerecht“ empfundenen, der öffentlichen Meinung entsprechenden Entscheidung ausgeweitet und ohne Rücksicht auf die Bestimmtheit überdehnt werden. Auf diese Weise begibt sich die Justiz in die Nähe zur sogenannten materiellen Unrechtsauffassung: Sie erfüllt die Forderung der nationalsozialistischen Rechtslehre nach einem dynamischen Recht und läßt eine gedankliche Linie erkennen, die sich vom Beginn der 30er Jahre an über 1945 hinaus weitgehend unverändert fortgesetzt hat.

3. Nötigung

Eine Betrachtung der Rechtsprechung des Bundesverfassungsgerichts und des Bundesgerichtshofs zum Gewaltbegriff im Zusammenhang mit dem Nötigungstatbestand wirft die Frage auf, wie es bei der Auslegung eines doch relativ bestimmt erscheinenden Begriffs zu derart variantenreichen, unterschiedlichen und sich widersprechenden Entscheidungen kommen kann, die man sonst nur bei Generalklauseln wie den „niedrigen Beweggründen" erwartet hätte. Untersucht man sodann die Geschichte des Nötigungstatbestandes, stößt man auf die Novellierung im Jahr 1943 als entscheidende Zäsur. Dies rechtfertigt den Verdacht, die Beliebigkeit und Dehnbarkeit sei dem Tatbestand durch die antipositivistische Grundeinstellung des nationalsozialistischen Gesetzgebers in die Wiege gelegt worden. Hier soll daher untersucht werden, ob es sich dabei um einen begründeten Verdacht handelt wie im Fall des Mordtatbestandes, oder ob die Unbeständigkeit der Nötigungsrechtsprechung ausschließlich in den wechselnden kriminalpolitischen Ansichten der jeweiligen Mehrheiten in den Senaten des Bundesverfassungsgerichts wurzelt, also tagespolitisch motiviert ist, ohne daß ein Bezug zur kollektivistisch-dynamischen Ideologie aus der Entstehungszeit der Neufassung besteht.

3.1 Geschichte

Seine heutige Fassung hat § 240 StGB im wesentlichen durch die Angleichungsverordnung vom 29. Mai 1943 erhalten.[327] Die Fassung von 1871, wonach wegen Nötigung bestraft wurde, wer einen anderen widerrechtlich durch Gewalt oder durch Bedrohung mit einem Verbrechen oder Vergehen zu einer Handlung, Duldung oder Unterlassung nötigte, wurde bereits vor 1933 als unzureichend befunden, was die unterschiedlichen Vorschläge der Entwürfe von 1909, 1913, 1919 und 1927 zeigen. Bereits in der Weimarer Zeit hatten die Gesetzgebungskommissionen die alte Fassung als zu eng befunden und formulierten unterschiedliche Erweiterungen wie z.B. auf die Zufügung einer sittlichen Zumutung durch Drohung mit einer Strafanzeige,[328] auf die Bedrohung Angehöriger[329] oder anderer überhaupt.[330] Hauptkritikpunkt der ursprünglichen Fassung war stets seine angebliche Unzulänglichkeit in den Fällen von Drohungen mit rechtmäßigen Handlungen, wie z.B. Strafanzeigen oder Offenbarungen von Ehebrüchen. In solchen Situationen schütze die Norm

---

[327] Verordnung zur Angleichung des Strafrechts des Altreichs und der Alpen- und Donau- Reichsgaue, vom 29.05.1943 (RGBl. I, S. 339).

[328] So Entwurf 1919, § 312, vgl. Regge/Schubert, Abt.1, Bd.1, S. 72.

[329] Entwurf 1925, § 253, Regge/Schubert, a.a.O., S. 226.

[330] Entwurf 1927, § 279; Regge/Schubert, a.a.O., S. 466.

den Bedrohten nicht davor, sich fügen zu müssen, oder aber seine wirtschaftliche Existenz, sein Familienglück etc. zu gefährden.[331] Der Entwurf von 1927 formulierte daher einen zusätzlichen Tatbestand der Ehrennötigung, der die Drohung mit der Offenbarung einer Tatsache, die geeignet ist den Ruf zu gefährden, unter Strafe stellt.[332]

Davon ist die Kommission zum Entwurf 1936 wieder abgekommen. In der Diskussion der Kommission wurde der Schwerpunkt weniger auf den Ausschluß bestimmter Nötigungsmittel als auf das Verhältnis des Nötigungsmittels zum Nötigungszweck gelegt, dem eine entscheidende Bedeutung eingeräumt wurde.[333] Der Text des § 240 StGB wurde im Entwurf von 1936 im wesentlichen beibehalten, wenn man von der Streichung des Wortes „widerrechtlich" absieht. Dafür enthielt der Entwurf im Allgemeinen Teil eine Legaldefinition des Begriffs Drohung. Demnach sollte Drohung mit Gewalt oder einem empfindlichen Übel vorliegen, wenn es „gegen die guten Sitten verstößt, zu dem verfolgten Zwecke die Gewalt oder das Übel anzudrohen".[334]

Auch dieser Entwurf wurde jedoch nicht übernommen, sondern derjenige von 1943, der die Präzisierung der Drohung mit einem empfindlichen Übel im Text des § 240 selbst enthielt. Dort wurde das Verhältnis von Nötigungsmittel und Nötigungszweck im zweiten Absatz hervorgehoben , wonach die Tat nur rechtswidrig sein sollte, wenn „die Anwendung der Gewalt oder die Zufügung des angedrohten Übels zu dem angedrohten Zweck dem gesunden Volksempfinden widerspricht". Erst in dieser Fassung wurde die Zweck – Mittel - Relation, die zuvor nur im Zusammenhang mit der Drohung diskutiert worden war, auch auf die Gewaltalternative übertragen. Was mit der Neufassung des § 2 StGB im Jahr 1935 für den Allgemeinen Teil begann, nämlich die Öffnung des Strafrechts für sittliche Wertungen, wurde durch die Änderungen der §§ 240 und 253 im Besonderen Teil des StGB fortgesetzt.

An sich wäre eine solche Transformation der Ethisierung auf den Besonderen Teil nicht notwendig gewesen, da die in den Entwürfen der 20er Jahre bemängelte Fassung des § 240 StGB seit der Zulassung der Analogie kein Hindernis mehr für eine Bestrafung auch der vom Wortlaut nicht erfaßten Fälle war. Ihren Grund kann die Änderung jedoch in der oben beschriebenen, zurückhaltenden Anwendung des geänderten § 2 StGB durch das Reichsgericht haben, das sich mit der moralischen Durchsetzung des Strafgesetzes nicht recht anfreunden konnte.

---

331 Begründung zum Entwurf 1927, Regge/Schubert, a.a.O., S. 621.
332 Entwurf 1927, § 280, Regge/Schubert a.a.O., S. 466.
333 Beratungen zum Entwurf von 1936, Regge/Schubert, Abt. 2, Bd. 1, Teil 2, S. 262.
334 Entwurf von 1936, Regge/Schubert, Abt.2, Bd. 1, Teil 1, S. 421.

3.2 Kontinuität der Rechtsprechung nach 1945

Während der 1935 geänderte § 2 als evident nationalsozialistisch bereits durch die Alliierten aufgehoben wurde, stellte der Bundesgerichtshof den Entsprechungen im Besonderen Teil bereits 1951 eine Unbedenklichkeitsbescheinigung aus. Im ersten Band seiner Entscheidungssammlung konstatierte er bereits, die Beachtung des Rechtsempfindens des Volkes durch den Richter bei der Abgrenzung von strafwürdigem und nicht strafwürdigem Unrecht sei von „ jeher ein Grundsatz rechtsstaatlichen Strafens gewesen".[335] Die nationalsozialistischen Machthaber hätten den Begriff des „gesunden Volksempfindens" lediglich zu einem Schlagwort entwertet, um willkürlichen Entscheidungen den Schein des Rechts zu geben. Demgegenüber gelte der Begriff unter rechtsstaatlichen Verhältnissen wieder unter seinem wirklichen, unverfälschten Inhalt.[336]

Wie der Bundesgerichtshof zu der Annahme kommt, die Einbeziehung des Volksempfindens in die richterliche Entscheidung über die Strafbarkeit sei althergebracht, ist nicht nachzuvollziehen. Gerade die Entscheidungen des Reichsgerichts zur fehlenden gesetzlichen Grundlage einer Strafbarkeit z.B. bei Ableitung elektrischen Stroms[337] oder bei Mißbrauch eines Münztelefons[338] lösten doch den Sturmlauf der Verfechter eines völkischen Strafrechts gegen die Begriffsjurisprudenz erst aus. Lediglich die Befürworter eines kollektivistisch-dynamisches Strafrechts wie Frank und Schmitt waren es, die stets die Entfremdung von Recht und Volk beklagten und angesichts solcher Urteile ein „verständliches Volksstrafrecht"[339] forderten, bei dem sich Verbrecher nicht mehr auf die Fesselung von Staat und Volk durch die angeblich lückenlose Legalität verlassen könnten[340], sondern der Satz „nulla poena sine lege" dem Satz „nullum crimen sine poena"[341] weiche.

Demgegenüber zog das Reichsgericht bis 1933 Begriffe wie das „Volksempfinden" bei seinen Entscheidungen nicht einmal in Erwägung. Es betonte vielmehr stets, daß es dem Strafrichter nicht im gleichen Maß wie dem Zivilrichter möglich sei, bestehende Rechtsnormen auf neue Sachverhalte im Wege der Analogie anzuwenden und so der Entwicklung des Verkehrs im gleichen Schritt zu folgen.[342] Sonach bestand bis 1933 kein Zweifel an der Bedeutungslosigkeit der wandelnden Volksanschauungen im Angesicht des technischen Fortschritts bei der Anwendung des Strafgesetzes. Das sittliche Element bei der Entscheidung über Recht und Unrecht im Strafrecht ist also in

---

[335] BGHSt. 1, 13, 19.
[336] BGH a. a. O.
[337] RGSt. 32, 165.
[338] RGSt. 68, 65.
[339] Hans Frank, nationalsozialistische Strafrechtspolitik, S. 9.
[340] Carl Schmitt, Der Führer schützt das Recht, DJZ 1934, 947.
[341] Carl Schmitt, DJZ 1934, 690, 693.
[342] RGSt. 32, 165, 185.

keiner Weise althergebracht, sondern wurde der Strafrechtsmethodik erst durch die nationalsozialistische Gemeinschaftsethik implantiert. Wenngleich auch ohne die spezifisch nationalsozialistische Wortwahl und ihres ideologischen Hintergrundes entkleidet, so ist diese Gemeinschaftsethik der Nachkriegsrechtsprechung bis heute in vielen Varianten der Moralisierung des Strafrechts immanent. Bei der objektiv-teleologischen Auslegung, den generalklauselartigen und den normativen Tatbestandsmerkmalen sowie der Zweck – Mittel – Relation in § 240 II StGB handelt es sich um die unmittelbaren Folgen der Kollektivierung des Strafrechts zwischen 1933 und 1945 und nicht etwa um die Ergebnisse älterer Entwicklungen. Die Beibehaltung der nationalsozialistischen Methodenlehre und der unbestimmten Tatmerkmale im Besonderen Teil des StGB haben sich angesichts der uneinheitlichen Rechtsprechung zu den bisher untersuchten Delikten als eine rechtsstaatlich problematische Belastung für den Bestimmtheitsgrundsatz erwiesen. Der völkische Gedanke überlagert zudem in vielen Fällen das im zweiten Teil der Arbeit behandelte Willens-strafrecht. Auch dort steuert die „Gemeinschaftsethik“ einen weiteren Anteil zur Zersetzung des einzig als „althergebracht“ zu bezeichnenden Strafrechts, nämlich des begriffsorientierten, positivistischen Strafrechts bei.

4. Unterlassene Hilfeleistung

Vor 1935 bestand eine mit dem heutigen § 323 c StGB vergleichbare Vorschrift lediglich im Bereich der Übertretungen, wo § 360 I Nr. 10 RStGB die Pflicht zur Nothilfe an eine vorherige polizeiliche Aufforderung knüpfte:

„Mit Geldstrafe oder Haft wird bestraft, (Nr. 1 – 9), wer bei Unglücksfällen oder gemeiner Gefahr oder Not von der Polizeibehörde oder deren Stellvertreter zur Hilfe aufgefordert, keine Folge leistet, obgleich er der Aufforderung ohne erhebliche eigene Gefahr genügen konnte.“

Bereits die Entwürfe von 1919[343] und 1925[344] hatten eine Überführung der Nothilfe in den Bereich der Vergehen vorgesehen, während der Entwurf von 1927[345] das Delikt wiederum den Übertretungen zuordnete. Im Gegensatz zum Entwurf von 1919 behielten die Entwürfe von 1925 und 1927 das Tatbestandsmerkmal der polizeilichen Aufforderung zur Hilfeleistung bei.

[343] E 1919, § 291 (Abschnitt Tötungsdelikte): *„(1) Wer es unterläßt, einen anderen aus einer Lebensgefahr zu retten, obwohl er ihn ohne erhebliche Gefahr für sein eigenes Leben oder seine eigene Gesundheit retten kann, wird mit...bestraft. (2) Die Tat ist nur strafbar, wenn der Gefährdete in der Gefahr sein Leben verloren oder eine schwere Körperverletzung erlitten hat.“*

[344] E 1925, § 220 (Abschnitt Gemeingefährliche Handlungen): *„Wer bei einer Gemeingefahr der polizeilichen Aufforderung zur Hilfeleistung nicht nachkommt, obwohl er der Aufforderung ohne erhebliche eigene Gefahr und ohne Verletzung sonstiger wichtiger Interessen genügen kann, wird mit ...“*

[345] E 1927, § 401: *„Wer bei gemeiner Gefahr oder Not oder bei Unglücksfällen der polizeilichen Aufforderung zur Hilfeleistung nicht nachkommt, obwohl er der Aufforderung ohne erhebliche eigene Gefahr und ohne Verletzung anderer wichtiger Interessen genügen kann, wird mit...“*

Mit der Einführung des § 330 c RStGB im Jahr 1935[346] wurde die Unterlassene Hilfeleistung bei Streichung der bisherigen Übertretungsvorschrift (§ 360 I Nr. 10 RStGB) endgültig in den Bereich der Vergehen überführt und erhielt folgende Fassung:

„Wer bei Unglücksfällen oder gemeiner Not nicht Hilfe leistet, obwohl dies nach gesundem Volksempfinden seine Pflicht ist, insbesondere wer der polizeilichen Aufforderung zur Hilfeleistung nicht nachkommt, obwohl er der Aufforderung ohne erhebliche eigene Gefahr und ohne Verletzung anderer wichtiger Pflichten genügen kann, wird mit ...“

Neu war an dieser Fassung neben dem Verzicht auf die Strafbarkeitsvoraussetzung der polizeilichen Aufforderung, die lediglich als Regelbeispiel genannt wird, vor allem die Einführung des „gesunden Volksempfindens“ als handlungspflichtbegründendes Merkmal. Die Unterlassene Hilfeleistung gehörte damit neben den §§ 240 und 253 StGB zu den Vorschriften des Besonderen Teils, die trotz der ohnehin erweiterten Anwendungsmöglichkeiten durch die Neufassung des § 2 StGB mit einem völkisch geprägten Wortlaut versehen wurden.

Nach der amtlichen Begründung sollte der neue Tatbestand den seit der „nationalsozialistischen Erhebung“ eingetretenen Wandel der Auffassungen über die Pflicht des einzelnen gegenüber der Volksgemeinschaft und sein Verhältnis zu den einzelnen Volksgenossen zum Ausdruck bringen.[347] Diese gesetzgeberische Intention wurde von den Anhängern der nationalsozialistischen Volksethik erwartungsgemäß zustimmend aufgenommen.[348] Der Leiter des Amts für Rechtspolitik der NSDAP, Heinrich Barth, sah in der Bereitschaft, dem Volksgenossen zu helfen, eine volksgenössische Treuepflicht, die in die „völkische Bluts- und Treueverbundenheit“ eingebettet sei.[349] Die Verletzung dieser Treuepflicht sei daher unter Umständen auch dann nach § 330c StGB zu bestrafen, wenn die Rettungsversuche völlig aussichtslos gewesen wären.[350] Neben der Bestimmung des Merkmals der Handlungspflicht durch das „gesunde Volksempfinden“ wurde auf diese Weise auch das Merkmal des „Unglücksfalls“ dergestalt subjektiviert, daß auf eine tatsächliche Gefährdung des Rechtsguts verzichtet wurde, wenn der Treuebruch an sich nach der Volksauffassung bereits Sühne verdiene.

---

[346] Gesetz zur Änderung des Strafgesetzbuchs vom 28. Juni 1935 (RGBl. I S. 839).
[347] Amtliche Begründung S.42, zitiert nach BGHSt. 6, 147, 150.
[348] Freisler, JDR 1935, 519, 537, spricht vom Bekenntnis des Gesetzgebers zum nationalsozialistischen Strafrecht; Nagler , GS Bd. 111, 1, 40 f., lobt die Abkehr vom „unvolkstümlichen Gesetzesformalismus“.
[349] Barth, JW 1935, 2320.
[350] Barth, a.a.O., S. 2321.

Die Judikatur des Reichsgerichts ist dieser gesetzgeberischen Intention gefolgt, wobei die gemeinschaftsschädliche Gesinnung des Täters hervorgehoben wurde. Auch nach Auffassung des Reichsgericht kam es nicht darauf an, ob die von dem Unglücksfall betroffene Person tatsächlich einer Hilfe bedarf. Bestraft werde nämlich das Unterlassen als solches wegen der rücksichtslosen Gesinnung, die in ihm zutage getreten sei.[351] Der „Wandel der Auffassung über die Pflichten des einzelnen gegenüber der Volksgemeinschaft"[352] führte also auch ohne die Erforderlichkeit einer Hilfeleistung zur Bejahung des Merkmals „Unglücksfall", wenn die Tätergesinnung rücksichtslos genug war.

Beim Tatbestand der Unterlassenen Hilfeleistung erkannte der nachkonstitutionelle Gesetzgeber den Widerspruch des Merkmals „gesundes Volksempfinden" zum Bestimmtheitsgrundsatz des Art. 103 II GG sowie die gesinnungsstrafrechtliche Tendenz der reichsgerichtlichen Rechtsprechung.[353] Der §.330 c StGB erhielt daher im Jahr 1953[354] ie heutige Fassung des § 323 c StGB. Dabei wurde das „gesunde Volksempfinden" durch die Erforderlichkeit und Zumutbarkeit der Hilfeleistung ersetzt und das Regelbeispiel der Zuwiderhandlung gegen die polizeiliche Aufforderung gestrichen, die der Gesetzgeber von 1935 aus der alten Übertretungsvorschrift des § 360 Nr. 10 RStGB übernommen hatte.

Die neue Formulierung stellte mit dem Merkmal der Erforderlichkeit einerseits sicher, daß eine Wiederholung der ausufernden Bestrafung des Reichgerichts ausgeschlossen ist, weil der Verzicht auf die objektive Gefährdung nunmehr als klare Überschreitung des möglichen Wortsinns nicht revisionsfest wäre. Gleichzeitig wurde klargestellt, daß Gegenstand der Bestrafung nicht die Tätergesinnung als solche, sondern das Unrecht ist, das in dem Versagen der Hilfe liegt.[355] Eine weitere Einschränkung erfährt der Tatbestand durch das Merkmal der Zumutbarkeit. Dieser Begriff ergänzt die negativen Strafbarkeitsvoraussetzungen „ohne erhebliche eigene Gefahr und ohne Verletzung anderer wichtiger Pflichten" um eine positiv festzustellende Einschränkung. Damit wurde angesichts der Vielzahl möglicher Tatkonstellationen, die keine kasuistische Vorschrift zulassen würden, ein Maximum an Bestimmtheit erreicht. Die Bestrafung unterlassener Hilfeleistungen angesichts von Unglücksfällen oder gemeiner Not ist keine spezifisch nationalsozialistische Forderung, wie die oben genannten Vorschläge der Entwürfe von 1919, 1925 und 1927 gezeigt haben. Auch andere Rechtsordnungen, wie z.B. das

[351] RGSt. 71, 200, 203, zur Verurteilung eines Autofahrers, der zwei Radfahrerinnen angefahren hatte, von denen eine sofort tot und eine unverletzt war; ebenso St. 75, 68, 72; 77, 302, 303.
[352] RGSt. 75, 68, 71.
[353] Gallas, JZ 1952, 396.
[354] 3. Strafrechtsänderungsgesetz vom 04.08.1953 (BGBl. I S. 735). Mit diesem Gesetz wurde auch das „gesunde Volksempfinden" in den §§ 240 II und 253 II StGB durch die Zweck-Mittel-Relation ersetzt.
[355] Gallas, JZ 1952, 396, 397.

französische, italienische, schweizerische und polnische Strafgesetz kennen entsprechende Vorschriften.[356]

Der nationalsozialistische Einschlag, den die Unterlassene Hilfeleistung durch die ethisierende Textfassung von 1935 und die dementsprechend weite Auslegung des Reichsgerichts erhalten hatte, wurde mit der Änderung im Jahr 1953 beseitigt. Auch der heutige § 323 c StGB ist keineswegs vollständig entmoralisiert und lässt noch immer eine weitgehende Verrechtlichung moralischer Verhaltenspflichten zu. Da schwer vorherzusehen ist, wann eine Hilfeleistung die Merkmale der Erforderlichkeit und Zumutbarkeit erfüllt, bestehen durchaus auch Bedenken aus der Sicht des Bestimmtheitsgrundsatzes.[357] Der nationalsozialistische Einschlag, den die Vorschrift durch die Textfassung vom 1935 und die gesinnungsbetonte Auslegung erhalten hatte, wurde mit der Änderung im Jahr 1953 beseitigt. Die unterlassene Hilfeleistung dient seither dem Individualschutz, dem Interesse des Verletzten an der Erhaltung seiner Rechtsgüter, und nicht mehr dem Schutz der Volksgemeinschaft. Entgegen Gallas [358] steht m. E. auch nicht die soziale Verantwortlichkeit des Einzelnen gegenüber der Gemeinschaft im Vordergrund, was dem Schutz der Volksgemeinschaft inhaltlich entsprechen würden. Es handelt sich bei der Vorschrift vielmehr um eine Ausweitung des Ungehorsamstatbestandes unter Wegfall des Merkmals der polizeilichen Aufforderung, also um eine gesetzliche Pflicht, unter bestimmten Voraussetzung, die Integrität fremder Individualrechtsgüter zu schützen. Wenngleich die unterlassene Hilfeleistung auf Grund ihres präventiv-polizeilichen Charakters dogmatisch überzeugender im Ordnungsrecht anzusiedeln wäre, so ist die Vorschrift trotz der Bedenken in Bezug auf den Bestimmtheitsgrundsatz angesichts der relativ geringen Sanktionshärte und des Fortfalls der gesinnungsstrafrechtlichen Elemente noch hinnehmbar.

[356] Vgl. die Nachweise bei Gallas, a. a. O.
[357] Kargel, GA 1994, 274, 252.

[358] Gallas, JZ 1952, 396.

B.
Vom Verletzungs- zum Gefährdungsstrafrecht

Die Denkschrift des preußischen Justizministers Kerrl und seines Staatssekretärs Freisler von 1933 legt neben der Öffnung des Strafrechts für sittliche Wertungen im Interesse einer „materiellen Gerechtigkeit" den zweiten Schwerpunkt der nationalsozialistischen „Strafrechtserneuerung" auf den Übergang vom Erfolgs- zum Gefährdungsstrafrecht.

I. Bekämpfung liberalen Individualschutzes

Ausgangspunkt des Gefährdungsstrafrechts sollte nicht mehr der verletzende Erfolg des Täters sein, sondern sein gefährliches Verhalten. Dies folge bereits aus dem Wesen der menschlichen Handlung, die stets nur auf die Möglichkeit eines Erfolgs gerichtet sein könne, während der Eintritt des Erfolgs dann von mehr oder weniger zufälligen Umständen abhänge, über die der Mensch keine Kontrolle habe, die er nicht steuern könne.[359] Weil also überwiegend der auf den Erfolg zielende Wille des Täters die Grundlage für eine Bestrafung bilde, wurde das Gefährdungsstrafrecht auch Willensstrafrecht genannt.[360] Diese synonyme Verwendung beider Begriffe ist jedoch irreführend. Bestrafte man nämlich ausschließlich den verbrecherischen Willen des Täters, müßte man auch zur Strafbarkeit eines untauglichen Versuchs aus grobem Unverstand, etwa eines abergläubischen Versuchs, gelangen, der objektiv keine Gefährdung auslöst. Letztlich müßte jeder böse Wille bestraft werden, unabhängig davon, ob der Täter zu seiner Verwirklichung angesetzt oder ihn sogleich wieder verworfen hat. Diese Konsequenz und mithin die Inkongruenz von einem „reinen" Willensstrafrecht und einem Gefährdungsstrafrecht sieht die Denkschrift jedoch nicht.[361] Ein „reines" Willensstrafrecht, das auch auf den Gefährdungseintritt verzichtet, wenn nur der verwerfliche Wille vorhanden ist, wurde von niemandem vertreten. Gleichwohl wird im weiteren von Willensstrafrecht gesprochen, um das personale, subjektive Element der Entwicklung hervorzuheben. Durch die Vorverlagerung des Gesinnungsmoments von der Schuld auf die Ebene des Tatbestands, wurde die Grenze von Unrecht und Schuld aufgehoben. Das Zusammenfallen von Rechtswidrigkeit und Schuld war nicht etwa ein unerwünschter Nebeneffekt, sondern war aus Sicht der „Kieler Schule" die gewünschte Folge eines nationalsozialistischen Willensstrafrechts.[362]

---

[359] Denkschrift des preußischen Justizministers, S.123.
[360] Denkschrift, S. 112.
[361] Auf Seite 112 macht die Denkschrift eine Ausnahme vom Willensstrafrecht für den „absolut untauglichen Versuch".
[362] Schaffstein, Das Verbrechen als Pflichtverletzung, S. 34; Dahm, ZgStaatsW 95, S. 288; H. Mayer, Strafrecht (1936) S. 225.

Das Bekenntnis zum Willensstrafrecht fand in der Literatur sehr viel Beachtung. Die Forderung nach Abkehr vom strikten Erfolgsstrafrecht erntete überwiegend grundsätzliche Zustimmung, aber auch Kritik[363].

1. Zustimmung im Schrifttum

Als Vertreter der „Kieler Schule" gliederte zuerst Schaffstein[364] den neuen Ansatz in seine wesentlichen Bestandteile. Demnach verfolge das Gefährdungsstrafrecht vorrangig zwei Ziele:

(1.) Der Rechtsgüterschutz werde durch Vorverlegung des Strafschutzes in ein früheres Angriffsstadium stärker.

(2.) Das Abstellen auf den Willen bzw. die Gefährdung anstelle des Erfolgs führe zu einer sittlichen Bewertung der Gesamtpersönlichkeit des Täters, die der allgemeinen ethisierenden Tendenz des nationalsozialistischen Strafrechts entspreche.

Im Sinne der Vorverlagerung der Strafbarkeit ist die Forderung der Denkschrift zu sehen, die Verletzungstatbestände im Besonderen Teil des Strafgesetzes weitgehend durch Gefährdungstatbestände in Form von Unternehmensdelikten zu ersetzen. Dabei sollte wegen der bloßen Zufälligkeit des Erfolgseintritts eine Abstufung der Tatbestände nach der Schwere des Erfolgs wegfallen[365], also die erfolgsqualifizierten Delikte abgeschafft werden.[366] Auch den Versuch sollten regelmäßig Unternehmenstatbestände ersetzen.[367] Dadurch sollte der als zu eng empfundene Versuchsbegriff erweitert und gleichzeitig dem Gefährdungsprinzip Rechnung getragen werden, das, wie auch die subjektive Theorie des Reichsgerichts[368], den Strafgrund des Versuchs im gefährlichen Verhalten des Täters sieht.

Eine Abkehr vom rein zivilistischen Denken wird durch Klee in der alleinigen Maßgeblichkeit der schuldhaft verursachten Gefahr gesehen. Anders als im zivilen Haftungsrecht komme es im Strafrecht eben nicht auf den tatsächlich eingetretenen Schaden an, nach dessen Höhe sich die Strafe bemesse.[369] Von Gemmingen begrüßt, daß sich das Strafrecht der Volksmoral angleichen und die Gesinnungsseite des Verbrechens in den Vordergrund rücken wolle. [370] Er hält

[363] Lobe, DJZ 1934, 247 ff.; Oetker, Denkschrift der Akademie für deutsches Recht, S. 46.
[364] Schaffstein, Nationalsozialistisches Strafrecht, ZStW Bd. 53 (1933), 603, 609.
[365] Denkschrift, S. 124.
[366] Dazu unten II B 2 am Beispiel des § 226 a.F.
[367] Denkschrift, S. 133 f.
[368] RGSt. 1, 441; 34, 21.
[369] Klee, GA Bd. 77 (1933), 321, 322.
[370] Von Gemmingen, JW 1933, 2371, 2372.

die Einführung des Gefährdungsstrafrechts sogar für eine günstige Gelegenheit, die seiner Meinung nach unfruchtbare Unterscheidung von objektivem und subjektivem Tatbestand aufzuheben. Der Tätervorsatz, der verbrecherische Wille, sei regelmäßig der ausschlaggebende Umstand für die objektive Wahrscheinlichkeit des gewollten Erfolgs („Wo ein Wille ist, da ist auch ein Weg").[371] Dieser Verzicht auf jeden objektiven Erfolg der Tat könne durch Willenstypisierungen erreicht werden, die anhand eines Willensbefundes die Erfolgswahrscheinlichkeit des verbrecherischen Willens ergründeten. Gefährdungsstrafrecht sei der „Mut zur Präsumtion objektiver Gefährlichkeit auch schon aufgrund rein seelischer Befunde"[372].

Mit dieser Methode würde dem Richter die doppelt schwierige Aufgabe zuteil, einerseits das Seelenleben des Täters vor der Tat vollständig zu erfassen und anschließend im Wege hypothetischer Kausalität zu prüfen, welchen Erfolg dieser Wille hätte verursachen können. Sonderbar ist vor allem, daß sich nach Gemmingens Ansicht theoretisch auch eine Inkongruenz von einem tatsächlich eingetretenen Erfolg und der Erfolgswahrscheinlichkeit ergeben kann, wenn nämlich die Willensintensität unterhalb oder über der Schwelle liegt, die den eingetretenen Erfolg als wahrscheinlich erscheinen läßt. Dann wäre z.B. der Tötende nur wegen Körperverletzung zu bestrafen, sofern sein Wille nur auf die Verletzung gerichtet war und üblicherweise auch nur eine solche eingetreten wäre, ohne daß der eingetretene Tod zu einer Strafschärfung führen würde. Der Richter müßte sich in jeder Entscheidung in hypothetischen Mutmaßungen ergehen, um die jeweilige Erfolgswahrscheinlichkeit zu ergründen, anstatt sich anhand des ein-getretenen Erfolgs sein Urteil zu bilden. Eine solche Prozedur würde die Volkstümlichkeit des Strafrechts gerade nicht erhöhen, weshalb der Vorstoß von Gemmingens auch von Anhängern des Gefährdungsstrafrechts als zu weitgehend empfunden wurde.[373]

2. Kritik

Kritiker des Willensstrafrechts monieren unter Anspielung auf die nationalsozialistischen Lehren die fehlende Volksnähe eines Strafrechts, das denjenigen, der gewollt eine Sache zerstöre, wegen Sachgefährdung und nicht wegen Sachbeschädigung bestrafe. Die Gefährdungstatbestände hätten eine Unbestimmtheit zur Folge, durch welche sich gewissenhafte „Volksgenossen" in Unkenntnis des Eintritts einer Gefahr- und Strafdrohung auf ihrem Lebensweg Schritt für Schritt gehemmt fühlen müßten. Eine solche Straffurcht wirke sich lähmend auf die Entschlußkraft und Wirkungsfreude aus, was gerade dem nationalsozialistischen Staat nicht gefallen könne, der „selbstbewußte

[371] Von Gemmingen, a.a.O.
[372] Von Gemmingen,a.a.O.,S. 2373.
[373] Mezger, DJZ 1934, 97, 103, befürchtet „willkürlichen Formalismus".

Männlichkeit" fordere.[374] Weniger ideologisches Pathos zeigt die Kritik Lobes, der bei der Gefährdung eines Rechtsgutes noch keinen Grund für ein Einschreiten der Rechtsordnung sieht. Eine Strafandrohung für die Gefährdung könne die Verletzung des Rechtsgutes nicht verhindern, weil die staatliche Reaktion immer erst nach Beendigung der menschlichen Tätigkeit einsetze. Daher richte sich ein Strafgesetz von seinem Zweck her schon gegen die Herbeiführung der Gefährdung und umfasse auch Versuch und Vorbereitung, wenngleich auch nur der Erfolg mit Strafe bedroht sein sollte. Der böse Wille des Täters habe auf den Eintritt der Gefährdung, die nur vom objektiven Geschehensverlauf abhänge, keinen Einfluß. Nicht der verbrecherische Wille allein störe den Rechtsfrieden, sondern nur die auf seine Verwirklichung zielende Betätigung.[375]

Selbst Edmund Mezger hat als grundsätzlicher Befürworter der Subjektivierung des Strafrechts noch gemahnt, das Rückgrat eines „Willensstrafrechts" müßten bestimmte gesetzliche Tatbestände sein, wenn man nicht zu einer „Chaotisierung" gelangen wolle. Man könne ohne fest umrissene Tatbestände die Frage: „Welches Delikt wollte der Täter verwirklichen?" nicht beantworten. Er war aber noch zuversichtlich, daß die geplante Lockerung des Analogieverbots „maßvoll" sein und nicht zu einer Auflösung der einzelnen Tatbestände werde.[376] Mezgers Verdienst ist es also, als erster die Gefahr des Verlustes jeglicher Kontur erkannt zu haben, die entsteht, wenn das Gefährdungsstrafrecht den auf die Verletzung gerichteten Willen des Täters bestrafen will und gleichzeitig die Forderung nach mehr Dynamik im Strafrecht die Tatbestände aufweicht, die als Zielrichtung des Willens bestimmbar bleiben müssen. Die Warnung vor dem Risiko der „Chaotisierung" wurde von Mezger jedoch nicht energisch genug vertreten und insbesondere nicht in die Strafrechtskommission getragen, wo es ihm möglich gewesen wäre, mäßigend auf den Ethisierungsdrang der übrigen Kommissionsmitglieder einzu-wirken. Sowohl in der Kommission, als auch im Schrifttum[377] setzte sich der Gefährdungsgedanke als Ausdruck der nationalsozialistischen Strafrechts-erneuerung in erstaunlich kurzer Zeit durch, wenn man bedenkt, daß das Verletzungsstrafrecht mit dem Grundsatz „versari in re illicita" jahr-hundertelang das Strafrecht beherrschte und zudem gerade das germanische Recht im Gegensatz zum römischen eher erfolgsorientiert und nicht nach dem

[374] Oetker, Denkschrift der Akademie für deutsches Recht, S. 46, 48, der Bismarck zitiert : „Ein Appell an die Furcht wird niemals im deutschen Herzen ein Echo finden" .

[375] Lobe, DJZ 1934, 247, 250.
[376] Mezger, DJZ 1934, 97, 100.
[377] Schaffstein, ZStW Bd. 53 (1933), 603, 609ff.; Gemmingen, JW 1933, 2371ff.; Klee, GA Bd.77 (1933), 321ff, der sich jedoch in einer späteren Abhandlung von der vollständigen Abkehr der „Kieler Schule" vom Rechtsgutsbegriff distanziert, Deutsches Strafrecht (GA), 1936, 1ff. ; Mezger, DJZ 1934, 97ff.; Schinnerer, FS Gleispach, S. 115.

Willen ausgerichtet war.[378] Das schnelle Vordringen des Gefährdungstrafrechts erklärt sich vor allem mit der Dominanz seiner Befürworter in der Strafrechtskommission des Reichsjustizministers, der neben Staatssekretär Freisler unter anderem auch Dahm, Schaffstein, Mezger, Kohlrausch, Nagler und Klee angehörten[379], ausnahmslos also Anhänger einer Ethisierung des Strafrechts. Angesichts dieses Übergewichts in dem Gremium, das die strafrechtliche Gesetz- und Verordnungsgebung im totalitären NS-Staat vorbereitete, war der Eingang des Gefährdungsgedankens in das Strafrecht von seinen Gegnern nicht zu verhindern.

II. Pflichtgedanke

Aus der Verschmelzung des einzelnen mit der Gemeinschaft wurde das Bestehen von Treue- und Verantwortungspflichten gegenüber der Volksgemeinschaft geschlossen. Wegen der Betonung der gemeinschaftsschädigenden Wirkung des Verbrechens rückte der Wille, solche Treuepflichten gegenüber der Gemeinschaft zu verletzen, bei der Betrachtung des Verbrechens in den Vordergrund und wurde zur neuen Grundlage des Strafrechts.[380] Als radikalster Gegner des als „individual-liberalistisch"[381] abgelehnten Rechtsgutsgedankens tat sich Gallas hervor. Das Versagen der Lehre vom Verbrechen als Rechtsgutsverletzung zeige sich nach seiner Meinung schon am geltenden Strafrecht, das keine Erklärung dafür habe, warum etwa ein Vormund nach der Mißhandlung des ihm anvertrauten Kindes härter bestraft wird als ein Dritter, der die gleiche Mißhandlung vornimmt. Eine nur am Rechtsgut orientierte Betrachtungsweise könne den Unrechtsgehalt der einzelnen Verbrechen nicht erfassen. Erforderlich sei dagegen eine Akzentverlagerung von der Rechtsguts- auf die Pflichtverletzung, weil nur diese bei der Bewertung des Verbrechens die Einbeziehung der Gemeinschaftsethik und infolge dessen der verbrecherischen Gesinnung erlaube. [382] Nach der nationalsozialistischen Auffassung schöpfe das Recht aus der Sittenordnung seine zwecksetzende Kraft, weshalb jede Zweckbetrachtung ethische Wertungen mit einbeziehen müsse.[383]

Gallas' Ausführungen machen deutlich, daß der Pflichtgedanke im Strafrecht erst unter der Geltung des völkischen Kollektivismus, den er als „nationalsozialistische Gemeinschaftsethik" bezeichnet,[384] zu voller Blüte gelangt war. Als Musterbeispiel für die Lösung des Strafrechts vom

---

[378] So Schaffstein, ZStW, Bd. 53, 603, 610, wogegen sich Schinnerer in FS Gleispach, S. 115ff., 118f. wendet, der erkannt haben will, daß auch im germanischen Recht der verbrecherische Wille ein wesentliches Verbrechenselement gewesen sei.

[379] So z.B. die Besetzung der Sitzung am 27.11.1933 zur Frage der Beibehaltung des „ nulla poena sine lege"-Grundsatzes, vgl. Regge/Schubert, Abt.2, Bd.2, Teil 1, S. 5 ff.

[380] Schinnerer, FS Gleispach, S. 132.

[381] Gallas, Zur Kritik der Lehre vom Verbrechen als Rechtsgutsverletzung, FS Gleispach, S.51.

[382] Gallas, FS Gleispach, S.52 f.

[383] Gallas, FS Gleispach, S. 65.

[384] Gallas, ZStW Bd. 60 (1940), S. 378, vgl. dazu oben I B 4. .

Rechtsgütergedanken bezeichnete Gallas den 1935[385] eingeführten Tatbestand der Unterlassenen Hilfeleistung.[386] In einem auf den Rechtsgüterschutz gerichteten, erfolgsorientierten Strafrecht mußte der Pflichtgedanke wirken wie ein Fremdkörper, weil die alleinige Betrachtung der rechtlich geschützten Interessen des Individuums wenig Raum für Gemeinschaftswerte wie die Sittenordnung ließ. Der einzelne war nur dadurch geschützt, daß das Strafgesetz die Verletzung seiner individuellen Interessen sanktionierte. Der Verbrecher wurde vor 1933 nur für die Verletzung von Individualrechtsgütern und nicht für die Mißachtung von Pflichten gegenüber der Gemeinschaft bestraft. Auch in der Diskussion um die Einführung des Pflichtgedankens zeigt sich also der weltanschauliche Gegensatz zwischen dem liberalen Individualismus und völkischen Kollektivismus der Nationalsozialisten, der Volk und Staat als organische Einheit betrachtet und daher keinen Widerstreit zwischen Einzelinteressen und den Interessen der Gemeinschaft sieht.[387] Erst in der nationalsozialistischen Gemeinschaftsethik konnte der Pflichtgedanke den Nährboden finden, den er für sein bis heute reges Wachstum brauchte.

1. Garantenpflichten im Recht der unechten Unterlassungsdelikte

Besonders prägend ist der Pflichtgedanke im Kleide der Garantenpflichten in das Recht der unechten Unterlassungsdelikte eingedrungen. Im Zuge der Entwicklung der Rechtsprechung zur Strafbarkeit des Unterlassens wurden im Wege richterlicher Rechtsfortbildung etliche Garantenpflichten entwickelt, die im heutigen § 13 StGB nur eine sehr allgemein gehaltene gesetzliche Grundlage finden. Dagegen sind Bedenken im Licht des Bestimmtheitsgebotes durchaus angebracht.

1.1 Entwicklung vor 1933

Angestoßen durch Feuerbach, beschäftigten sich die Gesetz-geber schon zur Zeit der Partikulargesetzbücher mit den unechten Unterlassungsdelikten.[388] Kernpunkt der Diskussion war immer die Frage, welche Beziehung zwischen der Unterlassung und dem Erfolg gegeben sein muß, um den Unterlassenden in gleicher Weise für den Erfolg verantwortlich machen zu können wie den Handelnden. Das RStGB von 1871 gab für die Beantwortung der Frage keine Hilfestellung, sondern übernahm weitgehend § 9 des preußischen ALR: „Handlungen oder Unterlassungen, welche nicht in dem Gesetze verboten sind, können als eigentliche Verbrechen nicht angesehen werden". Im Gegensatz zu

[385] Gesetz zur Änderung des Strafgesetzbuches vom 28.06.1935 (RGBl. I S. 839), § 330c: „Wer bei Unglücksfällen oder gemeiner Gefahr oder Not nicht Hilfe leistet, obwohl dies nach gesundem Volksempfinden seine Pflicht ist , insbesondere wer der polizeilichen Aufforderung zur Hilfeleistung nicht nachkommt, obwohl er der Aufforderung ohne erhebliche Gefahr und ohne Verletzung anderer wichtiger Pflichten genügen kann, wird mit Gefängnis bis zu zwei Jahren oder mit Geldstrafe bestraft."

[386] Gallas, FS Gleispach, S. 52.

[387] Vgl. Schaffstein, Das Verbrechen als Pflichtverletzung, S. 6, 15.

[388] Umfassend zur historischen Entwicklung vgl. Rudolphi, Gleichstellungsproblematik, S.4 ff.

dieser Vorschrift fanden die Unterlassungen in § 1 RStGB jedoch keine gesonderte Erwähnung. Der Gesetzgeber von 1871 schien vielmehr davon auszugehen, daß die strafrechtlich relevanten Unterlassungen ohnehin vom Handlungsbegriff erfaßt würden, weshalb sich das RStGB auf die Nennung der „Handlungen" beschränkte. Welche Unterlassungen den Handlungen gleichzusetzen sind, beantwortete das RStGB jedoch ebenfalls nicht.

Die Lösung diese Problems blieb der Wissenschaft und der Praxis vorbehalten. Mit der Tatbestandslösung und der Rechtswidrigkeitslehre[389] bildeten sich zwei Theorien heraus, die jeweils für sich beanspruchten, die Statuierung von Handlungspflichten in bestimmten Fällen am besten zu begründen. Zwischen diesen Ansätzen pendelte das Reichsgericht in seinen Entscheidungen bis 1933.

a) Kausale Theorien

Zunächst schloß es sich der kausalen Tatbestandslehre an, nach der die Unterlassung der Handlung vollständig gleichstehe, wenn durch sie ein tatbestandsmäßiger, rechtsverletzender Erfolg herbeigeführt werde.[390] Nach der Tatbestandslehre liegt eine strafbare Unterlassung vor, wenn sie das gleiche Maß rechtsfeindlicher Energie verlangt wie positives Tun. Die Unterlassung werde dann nicht aus Rechtsgründen der Handlung gleichgestellt, sondern sei im Rechtssinn eine solche.[391] Im Gegensatz zu den echten Unterlassungsdelikten wurde die Gleichstellung von Handlung und Unterlassung unabhängig vom Bestehen einer gesetzlichen Pflicht zum positiven Tun dann bejaht, wenn die Unterlassung auf die Rechtsverletzung gerichtet war (sogenannte Finalität).[392] Zur Beantwortung der Frage, wann eine Unterlassung auf den rechtsverletzenden Erfolg gerichtet sei, bediente man sich der Kausalitätslehre. Das Finalitätskriterium war demnach erfüllt, wenn die Unterlassung und nicht ein anderer Umstand die Ursache des Erfolgs war. Auf diesem Wege wurde die Kausalität von Unterlassung und Erfolg in das Zentrum der Diskussion gerückt. In der Literatur entwickelten sich mit den einzelnen kausalen Lehren verschiedene Ansätze, die eine solche Kausalität jeweils an bestimmte Voraussetzungen knüpften.

aa) Luden

Luden war als Begründer der kausalen Lehren der Ansicht, ein Mensch könne niemals untätig sein. Während er das eine unterlasse, müsse er notwendig etwas anderes getan haben, sei es auch nur das Zusehen. Diese positive Handlung sei dann die Ursache des Verbrechens.[393] Wer demnach sein Kind verhungern lasse, mache sich nicht strafbar, weil er eine zivilrechtliche Unterhaltspflicht verletzt

[389] Zu den einzelnen Richtungen der kausalen Lehren vgl. Rudolphi, Gleichstellungsproblematik, S. 7ff; Kaufmann, Dogmatik der Unterlassungsdelikte, S. 243ff.

[390] RGSt. 10, 101 (1884).

[391] Hellmuth Mayer, Strafrecht (1953), S. 113.

[392] Vgl. dazu Rudolphi, a.a.O. S.8; Träger, S. 29.

[393] Luden, Abhandlungen, Bd. 1, S. 474.

habe, sondern weil er eine Tötung begangen habe, indem sein Unterlassen auf die Verletzung des Lebens des Kindes gerichtet war. Das Bestehen der Verpflichtung zur Ernährung des Kindes sei dagegen für die Beurteilung des Verbrechens unwichtig.[394] Spielt also ein Vater z.B. nächtelang Skat anstatt sein Kleinkind zu versorgen, wäre nach dieser Lehre die Todesursache nicht das Verhungern des Kindes, sondern das Skatspielen. Zudem gibt Luden keine Antwort darauf, wann die anstelle der gebotenen Handlung durchgeführte Tätigkeit auf den Verletzungserfolg gerichtet ist und wann nicht. Ludens Lösung konnte daher nicht befriedigen.

bb) Merkel

Andere[395] haben die kausale Theorie daher durch das Abstellen auf ein Vorverhalten des Täters zu retten versucht. Demnach korrespondierte die Unterlassung dann mit dem positiven Tun, wenn ein Vorverhalten des Täters entweder unmittelbar gefahrverursachend[396], oder aber pflichtwidrig ist, indem es das Vertrauen des Verletzten auf eine Abwendung des Erfolgs begründet hat.[397] Obgleich die genannten Varianten des gefährlichen und des vertrauensbegründenden Vorverhaltens durch Amtsübernahme oder Vertragsschluß an gängige Begründungen für Garantenstellungen erinnern (Ingerenz, Gesetz, Vertrag), darf der Ansatz Merkels und der anderen Verfechter der kausalen Theorie nicht mit der aktuellen Lehre verwechselt werden. Das Vorverhalten des später Unterlassenden wurde nämlich nicht als Rechtsgrund für eine Pflicht zur Erfolgsabwendung gesehen, sondern nur als gesetzte Bedingung, durch welche die Integrität der Interessen eines anderen in zurechenbarer und vorhersehbarer Weise in Frage gestellt wird. [398] Demnach wird die Schuld für die spätere Rechtsverletzung also aus dem aktiven Vorverhalten abgeleitet, das mit dem späteren Unterlassen als einheitlicher Geschehensablauf angesehen wird. Das Vorverhalten könne aus vorhersehbar gefährdenden Handlungen (Graben einer Grube) oder auch nur dem Abschluß eines Dienstvertrags oder der Übernahme eines Amtes bestehen.[399] Der kausalen Lehre Merkels wurde das Versagen in Fällen vorgeworfen, bei denen sich der Unterlassende keines gefahrerhöhenden Vorverhaltens schuldig gemacht habe.[400] Insbesondere die Übernahme eines Amtes wirke sich oft nicht gefährdend, sondern eher sichernd aus.[401] Geht man weiterhin von der Einheit von Vorverhalten und späterer Unterlassung aus, bedarf es an sich keiner umständlichen Begründung der Strafbarkeit der Unterlassung, weil das positive Vorverhalten bereits eine ausreichende Kausalität liefern würde. Letztlich birgt

[394] Luden, Abhandlungen, Bd. 2, S.225.
[395] Krug, Glaser, Merkel, dazu umfassend Rudolphi, a.a.O. S. 9 ff.
[396] Wie z.B. durch fahrlässiges Fallenlassen eines glimmenden Streichholzes.
[397] Etwa durch Amtsantritt oder Vertrag.
[398] Merkel, Kriminalistische Abhandlungen, Bd. 2, S. 81.
[399] Merkel, a.a.O. S. 80.
[400] Traeger, S. 32.
[401] So Binding, Normen II 1, S. 528 am Beispiel eines Schrankenwärters.

die Vorverlagerung der Schuld auf eine an sich neutrale Handlung wie die Übernahme eines Amtes und die damit eingehende zeitliche Trennung der im Vorverhalten begründeten Schuld von der tatbestandsmäßigen Unterlassung einen Verstoß gegen das Koinzidenzprinzip, wonach Kausalität und Schuld zeitlich zusammenfallen müssen.

cc) Binding

Wegen dieser Unzulänglichkeiten der Ansicht Merkels versuchte Binding die Verursachung der Rechtsgutsverletzung nicht mehr aus dem aktiven Vorverhalten, sondern aus der Unterlassung selbst herzuleiten. Dazu sah er in der Unterlassung die „willentliche Aufhebung der bisherigen willentlichen Hemmung" der Kausalität von Vorverhalten und Verletzungserfolg.[402] Demnach sei derjenige, der mit einem bissigen, aber gehorchenden Hund spazieren geht, nicht bereits durch das Spazierengehen für den späteren Biß eines Passanten durch den Hund verantwortlich. Kausal für diesen Biß sei vielmehr erst die Unterlassung der Ausübung des „Hemmungsapparates", der den Hund hätte zurückhalten können (Festhalten, Pfiff, Ruf etc.). Insoweit sei die Unterlassung keine „absolute Unterlassung", sondern eine interne Handlung, die sich unmittelbar auf den Kausalverlauf auswirke.[403] Binding sieht also in dem Willen, einer Gefahr entgegenzuwirken, eine positive Bedingung, die zunächst das Übergewicht über die negative Bedingung des gefahrerhöhenden Vorverhaltens behält. Erst durch das Unterlassen der Aufrechterhaltung der abhaltenden Bedingung, des „Hemmungsapparates", werde die Verletzung verursacht. Daher sei erst die Unterlassung kausal für den Erfolg und noch nicht das Vorverhalten.

dd) Kritik

Bindings Schaffung eines subjektives Tatbestandsmerkmals in Form eines wegfallenden oder fahrlässig nicht durchgesetzten Rechtsbewahrungswillens kann jedoch nicht überzeugen. Ein positiver Entschluß zur Aufrechterhaltung des „Hemmungsapparates" zur Verteidigung der Rechtsordnung, der erst während der Verletzungshandlung fallengelassen wird, setzt nämlich das Bestehen einer Gefahr voraus, deren Hemmung der ursprüngliche Wille gerade intendiert. Ginge der Spaziergänger also ohne den Hund außer Haus, bestünde bei ihm von Anfang an kein „Gefahrenhemmungswille" und könnte ein solcher auch später nicht wegfallen. Das Vorverhalten ist sonach die objektiv gesetzte, negative Bedingung, die für das Fallenlassen der subjektiv-positiven Bedingung konstitutiv ist. Die Kausalität liegt also wiederum in dem Vorverhalten. Damit trifft Binding die gleiche Kritik wie Merkel, nämlich die Mißachtung des Koinzidenzprinzips durch Schaffung eines „dolus subsequens", dem die Schuld erst nachfolgt.[404]

---

402 Binding, Normen II 1, S.557.
403 Binding, a.a.O. S. 554, 556.
404 Traeger, S.32ff.; Rudolphi, Gleichstellungsproblematik, S. 11.

b) Rechtswidrigkeitslehren

Angesichts der unbefriedigenden Lösungen der verschiedenen kausalen Lehren hielten die Vertreter der Rechtswidrigkeitslehren die Betrachtung der unechten Unterlassungsdelikte unter dem Gesichtspunkt der Kausalität für unfruchtbar, weil es sich dabei um ein Scheinproblem handele.[405] Nach Ansicht der Rechtswidrigkeitslehren war der größte Fehler der Kausalitätslehren die Einordnung des Vorverhaltens als erfolgsverursachend anstatt als rechtspflichtbegründend.[406]

Die Kausalitätsfrage wird von der Rechtswidrigkeitslehre im Wege einer hypothetischen conditio sine qua non beantwortet und die Frage der Gleichstellung von Handlung und Unterlassung auf die Ebene der Rechtswidrigkeit verlagert.[407] Entsprechend der bis heute herrschenden Meinung[408] wird die Unterlassung für den Erfolg also dann als kausal angesehen , wenn die unterlassene Handlung nicht hinzugedacht werden kann, ohne daß der Erfolg entfiele. Eine Unterlassung war nach der sogenannten formellen Rechtspflichttheorie dann rechtswidrig, wenn eine besondere Rechtspflicht zum Handeln bestand. Dabei werden stets Gesetz, Vertrag und Ingerenz als die drei Rechtsquellen für solche Erfolgsabwendungspflichten genannt.[409]

1.2 Ausweitung auf sittliche Pflichten seit 1933

Die formelle Rechtspflichtlehre war seit der grundlegenden Auseinandersetzung Traegers mit der Kausalitätslehre bis in die 30er Jahre dieses Jahrhunderts auch im überwiegenden Schrifttum bestimmend. [410] Erst das Vordringen des Willensstrafrechts weichte die bis dahin weitgehend unangefochtene Pflichten- Trias aus Gesetz, Vertrag und Ingerenz auf. Als Konsequenz aus der Zulassung der Analogie durch die Neufassung des § 2 StGB leitete Mezger zusätzliche Entstehungstatbestände für Erfolgsabwendungspflichten her. Strafrechtliche Haftung bestehe demnach auch dort, wo nicht das Gesetz unmittelbar eine solche Pflicht begründe, sondern auch dort, wo das gesunde Volksempfinden die Bestrafung der Unterlassung fordere, wie vor allem innerhalb „konkreter Gemeinschaftsverhältnisse“.[411] Ebenso hielt Schaffstein die Dreiteilung der Rechtspflichttheorie für unzulänglich, weil sie sich zu fest an positive Gesetzesbestimmungen klammere, die auf völlig andere Verhältnisse zugeschnitten seien. Stattdessen müsse sich die Pflichtbegründung an „konkreten Ordnungen“ wie „deutsche Familie“ oder „Hausgemeinschaft“ orientieren. Niemand

---

[405] Traeger, S.30; M. E. Mayer, Strafrecht, S. 152 spricht von methodischer Sünde allerersten Ranges.
[406] Traeger, S. 34.
[407] M. E. Mayer, Strafrecht, S. 151.
[408] RGSt. 58, 130, 131; BGHSt. 37, 106, 102; Blei, Bd.1, S.315; Baumann/Weber/Mitsch, S. 254f.; Schönke/Schröder - Stree, § 13 RN. 61.
[409] Traeger, S. 112.
[410] M. E. Mayer, Strafrecht, S. 191 ff. m.w.N.
[411] Mezger, Strafrecht (3.Aufl.), S. 58.

verstehe, weshalb eine Stiefmutter, die das ihr anvertraute Kind verhungern läßt, straffrei ausgehen sollte, weil das BGB in diesen Fällen keine Unterhaltspflicht anerkenne.[412] Die Rechtspflichttheorie sei daher nicht fähig, alle Fälle von Handlungspflichten zu erklären, bei deren Verletzung aus der Sicht des „gesunden Volksempfindens" eine Strafbarkeit geboten sei. Die herkömmliche Pflichten–Trias wurde als Musterbeispiel eines abstrakten Normativismus bezeichnet, der zivilrechtliche Begriffe willkürlich auf das Strafrecht übertrage.[413] Wie in der Auslegung allgemein und bei den einzelnen Tatbeständen des Besonderen Teils äußerte sich also auch im Recht der unechten Unterlassungsdelikte der erhebliche Einfluß des Gedankens „materieller Rechtswidrigkeit" in einer Verwässerung des Rechts mit sozial - ethischen Aspekten. Insbesondere die von Mezger und Schaffstein gewählte Terminologie (konkrete Ordnungen/Gemeinschaftsverhältnisse) offenbart den gemeinsamen „materiellen" Ansatz von Carl Schmitts „konkretem Ordnungsdenken" und dem sogenannten Willensstrafrecht, der eine strikte Trennung unmöglich macht.

1.3 Rechtsprechung des Reichsgerichts seit 1933

Das Reichsgericht vertrat bereits frühzeitig die Rechtspflichttheorie und leitete Erfolgsabwendungspflichten ausschließlich aus dem gesamten geschriebenen Recht und dem Gewohnheitsrecht sowie aus Vertrag und Ingerenz ab.[414] Entsprechend seiner streng positivistischen Gesetzesauslegung bis zur Änderung des § 2 StGB[415] erteilte das Reichsgericht auch im Bereich der unechten Unterlassungsdelikte der Beachtung von „Pflichten, die lediglich in sittlichen Anschauungen begründet sind", also außerrechtlichen Wertungen, eine klare Absage.[416]

Erstmals im Jahr 1932 rückte das Reichsgericht von dieser restriktiven Auffassung ab und bestätigte die Verurteilung eines nichtehelichen Vaters, der seinen Abkömmling nach der Geburt verhungern ließ. Obgleich der unehelicher Vater derzeit dem Kind gegenüber nach bürgerlichem Recht nicht unterhaltspflichtig war, also keine gesetzliche Grundlage für eine Erfolgsabwendungspflicht bestand, wurde er als Totschläger durch Unterlassen bestraft. Zur Begründung führte das Gericht unter Verweis auf § 221 (Aussetzung) aus, die Entstehung einer allgemein anerkannten Handlungspflicht aus einer sittlichen Wertung heraus hänge nicht nur von der Wahl der Begehungsart durch das eingreifende Strafgesetz ab, „sondern vornehmlich davon, auf welcher aus dem Sinne der Gemeinschaft heraus entwickelten Vorstellung vom Recht seine

[412] Schaffstein, FS Gleispach, S. 75 f.
[413] Schaffstein, a.a.O. S. 75.
[414] RGSt. 10, 100, 101; 46, 337, 343; 58, 130, 131; 63, 392, 394 (Gesetz, Gewohnheitsrecht, Vertrag); 66, 71, 72 (Ingerenz).
[415] dazu oben I B 1 c aa.
[416] RGSt. 39, 397, 398.

Vorschriften aufgebaut sind.“[417] Nach diesem ersten Durchbruch eines ethischen Ansatzes brach die bis dahin streng gehütete Trennung zwischen Recht und Sitte innerhalb der 30er Jahre vollständig auf. Schritt für Schritt wurden neue sittliche Pflichten zur Begründung strafbewehrter Handlungspflichten herangezogen. Dabei wurde z.B. neben die „christliche Nächstenliebe“ die „aus dem Nationalsozialismus entspringende“ Pflicht zur Kameradschaft der Frontsoldaten gestellt, die auch innerhalb der Volksgemeinschaft eine erhöhte Opferbereitschaft verlange. Daher begründe auch das (zivile) Zusammenleben in einer „Hausgemeinschaft“ eine Garantenpflicht.[418] In dieser bis heute für die Begründung von Pflichten aus enger persönlicher Verbundenheit gern zitierten[419] Entscheidung des Reichsgerichts wurde also der Nationalsozialismus mit dem Soldatentum gleichgesetzt und sodann die nationalsozialistisch-soldatischen Pflichten dem gesamten Volk auferlegt. Diese Ideologisierung und Militarisierung des zivilen Alltags führte zum Verschwinden der Grenzen zwischen den wenigstens gewohnheitsrechtlich begründeten zivilistischen und den ideologischen Tugenden, die nur auf der Weltanschauung fußten. Dadurch wurde die Hemmschwelle für die Begründung neuer Garantenpflichten zusätzlich gesenkt. Neben die militärische Handlungspflichtbegründung aufgrund der Stellung eines Schiffsoffiziers[420] oder die parteiideologisch begründete Pflicht aus der „besonderen Stellung eines SA–Führers“[421] stellte das Reichsgericht die zivilen Pflichten aus „Hausgemeinschaft“ oder dem „Sittengebot der völkischen Gemeinschaftsordnung“, das dem gesunden Volksempfinden entspreche.[422] Der Pflichtgedanke im Recht der unechten Unterlassungsdelikte war somit die Einbruchstelle für die Ethisierung dieses Rechtsbereichs im Sinne des nationalsozialistischen Kollektivismus.

Wenngleich das Reichsgericht also schon seit 1884 „Pflichten“ zur Erfolgsabwendung gefordert hatte, leitete es diese Pflichten stets aus dem positiven Recht her. Erst mit dem zunehmenden Einfluß der Forderung nach einer Dynamisierung des Strafrechts bediente sich das Gericht eines erweiterten Pflichtbegriffs, der sich nicht auf gesetzliche Pflichten beschränkt, sondern auch sittliche Quellen wie die „konkreten Lebensbeziehungen“[423] der häuslichen Gemeinschaft oder „Frontgemeinschaft“ kennt. Weil das gesunde Volksempfinden wiederum darüber entscheiden soll, ob eine Erfolgsabwendungspflicht besteht[424], korreliert diese Entwicklung des Pflichtbegriffs bei den unechten Unterlassungsdelikten mit der oben anhand einzelner

[417] RGSt. 66, 71, 73 (1932).
[418] RGSt. 69, 321, 323 (1935).
[419] Vgl. Schönke/Schröder-Stree, § 13 RN. 17.
[420] RGSt. 71, 176, 177.
[421] RGSt. 69, 349, 350 mit wörtlichem Zitat von § 3 des „Gesetzes zur Sicherung der Einheit von Partei und Staat“ vom 01.12.1933 (RGBl. I S. 1016), wonach SA – Führern erhöhte Pflichten gegenüber Führer, Volk und Staat oblagen.
[422] RGSt. 71, 200, 203.
[423] Mezger, Strafrecht (1943), S. 59.
[424] RGSt. 71, 200, 203 (1937); ebenso Mezger, a. a. O. S. 58.

Tatbestände aufgezeigten Durchsetzung des positiven Rechts mit sittlichen Wertungen. Die grundsätzliche Ausweitung der unechten Unterlassungsdelikte ist also weniger eine Folge der Forderung nach der Schaffung eines Pflichtenstrafrechts als vielmehr das Resultat der damals herrschenden Tendenz zur Vermischung von rechtlichen und ethischen Aspekten im Sinne der sogenannten „materiellen Gerechtigkeit“.

1.5 Zustimmende Literatur

Folgerichtig wurde die reichsgerichtliche Erweiterung der Erfolgsabwendungspflichten auf außergesetzliche Lebensordnungen von den Anhängern eines „völkischen“ Strafrechts begrüßt.[425] Nagler lobt, daß das Reichsgericht endlich davon abgelassen habe, im Wege eines unvolkstümlichen Gesetzesformalismus“ mühsam herbeigeholte Gesetzesvorschriften anzuwenden und sich zur Ethisierung der Rechtspflege als Ausdruck „völkischer Gerechtigkeit“ bekenne.[426] Die extensive Rechtsprechung spiegele den bestehenden Rechtszustand wider, der bereits faktisch dem noch nicht inkraftgetretenen § 13 des Entwurfs von 1936 entspreche, wonach das gesunde Volksempfinden über die Pflichtwidrigkeit einer Unterlassung entscheide, ohne daß es für die Strafbarkeit einer unmittelbaren gesetzlichen Grundlage bedürfe. Weil die frühere Trennung von Rechtspflicht und sittlicher Pflicht im nationalsozialistischen Staat ihren Sinn verloren habe, genüge die Verletzung einer sich aus „völkischer Sittenordnung“ ergebenden Pflicht.[427]

1.5 Garantenlehre Naglers

Während sich Mezger und Schaffstein mit der geschilderten Entwicklung der Rechtsprechung zu begnügen schienen, stellte Nagler weiterführende Gedanken zur Gleichstellungsproblematik an. Bei der Frage, ob eine Unterlassung nach dem Willen des Gesetzes der aktiven Begehung gleichstehe, komme es nicht auf Kausalität, Rechtswidrigkeit, Schuld oder Tätertypizität an, sondern allein auf das „Vorstellungsbild“, auf welches das Gesetz abziele.[428] Er untersucht die echten Unterlassungsdelikte und stellt eine Parallelität von Tun und Unterlassen stets bei solchen Tatbeständen fest, in denen das Gesetz den Unterlassenden als Garanten für den Nichteintritt des Erfolgs“ kennzeichne, dem es obliege, die rechtsfeindlichen Energien unschädlich zu machen. So begründe § 121 RStGB (Gefangenenbefreiung, a. F.) für den mit der Beaufsichtigung oder Begleitung des Gefangenen Beauftragten, § 221 RStGB (Aussetzung) für denjenigen, der einer anderen Person Obhut gewährt oder § 225 RStGB für den Inhaber einer Sorgepflicht ein besonderes Pflichtverhältnis, aufgrund dessen die Unterlassung dem aktiven Tun gleichgestellt werde. In diesen Fällen führe die Inhaberschaft einer Schutzfunktion zur Verpflichtung des Garanten zur Erfolgsabwehr,

---

[425] Mezger, a. a. O. S. 58 f.; Schaffstein, Unechte Unterlassungsdelikte, FS Gleispach, S. 78; Nagler, GS Bd. 111, S. 40 ff.
[426] Nagler, GS Bd. 111, S. 42 f., 40.
[427] Schaffstein, a. a. O. S. 95 f.
[428] Nagler, GS Bd. 111, S. 55.

umfasse das gesetzliche Verbot also auch die Nichthinderung des Erfolgs.[429] Diese Erkenntnis überträgt Nagler sodann auf die unechten Unterlassungsdelikte, bei denen sich die tatbestandsmäßige Handlung auf die Unterlassung erstrecke, wenn der „Volksgenosse" eine rechtlich erhebliche Schutzfunktion inne habe. Im Wege einer über den Wortlaut des Gesetzes hinausgehenden „Tatbestandberichtigung" werde somit „enthüllt", was zwar immer dem Willen der Gesetzgebung entsprochen habe, aber aus „technischen Gründen" nicht zum Ausdruck gekommen sei.[430] Auch Nagler war bewußt, daß nicht jede Rechtspflicht zum Handeln ausreiche, um strafrechtliche Verantwortung zu begründen, weshalb er an das Entstehen einer Garantenstellung bestimmte Voraussetzungen knüpfte: Entweder müsse die Rechtsordnung dem „Volksgenossen" die Schutzfunktion unmittelbar auferlegen, wobei er „Rechtsordnung" im Sinne der damaligen Entwicklung verstanden wissen wollte. Es sollte also ausreichen, wenn das gesunde Volksempfinden die Begründung einer Schutzpflicht fordere.[431] Ebenso könne die Erfolgsabwendungspflicht aber aus bestimmten Vorgängen des Soziallebens resultieren, wobei er einerseits die Ingerenz, aber auch die rechtsgeschäftliche Übernahme von Schutzfunktionen nennt. Die Garantenstellung aus Ingerenz wird dabei sehr weit verstanden. Sie umfasse nicht nur die Fälle deliktischer Vorhandlungen, sondern auch rechtmäßige Handlungen, sofern ihre Weiterentwicklung zu einer Gefährdung führe.[432]

a) Unterschied zur Rechtspflichtlehre

Diese Dreiteilung der Garantenpflichten aus Gesetz, Ingerenz oder Vertrag erinnert zunächst an die Rechtspflichttheorie des Reichsgerichts. Auch diese hatte im Fall der Ingerenz stets auch rechtmäßiges Vorverhalten als handlungspflichtbegründend angesehen, sofern das Verhalten die Gefahr des Eintritts eines rechtsverletzenden Erfolgs herbeigeführt hat.[433] Im Gegensatz zu Nagler fällte das Reichsgericht seine Entscheidung über die Gleichstellung von Unterlassung mit positiver Begehung aber stets erst auf der Ebene der Rechtswidrigkeit. Die Unterlassung war demnach nur dann rechtswidrig, wenn der Unterlassende, obwohl dazu imstande, die ihm obliegende Erfolgsabwendungspflicht nicht erfüllte.[434] Nagler hingegen hält ein Unterlassen bei Verletzung der Garantenpflichten bereits tatbestandlich für ein Tätigwerden im Rechtssinne und bestreitet jeglichen Unterschied zwischen Tun und Unterlassung bei der Rechtswidrigkeit.[435] Das Problem der Gleichstellung wurde aber bereits von den unterschiedlichen kausalen Theorien Ludens, Merkels oder

[429] Nagler, a. a. O. S. 59 f.
[430] Nagler, a. a. O. S. 61.
[431] Nagler, a. a. O. S. 62, 41.
[432] Nagler, a. a. O. S. 26 ff.
[433] vgl. RGS. 46, 337, 343; 58, 130, 132; 60, 77 f. ; 64, 273, 276; 73, 53, 57.
[434] RGSt. 58, 130, 131; 63, 392, 394; 66, 71, 72.
[435] Nagler, a. a. O. S. 54.

Bindings[436] auf der Tatbestandsebene gelöst, weshalb Nagler auch dogmatisch insoweit keinen völlig neuen Weg einschlug.[437] Nagler scheint zunächst nur den Rechtspflichtgedanken der Rechtswidrigkeitslehren im Mantel der Garantenpflichten auf die Tatbestandsebene zu übertragen und mithin eine vermittelnde Theorie entwickelt zu haben, durch welche die bisherigen Hauptrichtungen verbunden werden. Neu an seiner Garantenlehre ist lediglich die dogmatische Konstruktion der unechten Unterlassungsdelikte innerhalb des Tatbestandes. Während die älteren Tatbestandslehren die Gleichstellungsproblematik als eine Frage der Kausalität zu lösen versuchten, wie Luden oder wie Binding den Handlungsbegriff entsprechend erweiterten, führte Nagler mit der Garantenpflicht für die unechten Unterlassungsdelikte ein neues Tatbestandsmerkmal ein, das Voraussetzung für die Strafbarkeit des Unterlassens ist.[438]

b) Einfluß der Garantenlehre nach 1945

Naglers Lehre fand bis zum Kriegsende keinen Eingang in die reichsgerichtliche Rechtsprechung. Das Reichsgericht sah scheinbar bis 1945 keine Veranlassung, von seiner im Sinne des gesunden Volksempfindens um etliche Pflichten erweiterten Rechtspflichtlehre zugunsten Naglers neuem Ansatz abzuweichen. Demgegenüber nahm sich der BGH bereits frühzeitig der Garantenlehre an und erklärte bereits im Jahr 1952, die Rechtspflicht zum Handeln gehöre zum Tatbestand und ein Irrtum über das Bestehen einer solchen Rechtspflicht sei daher ein Tatbestandsirrtum.[439] Das Gericht übernahm damit dogmatisch das Ergebnis Naglers. In einem Beschluß des Großen Senats im Jahr 1961 modifizierte der BGH seine diesbezüglichen Urteile durch eine Unterscheidung zwischen der Garantenstellung und der Garantenpflicht. Zum Tatbestand gehöre lediglich die Garantenstellung des Unterlassungstäters, während die Garantenpflicht der Rechtswidrigkeit zugeordnet wird.[440] Nur wenn der Täter sich über Umstände irrt, die seine Garantenstellung begründen, liegt demnach ein Tatbestandsirrtum vor. Ein Irrtum über das Vorliegen einer Garantenpflicht sei hingegen zu behandeln wie ein Verbotsirrtum.[441]

Auch im Schrifttum hat sich die Lehre vom zusätzlichen Tatbestandsmerkmal der Garantenstellung schnell durchgesetzt[442] und bis heute die Meinungsführerschaft behauptet.[443] Naglers Lehre wurde lediglich insoweit ergänzt, als daß Kaufmann die Garantenstellungen in den „auf Posten gestellten" Beschützergaranten und dem Überwachergaranten aufteilte.[444]

[436] dazu oben unter B II 1.1 lit. a.
[437] So auch Kaufmann, Unterlassungsdelikte, S. 249; Rudolphi, Gleichstellungsproblematik, S. 46.
[438] Rudolphi, a. a. O. S. 249.
[439] BGHSt. 3, 82, 89; ebenso 4, 20, 22; 14, 229, 232.
[440] BGHSt. 16, 155, 158.
[441] BGH a. a. O.
[442] zustimmend Gallas, JZ 52, 370, 373; Welzel, Strafrecht, S. 211.
[443] Vgl. Blei, Bd. 1, S. 319 ff.; Schmidhäuser, AT (2.Aufl.), S. 392 ff.; Jescheck (5.Aufl.), S. 620 f.; Tröndle, § 13 RN. 5; Schönke/Schröder - Stree, § 13 RN. 1.
[444] Kaufmann, Unterlassungsdelikte, S. 283.

Diese Unterteilung dient jedoch vorrangig dem dogmatischen Verständnis und führt nur in Ausnahmefällen zu inhaltlichen Differenzierungen.[445]

c) Überschneidungen mit nationalsozialistischer Gemeinschaftsethik

Der BGH hat sich in einer frühen Entscheidung noch exkulpierend darauf berufen, daß der Rechtspflichtgedanke auch schon vor 1933 verbreitet war.[446] Es ist daher zu untersuchen, ob die Lehre Naglers, die vordergründig nur die kausalen Lehren mit der Rechtspflichttheorie zu verknüpfen schien, spezifisch nationalsozialistische Einflüsse aufweist und aus rechtsstaatlicher Sicht bedenklich ist.

Die dogmatischen Fragen der Anordnung der Gleichstellungsproblematik auf der Ebene des Tatbestandes und die daraus resultierenden Folgeprobleme bei den Irrtumsfällen, mit denen sich der BGH in seinen ersten Entscheidungen zu den unechten Unterlassungsdelikten überwiegend beschäftigt hat[447], sind rechtstechnischer Natur und erscheinen weltanschaulich unbedenklich. Demnach ist auch die genannte Differenzierung des Großen Senats zwischen Garantenstellung und der Garantenpflicht aufgrund von Zweckmäßigkeitserwägungen erfolgt, die nicht nationalsozialistisch bemakelt sind. Ähnlich der Entscheidung des Großen Senats gegen die Vorsatztheorie[448] sollte auch hier das kriminalpolitisch fragwürdige Ergebnis vermieden werden, daß ein Unterlassungstäter bei Unkenntnis des Tatmerkmals seiner Garantenpflicht nicht wegen vorsätzlicher Begehung bestraft werden kann, weil ein Tatbestandsirrtum vorliegt.[449] Solche dogmatischen Erwägungen zum Zweck der Erzielung unrechtsangemessener Ergebnisse sind zulässig und auch notwendig. Die Entscheidung des BGH für die Schuldtheorie hat der Gesetzgeber durch die Einführung des heutigen § 17 StGB nachträglich bestätigt. Nicht unbedenklich ist hingegen die Expansion des Begriffs der pflicht-begründenden Garantenstellungen in der Rechtsprechung. Diese Entwicklung erscheint wiederum unter dem Aspekt des Bestimmtheitsgebotes äußerst fragwürdig.

d) Legalisierung der Garantenlehre durch § 13 StGB

Die unechten Unterlassungsdelikte fanden bis zur Einführung des heutigen § 13 StGB, der seit dem 01. Oktober 1973 in Kraft ist, keine ausreichende Stütze im Strafgesetz. Erst durch das Zweite Strafrechtsreformgesetz vom 04. Juli 1969 wurde § 13 eingefügt. Mit dieser Regelung bekannte sich der Gesetzgeber zu Naglers Garantenlehre. Demnach wird das Unterlassen der positiven Begehung nur dann gleichgestellt, wenn der Täter „rechtlich dafür einzustehen hat, daß der

---

[445] Etwa im Fall der Einwilligung gegenüber einem Beschützergaranten, dazu Schönke/Schröder-Stree, vor § 13, RN. 154.
[446] BGHSt. 4, 20, 22.
[447] Vgl. BGHSt. 3, 82, 84; 14, 229, 232; 16, 155, 158.
[448] BGHSt. 2 , 194, 207 spricht von „unerwünschter und sachlich nicht gerechtfertigter Beschränkung der Strafbarkeit."
[449] BGHSt. 16, 155, 159.

Erfolg nicht eintritt“, also Träger einer Garantenstellung im Naglerschen Sinne ist.

In dem Entwurf der Kommission unter Reichsjustizminister Gürtner von 1936 lautete § 13:

„Wer es pflichtwidrig unterläßt zu handeln, wird wie ein Handelnder bestraft, wenn er nach gesundem Volksempfinden als Täter oder Teilnehmer verantwortlich ist“.[450]

Wie der Entwurf von 1936 erfordert auch die heutige Fassung eine zweistufige Prüfung: Auf der ersten Stufe muß zunächst die Pflichtwidrigkeit der Unterlassung festgestellt werden, wobei § 13 in geltender Fassung einschränkend eine Rechtspflicht voraussetzt. Im Gegensatz zum nationalsozialistischen Entwurf wurde also klargestellt, daß nur die Verletzung einer rechtlichen Pflicht die Tatbestandsmäßigkeit einer Unterlassung begründen kann, während die durch das „gesunde Volksempfinden“ einbezogenen sittlichen Pflichten nicht ausreichen.

In der als weiterer Filter[451] eingebauten zweiten Stufe wurde lediglich das „gesunde Volksempfinden“ durch die Klausel „wenn das Unterlassen der Verwirklichung des gesetzlichen Tatbestandes durch ein Tun entspricht“ ersetzt. Dieses Entsprechungskriterium ist deckungsgleich mit der seit mehr als 100 Jahren im Zentrum der Diskussion stehenden Frage der Gleichstellung von Tun und Unterlassen. Eine Lösung des Problems oder auch nur eine Präzisierung der durch § 13 StGB sanktionierten Unterlassungen ist mit dieser Leerformel kaum möglich. Die zweite Stufe der Tatbestandsvoraussetzungen des § 13 erfüllt daher auch nur unzureichend die einschränkende Funktion, die ihr zugedacht war. Gerade auf dieser Stufe sollte aber verhindert werden, daß die Verletzung jeder rechtlichen Handlungspflicht zu einem strafbaren Unterlassen führt.[452] Auf der entscheidenden zweiten Stufe ist die 1969 gewählte Formulierung sonach völlig unzureichend und entspricht keinesfalls den Anforderungen des Art. 103 II GG an die Bestimmtheit von Strafgesetzen

e) Kontinuität von Rechtsprechung und Lehre

Als evident erscheint der Einfluß der NS–Ideologie auf das Recht der unechten Unterlassungsdelikte auch nach 1945 bei Betrachtung der Rechtspraxis, die den Bruch mit der Ethisierung auch auf diesem Gebiet nie konsequent betrieben hat. Die Fassung des Entwurfs von 1936 sollte nach der amtlichen Begründung den Gleichklang zwischen rechtlicher und sittlicher Pflicht auch bei der Unterlassung durchsetzen. Zustimmend wird dabei auf die jüngste

[450] Regge/Schubert, Abt. 2, Bd. 1, 1. Teil, S. 411.
[451] Schöne, Unterlassene Erfolgsabwendungen, S. 323.
[452] Jescheck/Weigend, AT, S. 609.

Rechtsprechung des Reichsgerichts hingewiesen, die in Anerkennung nationalsozialistischer Gedankengänge bereits jetzt auch Handlungspflichten aus außergesetzlichen Lebensbeziehungen wie Hausgemeinschaft und Kameradschaft herleite.[453] An eben diese Rechtsprechung knüpft der BGH nahtlos an und nimmt sogar ausdrücklich bezug[454] auf das reichsgerichtliche Urteil, das die oben[455] genannte Gleichung Nationalsozialismus=Frontkameradschaft=Hausgemeinschaft aufstellt.[456] Um die Garantenstellung eines Sohnes gegenüber seinem Vater zu begründen, obgleich das bürgerliche Recht in dieser Richtung keine Schutzpflichten vorsieht, wird also auf die nationalsozialistische Lehre vom „konkreten Ordnungsdenken"[457] zurückgegriffen. Nach Auffassung des BGH stamme die Rechtspflicht zur Abwendung von Gefahren „innerhalb der engsten und natürlichsten Gemeinschaft, nämlich der durch Blutsbande verbundenen Familie", aus dem „allgemeinen Rechtsbewusstsein".[458] Auf diesem Weg leitet das Gericht die Handlungspflicht des Sohnes auf bequeme Weise her und löst sich von der scheinbar noch immer als lästig empfundenen „Fessel lückenloser Legalität".[459] Wenngleich der BGH auch nicht den vorbelasteten Begriff der konkreten Lebensordnung verwendet, sondern von der Familie als „enges Gemeinschaftsverhältnis" spricht[460] und das „gesunde Volksempfinden" durch ein „allgemeines Rechtsbewußtsein" ersetzt, ist ein inhaltlicher Unterschied nicht zu erkennen.

Die gegen diese Entscheidung vorgetragene Kritik des Schrifttums richtete sich weniger gegen die Bejahung der Garantenstellung an sich als gegen die „auf Treibsand gebaute"[461] Begründung des BGH. Während einige Autoren sich wenigstens die Mühe machen, im Zivilrecht gesetzliche Grundlagen für die intrafamiliären Garantenpflichten zu finden[462], setzten andere die Erfolgsabwendungspflicht des Sohnes unter Verweis auf die Rechtsprechung des Reichsgerichts ohne weitere Begründung voraus.[463] Dieser scheinbar blinde Gehorsam von Teilen der Literatur gegenüber den Vorgaben des Reichsgerichts hat sicherlich einen großen Anteil an der kontinuierlichen „Versittlichung" des Rechts der unechten Unterlassungsdelikte. Ermutigt durch den BGH und die überwiegend zustimmende Literatur waren auch die Instanzgerichte bei der Begründung von Erfolgsabwendungspflichten bis zur Einführung des § 13 StGB

---

[453] Regge/Schubert, Abt. 2, Bd. 1, Teil 2, S. 21.
[454] So in BGHSt. 19, 167, 168.
[455] Vgl. oben B II 1.3.
[456] RGSt. 69, 321, 323.
[457] Vgl. Schmitt, Über die drei Arten rechtswissenschaftlichen Denkens (1934); Dahm, Verbrechen und Verrat, ZStaatsW Bd. 95 (1935) S. 283.
[458] BGHSt. 19, 167, 169.
[459] So Schmitt in „Der Führer schützt das Recht", DJZ 1934, 946, 947.
[460] BGHSt. a. a. O.
[461] So Blei, AT I, S. 321 f.
[462] Welzel, Strafrecht, S. 213; Blei, a. a. O. ; Tröndle/Fischer, § 13 RN. 6 leiten die Garantenstellung aus der gesetzlichen Unterhaltspflicht des § 1601 BGB her.
[463] Leipziger Kommentar – Jescheck, § 13 RN. 22, 19; Schmidhäuser, AT (2.Aufl.) S. 395; Schönke/Schröder – Stree, § 13 RN. 18.

n. F. äußerst kreativ. So bemühte z. B. das Kammergericht das Verwandtschaftsverhältnis, um einen Vater wegen Beihilfe zur Falschaussage durch Unterlassen zu bestrafen, weil dieser seinen erwachsenen Sohn nicht daran gehindert hatte, zum Schutz des Vaters falsch auszusagen.[464] Noch weiter ging das Amtsgericht Duisburg, das mit dem Zusammenleben in homosexueller Lebensgemeinschaft für den einen Partner die Rechtspflicht zur Verhinderung einer Selbsttötung des anderen Partners begründete.[465]

aa) Rechtsprechung zu § 13 StGB

Auch die durch Einführung des § 13 StGB scheinbar erlangte Rechtssicherheit hat sich dabei als Trugbild erwiesen. Der bis zur Einführung des geltenden § 13 StGB gegen die Bestrafung „unechten" Unterlassens erhobene Vorwurf der unzulässigen Analogie[466] wird nicht mehr aufrechterhalten. Mit § 13 StGB sei nunmehr eine ausreichende gesetzliche Grundlage für die Bestrafung unechter Unterlassungstaten gegeben.[467]

Der vermeintliche Sieg des Analogieverbots hat sich im Lichte des Art. 103 II GG jedoch als Pyrrhussieg herausgestellt. Der neue § 13 StGB gab der Rechtsprechung die trügerische Sicherheit, sie bewege sich bei der Ahndung unechter Unterlassungstaten in verfassungsrechtlich abgedecktem Raume.[468] Während die Einführung des § 13 StGB nämlich den Vorwurf der Analogie entkräftete, wurde die Unbestimmtheit der unechten Unterlassungsdelikte perpetuiert. Indem der Gesetzgeber die Garantenlehre in das Strafgesetz erhoben hat, legitimierte er zugleich die bis dahin ergangene Rechtsprechung. Die Gerichte sahen daher keine Veranlassung, ihre extensive Praxis bei der Schaffung neuer Garantenpflichten zu überdenken. Diese übermäßige Extension der Garantenpflichten hatte ihren Ursprung in der NS-Zeit, in der das Reichsgericht die genannten „Lebensordnungen" wie Frontkameradschaft und Hausgemeinschaft[469] oder die Stellung des SA–Offiziers[470] ausreichen ließ, um eine Handlungspflicht zu begründen.

Sowohl Rechtsprechung als auch Literatur übergehen regelmäßig die tatbestandlichen Einschränkungen, die § 13 StGB gegenüber der Rechtspraxis bis 1972 enthält. Das Erfordernis einer rechtlichen Einstandspflicht, das rein sittliche Pflichten ausschließt, wird mit beeindruckender Konsequenz übersehen bzw. übergangen.

---

[464] KG JR 1969, 27.
[465] AG Duisburg MDR 1971, 1027.
[466] Kaufmann, JuS 1961, 173, 176; Welzel, Strafrecht, S. 209 f.
[467] vgl. Baumann/Weber/Mitsch – Mitsch, § 15, RN. 39; Jescheck/Weigend, AT, S. 609; Schönke/Schröder – Stree, § 13 RN. 5.
[468] So zu recht die Befürchtung von Schöne, Unterlassene Erfolgsabwendungen, S. 341.
[469] RGSt. 69, 321, 323.
[470] RGSt. 69, 349, 350.

bb) Intrafamiliäre Garantenpflicht aus dem Zivilrecht

So verstieße etwa eine erneute Entscheidung des BGH zur Pflichtbegründung aufgrund einer Hausgemeinschaft von Vater und Sohn auch heute noch gegen das Analogieverbot. Eine rechtliche Einstandspflicht des Sohnes läßt sich entgegen den genannten Stimmen in der Literatur auch nicht aus dem Zivilrecht herleiten[471], das in dieser Richtung keine Schutzpflicht kennt. Aus der gegenseitigen Unterhaltspflicht von Verwandten in gerader Linie gemäß § 1601 BGB läßt sich keine strafrechtliche Schutzpflicht folgern. Kein Gericht würde die Eltern eines jugendlichen Räubers, die diesen trotz ernsthafter Versuche im Sinne des § 139 III StGB nicht von der Begehung der Tat abhalten konnten, wegen Raubes durch Unterlassen verurteilen. Eine solche Verurteilung würde die Ausnahmevorschrift des § 139 III StGB umgehen, wonach die Nichtanzeige der geplanten Straftat eines Angehörigen unter der Voraussetzung ernsthafter Umstimmungsversuche straffrei ist. Was aber bei den echten Unterlassungsdelikten wie § 138 StGB bei gleichzeitigen Abwendungsbemühungen zu einer Privilegierung führt, nämlich das Verwandtschaftsverhältnis, sollte bei den unechten Unterlassungsdelikten nicht strafbegründend wirken.

Die Nichtbeachtung des Erfordernisses einer rechtlichen Einstandspflicht wird deutlich bei Betrachtung einer Entscheidung des BGH aus dem Jahr 1976.[472] Das Gericht stellt darin klar, daß es aufgrund der Einführung des § 13 StGB nichts an seiner bisherigen Rechtsprechung zu ändern gedenkt. Indem der BGH von der Obhutsgewährung eines anderen in der eigenen Wohnung auf ein Vertrauensverhältnis schließt, das eine Garantenstellung begründe [473], schafft er eine weitere Einstandspflicht ohne rechtliche Grundlage. Er bemüht sich dabei nicht einmal darum, eine zivilrechtliche Stütze für die Handlungspflicht des Wohnungsinhabers zu finden, sondern ignoriert das Erfordernis einer rechtlichen Einstandpflicht in § 13 StGB vollends.

Einschränkend wirkte dagegen eine Entscheidung aus dem Jahr 1982, die eine Garantenstellung allein aus der Eigenschaft des Wohnungsinhabers verneint. Zusätzlich müsse durch die Aufnahme in den Schutzbereich der Wohnung ein besonderes Vertrauensverhältnis entstanden sein.[474] Auch die Einschränkung durch das Erfordernis eines Vertrauensverhältnisses beruht jedoch nicht auf einer ausreichenden rechtlichen Grundlage. Die Verletzung von gewährtem Vertrauen kann zwar in den Fällen der §§ 120, 179 II, 307 BGB sowie der culpa in contrahendo zu zivilrechtlicher Vertrauenshaftung führen. Allein wegen seiner Unbestimmtheit taugt der Vertrauensbegriff jedoch nicht für eine Abgrenzung im Rahmen der Strafrechtsauslegung. Die Unbestimmtheit und Vieldeutigkeit des Begriffs des „Vertrauensverhältnisses" hat der Große Senat

---

[471] So aber u.a. Blei, AT I, S. 321; Tröndle/Fischer, § 13 RN. 6.
[472] BGHSt. 27, 10.
[473] BGHSt. 27, 10, 13.
[474] BGHSt. 30, 391, 395 f.

des BGH im gleichen Band der Entscheidungssammlung im Zusammenhang mit der Ablehnung der Theorie vom verwerflichen Vertrauensbruch bemängelt.[475] Schwer verständlich ist daher, warum das „besondere Vertrauensverhältnis" über § 13 StGB strafbegründend sein soll, wenn ein ebenso schillernder Begriff bei der Auslegung des § 211 StGB wegen seiner Unbestimmtheit abgelehnt wird.

cc) Garantenstellung von Polizeibeamten

Die kurze Periode der Begrenzung des Wildwuchses der Garantenpflichten, in der vom BGH klargestellt wurde, daß das tatsächliche Zusammenleben allein, sei es in einer Wohn- oder Lebensgemeinschaft, noch keine Handlungspflicht im Sinne des § 13 StGB begründet,[476] endete, als das Gericht erstmals aus der dienstlichen Pflicht eines Polizeibeamten zum Schutz von Sicherheit und Ordnung eine Garantenstellung hinsichtlich des vom „jeweiligen Straftatbestand geschützten Rechtsgutes" herleitete.[477] Die Garantenstellung von Polizeibeamten sei lediglich durch das Erfordernis der sachlichen und örtlichen Zuständigkeit bedingt sowie auf die Wahrnehmungen zur Zeit der Dienstausübung beschränkt.[478]

Der Begriff der „öffentlichen Sicherheit" umfaßt auch sämtliche Individualrechtsgüter. In § 2 Nr.1 des Bremer Polizeigesetzes und § 3 Nr. 1 des Sicherheits- und Ordnungsgesetzes von Sachsen-Anhalt ist die öffentliche Sicherheit definiert als die

„Unverletzlichkeit der Rechtsordnung, der subjektiven Rechte und Rechtsgüter des einzelnen sowie der Einrichtungen und Veranstaltungen des Staates oder sonstiger Träger der Hoheitsgewalt."

Nach dem BGH wäre ein örtlich und sachlich zuständiger Polizist bei Untätigkeit trotz dienstlicher Kenntniserlangung der drohenden Möglichkeit der Verwirklichung eines jeden Straftatbestandes nach § 13 strafbar. Dies ist aus mehreren Gründen mit dem Bestimmtheitsgrundsatz nicht vereinbar.

Zunächst erscheint es bedenklich, die Begründung der Strafbarkeit aus § 13 StGB an eine Generalklausel wie die Gefahr für die öffentliche Sicherheit oder Ordnung zu knüpfen. Die äußerst facettenreiche Rechtsprechung der Verwaltungsgerichte allein zur Vereinbarkeit von verschiedenen Varianten der kommerziellen Darbietung unbekleideter Körper mit der öffentlichen Ordnung macht deutlich, daß in diesem Zusammenhang von Bestimmtheit und

---

475 BGHSt. 30, 105, 115 f.
476 BGH NStZ 1983, 117, 118; 1984, 163.
477 BGHSt. 38, 388, 389 f.
478 BGH a. a. O. S. 390 ff.

Vorhersehbarkeit keine Rede sein kann.[479] Zudem gilt im präventiv-polizeilichen Bereich das Opportunitätsprinzip, das der Polizei im Rahmen der Gefahrenabwehr hinsichtlich der Entscheidung über das Einschreiten ein Entschließungsermessen gewährt. Mit Art. 103 II GG ist es aber nicht vereinbar, die Strafbarkeit einer Unterlassung vom Ergebnis einer Ermessensentscheidung abhängig zu machen.[480] Dies würde zu dem unerträglichen Ergebnis führen, daß die polizeiliche Ermessensentscheidung durch das Strafgericht inhaltlich auf ihre Rechtmäßigkeit zu überprüfen wäre. Eine solche Rechtmäßigkeits-kontrolle ist selbst dem Verwaltungsgericht durch § 114 VwGO verwehrt. Das Ergebnis der Prüfung durch das sachfremde Strafgericht wäre kaum vorhersehbar. Der einzelne Polizeibeamte wüßte außerhalb des Katalogbereichs von § 138 StGB nie, ob er im Einzelfall Träger einer Garantenstellung ist oder nicht. Im Zweifel wird sich der Beamte für das sofortige Einschreiten entscheiden, um eine Unterlassungsstrafbarkeit auszuschließen und damit größere Erfolge in der Gefahrenabwehr verhindern, die bei besonnenem Abwarten (z.B. auf das Eintreffen der Hintermänner) möglicherweise eingetreten wären.[481]

Ein dritter Verstoß gegen den Bestimmtheitsgrundsatz besteht in der Umgehung des zweistufigen Charakters des § 13 StGB.[482] Indem der BGH aus der Dienstpflicht jedes Polizeibeamten zur Gefahrenabwehr auf eine Garanten-stellung schließt, ohne sich zur Frage der Gleichstellung von Handlung und Unterlassung zu äußern, verfällt er zurück in die einstufige Rechtspflichttheorie Traegers.[483] Die Beschränkung auf die Prüfung der Rechtspflicht aus dem öffentlichen Recht unter völliger Mißachtung des Entsprechungsmerkmals ist nicht nur mit dem Wortlaut des § 13 StGB unvereinbar, sondern hebt auch die Filterfunktion des zweistufigen Modells auf. Nachdem auf der ersten Stufe festgestellt werden muß, ob es einen Rechtssatz gibt, der dem Polizisten die Abwendung des aus der Beschreibung des Begehungsdelikts zu entnehmenden Erfolgs gebietet, erfordert die Korrespondenzklausel auf der zweiten Stufe die Prüfung, ob die Verletzung dieser Erfolgsabwendungspflicht den gleichen Unrechtsgehalt aufweist wie die Verwirklichung des Begehungsdelikts.[484]

---

[479] Z. B. verletzt eine Peep - Show nach BVerwGE 64, 274, 279 die Menschenwürde ; ebenso BVerwGE 84, 314, 317 ff. („sozialethische Mißbilligung"); dagegen liegt eine solche Veranstaltung nach Ansicht des Verwaltungsgerichts München noch innerhalb des „von der Rechtsordnung noch zu duldenden Toleranzbereichs", NVwZ 1983, 175 f. Sozialethisch gebilligt sind hingegen nach übereinstimmender Rechtsprechung „Damen – Schlamm – Catch- oben – ohne" – Veranstaltungen, vgl. BVerwGE 71, 29 ff.; VGH München, NVwZ 1984, 254.

[480] Mitsch, NStZ 1993, 384.

[481] Mitsch, a. a. O.

[482] Laubenthal, JuS 1993, 907, 908.

[483] Traeger, Unterlassungsdelikte, S. 77: „Der Verursachung des rechtswidrigen Erfolgs steht die Nichthinderung des Erfolgs dort gleich, wo eine besondere (spezielle) Rechtspflicht zur Verhinderung besteht, gleichviel welcher Rechtsquelle die Pflicht entspringt."

[484] Vgl. Schöne, Unterlassene Erfolgsabwendung, S. 333.

Unbeeindruckt von der Kritik im Schrifttum bestätigte der BGH in jüngster Zeit[485] die Garantenstellung von Polizeibeamten dem Grunde nach, wobei es sich allerdings um ein unterlassenes Einschreiten im repressiv–strafverfolgenden Bereich handelte, in dem man in den §§ 160 I, 163 I StPO eine ausreichende gesetzliche Grundlage für eine Garantenstellung sehen kann.[486]

dd) Garantenstellung von Geschäftsführern aufgrund zivilrechtlicher Produzentenhaftung

Neben den Vorschriften des öffentlichen Rechts bediente sich der BGH auch des Zivilrechts zur Begründung von Erfolgsabwendungspflichten. Dabei greift das Gericht noch nicht einmal auf gesetzliche Haftungsregelungen zurück, sondern bemüht richterrechtlich geschaffene Grundsätze, wie z.B. in der „Erdal"-Entscheidung[487] der Produzentenhaftung. Das im Zivilrecht haftungsbegründende Verschulden des Produktherstellers wird dabei in der (mindestens fahrlässigen) Inverkehrbringung eines fehlerhaften Massenprodukts gesehen.[488] Diese zivilrechtliche Ingerenzhaftung wird vom BGH auf die strafrechtliche Verantwortlichkeit übertragen. Aus der Garantenstellung des Herstellers eines fehlerhaften Produkts ergebe sich demnach die Verpflichtung zum Rückruf der bereits in den Handel gelangten Produkte.[489] Wegen des Grundsatzes der Generalverantwortung, wonach die Geschäftsleitung in Ausnahmesituationen als Ganzes zum Handeln berufen sei,[490] treffe die Rückrufpflicht alle Geschäftsführer der Herstellungsfirma in gleichem Maße.[491] Obgleich keiner der Geschäftsführer wegen der gemeinschaftlichen Geschäftsführung die Rückrufaktion habe selbständig anordnen können, müsse sich jeder einzelne die Unterlassungsbeiträge der anderen mittäterschaftlich zurechnen lassen. Unbeachtlich sei dabei der Umstand, daß das Inverkehrbringen des Ledersprays, also das gefahrerhöhende Vorverhalten, noch nicht sorgfaltswidrig war, weil die Geschäftsführer zu diesem Zeitpunkt noch keine Kenntnis von der gesundheitsschädigenden Wirkung des Produkts hatten.[492] Mit dieser Argumentation konstruiert der BGH ein sorgfaltsgemäßes Vorverhalten, das aber objektiv pflichtwidrig sei, weil später ein nicht vorhersehbarer Gefährdungserfolg eingetreten war. Das Gericht setzte sich damit in Widerspruch zu seiner ständigen Rechtsprechung, wonach Voraussetzung für eine Garantenstellung aus vorangegangenem Tun ein pflichtwidriges Vorverhalten war.[493] Es galt stets der Grundsatz, daß ein sozial übliches und von der Allgemeinheit gebilligtes Vorverhalten keine Garantenstellung begründen könne. Das Inverkehrbringen

---

[485] BGH NStZ–RR 1998, 332 f. im Fall einer außerdienstlichen Fraternisierung von Polizeibeamten mit einem per Haftbefehl gesuchten Straftäter.

[486] Mitsch, NStZ 1993, 383, 385.

[487] BGHSt. 37, 106 zum unterlassenen Rückruf gesundheitsgefährdenden Ledersprays.

[488] Richterrechtlich entwickelt in BGHZ 57, 91 (Hühnerpest); ebenso in BGHZ 104, 323 (Sprudelflasche).

[489] BGH a. a. O. S. 119.

[490] Vgl. dazu Schmidt-Salzer, Produkthaftung, S. 120 f.

[491] BGH a. a. O. S. 123 f.

[492] BGH a. a. O. S. 118 f.

[493] So in BGH NJW 1986, 2516, 2517; BGHSt. 19, 152, 154; 25, 218, 221.

von Lederspray an sich ist fraglos von der Allgemeinheit gebilligt. Es wird auch nicht dadurch pflichtwidrig, daß sich ex post die Gefahr der Gesundheitsschädigung der Benutzer herausstellt, die aus ex ante – Sicht nicht absehbar war.[494] Indem der BGH aber die „objektive Sorgfaltswidrigkeit" mit dem späteren Gefährdungserfolg begründet, betrachtet er entweder das Vorverhalten und den unterlassenen Rückruf als einheitlichen Geschehensablauf, weshalb die Pflichtwidrigkeit der Unterlassung auch das Vorverhalten erfasse. Damit verfiele die Rechtsprechung zurück in die kausale Theorie Merkels, was mit dem Bekenntnis des § 13 StGB zur Garantenlehre nicht vereinbar wäre. Möglicherweise wollte sich das Gericht aber auch von seiner bisherigen Rechtsprechung zum Erfordernis eines pflichtwidrigen Vorverhaltens lösen und hat dies durch die wirren Ausführungen zur objektiven Pflichtwidrigkeit zu vertuschen versucht.[495]

Auch die Ausführungen des BGH zur Mittäterschaft aller Geschäftsführer aufgrund des gemeinsamen Tatentschlusses zur Unterlassung der Rückrufaktion[496] halten einer rechtlichen Prüfung nicht stand. Die Mittäterschaft würde voraussetzen, daß auch ein einzelner Geschäftsführer in der Lage gewesen wäre, den Rückruf zu verhindern. Das wird jedoch gerade verneint, weil ein Mehrheitsbeschluß erforderlich gewesen sei. Obwohl demnach keiner Geschäftsführer das „Ob und Wie" der Unterlassung allein in den Händen hielt, schließt der BGH in unzulässiger Weise von der gesellschaftsrechtlichen Gesamtverantwortung auf eine strafrechtliche Gesamtverantwortung. Er begründet damit faktisch eine Art von „Kollektivschuld", die dem deutschen Strafrecht fremd ist und umgeht damit die Frage der Kausalität der Unterlassung des einzelnen Geschäftsführers.[497]

ee) Ergebnis

Die Literatur kritisiert im wesentlichen die nicht überzeugenden Begründungen des BGH für die neuen Garantenpflichten und bemüht sich dabei vorwiegend um eine Einteilung der verschiedenen Rechtspflichten. Dabei tritt jedoch die wichtige Frage der verfassungsrechtlichen Bestimmtheit der Herleitung der jeweiligen Garantenpflicht in den Hintergrund.[498] Diese grundsätzliche Auseinandersetzung wird seit der Einführung des § 13 StGB kaum noch geführt.

Vereinzelt wird sogar auf den überpositiven Charakter von Rechtsgründen wie Vertrauensgemeinschaft und Hausgemeinschaft hingewiesen, der durch Lehre und Rechtsprechung als bequeme Alternative zur Suche nach einer Rechtspflicht

---

[494] Samson, StV 1992, 182, 184.
[495] So eine Vermutung Samsons a. a. O., der eine Verwechslung von objektiver und subjektiver Sorgfaltswidrigkeit unterstellt.
[496] BGH a. a. O. S. 129.
[497] Dazu ausführlich Samson, a. a. O. S. 184 ff.
[498] Seebode, FS Spendel, S. 339.

schnell angenommen worden sei.[499] Gerade diese überpositive Tendenz bei der Begründung von Garantenpflichten, die es der Praxis ermöglicht, sich auf scheinbar elegante Art von den vermeintlichen „Fesseln" des geschriebenen Rechts zu lösen, ist eine unmittelbare Folge der nationalsozialistischen Ethisierung des Strafrechts.

Nagler spricht als Urheber der durch § 13 StGB legitimierten Garantenlehre von einer neuen Geisteshaltung der „völkischen Gerechtigkeit", die sich von „unvolkstümlichem Gesetzesformalismus" abwende und die Recht und Unrecht nach gesundem Volksempfinden bestimme.[500] Wenngleich das völkische Vokabular der NS–Zeit in Rechtsprechung und Schrifttum heute vermieden wird, ist auch in der Lehre weitgehend anerkannt, daß Garantenpflichten neben Gesetz, Vertrag und Ingerenz auch infolge von Lebens- und Gefahrengemeinschaften wie Familie Hausgemeinschaft oder gemeinsamem Streifendienst im Feld entstehen können, weil diese ein besonderes Vertrauensverhältnis begründeten.[501] Die Literatur beschränkt sich also weitgehend auf dogmatische Einzelkritik und hat es seit der Geltung des § 13 StGB versäumt, die Rechtsprechung massiv auf die überpositive Natur vieler Garantenpflichten hinzuweisen, deren Heranziehung als strafbegründend mit dem Bestimmtheitsgrundsatz unvereinbar ist. Insoweit hatte die Einführung des § 13 StGB hinsichtlich der Sensibilität für Verstöße gegen Art. 103 II GG einen betäubenden Effekt in Rechtsprechung und Literatur.

So verdeutlichen die genannten höchstrichterlichen Entscheidungen zur Garantenstellung von Polizisten und Geschäftsführern den Mißbrauch des § 13 StGB zur Begründung befriedigender Einzelfallentscheidungen. Sicherlich forderte das „allgemeine Rechtsgefühl" im „Erdal-Fall" eine Bestrafung der verantwortlichen Geschäftsführer. Eine Freispruch wäre in der nicht-juristischen Öffentlichkeit auf Unverständnis gestoßen und hätte den dort ohnehin vorherrschenden Eindruck verstärkt, das Recht stehe immer auf der Seite der Leistungsträger. Aufgabe der Strafrechtspraxis ist es jedoch nicht, dem „Volks aufs Maul" zu schauen. Unrechtsfeststellungen dürfen vielmehr nur nach Maßgabe des geltenden Strafgesetzes getroffen werden. Die genannten Entscheidungen lassen sich schwer mit § 13 StGB und mit Art.103 II GG vereinbaren. Ein Polizist kann wegen der Unbestimmtheit des Begriffs der „öffentlichen Sicherheit oder Ordnung" nur schwer vorhersehen, wann er strafbewehrt zum Einschreiten verpflichtet ist und wann nicht. Ebenso konnte keiner der „Erdal"–Geschäftsführer vorhersehen, daß allein das Inverkehrbringen von Lederspray bereits eine strafrechtliche Garantenstellung

[499] Maurach/Gössel/Zipf, S. 167.
[500] Nagler, Gerichtssaal Bd. 111, S. 40 ff.
[501] Tröndle/Fischer, § 13 RN. 10; Schönke/Schröder - Stree, § 13 RN. 17 ff.; Baumann/Weber/Mitsch – Mitsch, S. 272; Maurach/Gössel/Zipf, S. 167 f.; Jescheck/Weigend, S. 622 f., kritisch zur Garantenstellung aufgrund von Lebensgemeinschaft dagegen Welzel, Strafrecht, S. 217, der in der Rechtsprechung des BGH eine „Abstraktion von der Werthaftigkeit der Lebensbeziehung" erkennt.

begründen kann Die Rechtssprechung zu § 13 StGB hat es bisher nicht vermocht, diesen weitgefassten Tatbestand durch eine restriktive Auslegung einzugrenzen. Die Norm dient den Gerichten im Gegenteil als Einfallstor für das allgemeine Rechtsgefühl und mithin für die Durchdringung des Strafrechts mit ethischen Einflüssen. Damit setzt die Rechtsprechung eine Tendenz fort, die mit den reichsgerichtlichen Entscheidungen zu „Hausgemeinschaft", „Frontkameradschaft" und „besonderer Stellung des SA-Führers" begonnen hatte und die von Gürtners Strafrechtskommission als erstes Zeichen für den „Gleichklang von rechtlicher und sittlicher Pflicht" begrüßt wurde.[502] Die extensive Rechtsprechung erfolgt freilich ohne nationalsozialistische Hintergedanken. Vorzuwerfen ist der Rechtspraxis jedoch die Bequemlichkeit, mit der im Interesse einer befriedigenden Einzelfallentscheidung neue Garantenpflichten geschaffen werden. Auch Garantenpflichten müssen nach Maßgabe des Art. 103 II GG aus dem Gesetz erkennbar oder ermittelbar sein, dürfen sich also keinesfalls aus Gewohnheitsrecht, Generalklauseln, unbestimmten Rechtsbegriffen oder „faktischen Gemeinschaften" ergeben. Bei solchen Garantenpflichten handelt es sich um sittliche, nicht um rechtliche Erfolgsabwendungspflichten. Diese Pflichten sind von § 13 nicht erfasst, sondern beruhen allenfalls auf einem richterlichen Strafbedürfnis und sind daher insgesamt unbestimmt. [503]

Geboten erscheint daher eine Rückbesinnung auf die für das strafbare Unterlassen normierte Voraussetzung einer *rechtlichen* Erfolgsabwendungspflicht. Dabei kommen grundsätzlich zwar auch außergesetzliche Rechtsnormen als handlungspflichtbegründend in Betracht. In solchen Fällen ist im Interesse der Bestimmtheit jedoch streng darauf zu achten, dass es sich tatsächlich um rechtliche Pflichten handelt und nicht weiterhin moralische Pflichten verrechtlicht werden.

2. Abkehr vom Erfolgsprinzip bei den erfolgsqualifizierten Delikten am Beispiel des § 227 StGB

Als weitere wichtige Konsequenz des Gefährdungsprinzips forderte die preußische Denkschrift von 1933 die weitgehende Ersetzung der Verletzungstatbestände im Besonderen Teil des StGB durch Gefährdungstatbestände. Dabei wurde wegen der „bloßen Zufälligkeit" des Erfolgseintritts eine Abstufung nach der Schwere des Erfolgs abgelehnt und eine Abschaffung der erfolgsqualifizierten Delikte verlangt.[504] Weil also die schwere Folge von äußeren Umständen abhänge, auf die der Täter keinen Einfluß habe, sollte der Erfolgseintritt seiner straferhöhenden Bedeutung generell entkleidet werden.[505]

[502] Regge/Schubert, Abt.2, Bd. 1, Teil 2, S. 21.
[503] Seebode, FS Spendel, S. 342 ff.
[504] Preußische Denkschrift, S. 124.
[505] Preußische Denkschrift, a. a. O.

Diese Kampfansage an die Letalitätslehre, die ihrerseits Ausfluß des Grundsatzes „versari in re illicita" ist,[506] wirkt sich bis heute auf die Rechtsprechung zu den erfolgsqualifizierten Delikten aus, was hier am Beispiel des § 227 StGB (§ 226 a.F). deutlich gemacht werden soll.

2.1 „Personalisierung" des Unrechts

Von der zeitgenössischen Literatur wurde auch dieser Ansatz der Denkschrift zustimmend aufgenommen und fortgeführt:

Mit der vom Gefährdungsstrafrecht geforderten Akzentverlagerung von der Rechtsgutsverletzung auf die Pflichtverletzung[507] erlangte die Gesinnungsseite, die „personale Seite" des Verbrechens, zunehmend an Bedeutung.[508] Infolge der Einheit von Gemeinschaftsglied und Gemeinschaft wurde das Wesen des Verbrechens nicht mehr in dem unzulässigen Eingriff in rechtlich geschützte Interessen gesehen, sondern in seinem „gemeinschaftszerstörenden Charakter". [509] Bei der Verbrechensbetrachtung rückte die Täter–Tat–Beziehung, in den Vordergrund und ersetzten „Pflicht" und „Gesinnung" die Begriffe „Rechtsgut" und „Interesse" als Ausgangspunkt strafrechtlicher Begriffsbildung.[510]

Klee hielt die erfolgsqualifizierten Delikte für eine Folge rein zivilistischen Denkens, wonach der Richter gewohnt sei, den Schaden festzustellen und den Täter in entsprechender Höhe zu bestrafen. Demgegenüber fordere das Gefährdungsstrafrecht die Bestrafung des Täters und nicht der Tat, weshalb maßgeblich für das Unrechtsurteil allein der Grad der schuldhaft erzeugten Gefahr und nicht der mehr oder weniger zufällige Eintritt eines bestimmten Erfolgs sei.[511] Der Forderung nach einer Abschaffung der erfolgsqualifizierten Delikte ist die Gesetzgebung jedoch weder in nationalsozialistischer Zeit noch danach gefolgt. Das Reichsgericht hielt demgemäß fast ausnahmslos an der Auffassung fest, der § 226 StGB a.F. sei ein reines Erfolgsdelikt.[512] Der Tätigkeitsakt der Körperverletzung als solcher mußte demnach den Tod unmittelbar verursacht haben und nicht eine unabhängig vom gewollten Erfolg eingetretene Ursachenkette.[513] Exemplarisch für die streng erfolgsorientierte Rechtsprechung des Reichsgerichts war der sogenannte „Gewehr–Fall", in dem sich bei dem Stoß mit einem geladenen und entsicherten Gewehr unbeabsichtigt ein tödlicher Schuß löste.[514]

---

[506] Vgl. dazu Küpper, der „unmittelbare Zusammenhang", S. 14 ff.
[507] So Gallas, FS Gleispach, S. 53.
[508] Von Gemmingen, JW 1933, 2371, 2372; Gallas, a. a. O. und ZStW Bd. 60 (1940), S. 378 f.
[509] Gallas, FS Gleispach, S. 51, vgl. oben B I 1.
[510] Gallas, a. a. O., ders. in ZStW Bd. 60 (1940), S. 379.
[511] Klee, Nationalsozialistisches Strafrecht, GA Bd. 77 (1933), S. 321 f.; ebenso von Gemmingen a. a. O. S. 2372; Schinnerer, FS Gleispach, S. 133.
[512] Abweichend insoweit lediglich die Entscheidung in DR 1945, 22, 23, in der die Provokation einer Selbsttötung durch seelische Qualen (§ 223 b StGB) aus § 226 StGB bestraft wurde, weil die Eigentötung den Kausalzusammenhang zwischen den Qualen und der Todesfolge nicht durchbreche.
[513] Vgl. RGSt. 59, 389, 390.
[514] RGSt. 44, 137.

Weil der Stoß an sich keine tödliche Verletzung herbeiführte, sondern erst der vom Täterwillen nicht mehr umfaßte Schuß, verneinte das Reichsgericht eine Strafbarkeit aus § 226 StGB a.F.

2.2 Letalitätslehre

Erst der BGH entschied in seiner „Pistolenschuß–Entscheidung“[515] einen gleichgelagerten Fall diametral anders und wendete § 226 StGB mit der Begründung an, die Norm beziehe sich nicht auf den Körperverletzungserfolg, sondern auf die den Erfolg herbeiführende Tätigkeit, also die Verletzungshandlung. Es entspreche der gesetzgeberischen Intention, daß § 226 StGB anzuwenden sei, wenn die vom Willen des Täters getragene Körperverletzungshandlung den Tod des Opfers herbeigeführt habe.[516] Obgleich das Reichsgericht entgegengesetzt entschieden hatte, verweist der BGH auf dessen „Gewehr–Entscheidung“ und stellt fest, auch diese habe die mit den „neuzeitlichen Anschauungen von Schuld und Strafe nicht mehr zu vereinbarende Zufallshaftung“ einzuschränken versucht.[517]

Die Pistolenentscheidung des BGH markiert den Wendepunkt der Rechtsprechung zu den erfolgsqualifizierten Delikten, in der seitdem nicht mehr auf den Erfolgs- sondern auf den Handlungsunwert der Verletzungshandlung abgestellt wird. Den vorläufigen Höhepunkt fand diese Rechtsprechung in der „Hochsitz-Entscheidung“[518] des BGH aus dem Jahr 1982, der folgender Sachverhalt zugrunde lag: Der Täter stürzte einen Jagdhochsitz mitsamt dem darauf befindlichen Opfer um. Das Opfer erlitt durch den Sturz zunächst lediglich einen Knöchelbruch, erkrankte jedoch infolge mangelhafter Nachbehandlung im Krankenhaus, wo versäumt wurde, ihm blutverdünnende Mittel zu verabreichen, an einer Lungenentzündung, die schließlich zum Tode führte.

Der BGH begründet die Anwendbarkeit des § 226 StGB a.F. wiederum mit der Verletzungshandlung, dem Umstürzen des Hochsitzes, dem das Risiko des tödlichen Ausgangs angehaftet habe. Das Auftreten der verschiedenen Krankheitsbilder und die fehlerhafte Behandlung im Krankenhaus infolge einer solchen Verletzungshandlung stehe nicht außerhalb jeder Lebenserfahrung .[519] Nicht erforderlich sei, daß die durch die Körperverletzung beigefügte Wunde – für sich betrachtet- mit dem Risiko eines tödlichen Ausgangs behaftet sei. Die Wunde mußte also nicht „letal“ im Sinne der Letalitätslehre sein. Nach der Letalitätslehre, die der Schaffung des § 226 StGB a.F. zugrunde lag,[520] und die den erfolgsqualifizierten Delikten von Anfang an ihr Gepräge gab, war ein Täter

[515] BGHSt. 14, 110.
[516] BGHSt. a. a. O. S. 112.
[517] BGHSt. a. a. O. S. 113.
[518] BGHSt. 31, 96.
[519] BGHSt. a. a. O. S. 99 ff.
[520] Dazu ausführlich Küpper, Der unmittelbare Zusammenhang, S. 85 ff.

nur dann für die schwere Folge verantwortlich, wenn bereits die dem Opfer zugefügte Körperverletzung an sich, also der Hieb mit der Pistole, der Stoß mit dem Gewehr oder der Knöchelbruch im Hochsitzfall, ohne das Hinzutreten anderer vom Täterwillen nicht umfaßter Umstände , „letal“ war, also das Risiko des tödlichen Ausgangs in sich barg.[521] Der „nackte“ Stoß mit einer Schußwaffe an sich begründet ebensowenig eine todesspezifische Gefahr wie ein Knöchelbruch.[522] Der Sturz von einem Hochsitz birgt sicherlich eine abstrakte Todesgefahr, weil z.B. ein Genickbruch des Opfers dabei nicht ausgeschlossen werden kann. Indem der BGH von dieser abstrakten Gefahr aber auf die Entstehung einer todesspezifischen Gefahr schließt, ohne zu beachten, daß das Opfer im konkreten Fall nur einen Knöchel- und eben keinen Wirbelsäulenbruch erlitten hat, behandelt er § 227 StGB letztlich wie ein konkretes Gefährdungsdelikt, ohne dabei freilich auf den Eintritt des Verletzungserfolgs zu verzichten. Der Todeserfolg ist im geschilderten Fall aber eher zufällig erfolgt, weshalb der maßgebliche Anknüpfungspunkt für Anwendung der Norm die gefährliche Handlung ist. Damit wird die Vorschrift in einer Weise ausgelegt, die dem historischen Willen des Gesetzgebers widerspricht und mit dem Wortlaut nicht vereinbar ist, der auf den Verletzungserfolg abstellt und nicht auf eine bloße Gefährdung.[523]

2.3 Unmittelbarkeitszusammenhang

Wie die Literatur,[524] ist grundsätzlich auch der BGH der Auffassung, das erhöhte Strafmaß des § 227 StGB gegenüber den §§ 222, 223, 52 StGB sei nur dann gerechtfertigt, wenn ein engerer Zurechnungszusammenhang zwischen der Körperverletzung und der Todesfolge bestehe, als es bei sonstigen Erfolgsdelikten üblich sei. [525] Der Tod müsse die „unmittelbare Folge“ der Verletzungshandlung sein.[526] Dies ist im Hochsitzfall zu verneinen, da nicht der durch die Verletzung ausgelöste pathologische Prozeß (Knöchelbruch), sondern das Hinzutreten äußerer Umstände (falsche Nachbehandlung) den Tod herbeigeführt hat.

Die Literatur bejaht zutreffend dann eine den Unmittelbarkeitszusammenhang von Körperverletzung und Todesfolge ausschließende wesentliche Abweichung vom vorgestellten Kausalverlauf, wenn erst ein selbstschädigendes Verhalten des Opfers oder das Eingreifen Dritter den Tod herbeiführt.[527] Ein solches

---

[521] Vgl. RGSt. 44, 137, 139; 59, 389, 390.
[522] Ebenso Leipziger Kommentar - Hirsch, § 226 RN. 3.
[523] Mitsch, Jura 1993, 18, 21 f.
[524] Vgl. vor allem Küpper, Der unmittelbare Zusammenhang, S. 85 ff. ; Schönke/Schröder – Stree, § 226 RN. 3; anders Rengier, Erfolgsqualifizierte Delikte, S. 154 ff., der keine „besonderen“ Kausalitätsfragen erfolgsqualifizierter Tatbestände anerkennt und das Problem im Rahmen des Schutzzweckzusammenhangs zwischen Grunddelikt und strafschärfender Norm behandelt.
[525] BGHSt. 31, 96, 98; BGH NJW 1992, 1708.
[526] BGHSt. 14, 110, 112; BGH NJW 1971, 152 (sogenannter „Rötzel“-Fall).
[527] Schröder, JR 1971, 206, 208; Mitsch a. a. O.; Schönke/Schröder – Stree, § 226 RN. 4; Tröndle/Fischer, § 227 RN. 2; kritisch dazu Leipziger Kommentar – Hirsch, § 226 RN. 3, der auch bei unwesentlichen Abweichungen

Drittverschulden lag im Hochsitzfall im grob fahrlässigen Unterlassen der medizinisch angezeigten Nachbehandlung, das vom Tätervorsatz keineswegs umfasst war.[528] In dem Todeserfolg hatte sich nicht die todesspezifische Gefahr der Verletzungshandlung niedergeschlagen, sondern vielmehr das jedem Krankenhausaufenthalt innewohnende Risiko des Todes aufgrund der fehlenden oder falschen Verabreichung von Medikamenten. Die tödliche Folge war dem Täter zwar nach der Äquivalenztheorie zuzurechnen, stellte aber keine typische Folge der Verletzungshandlung dar. Rengier stellt daher zutreffend fest, daß die Problematik des Hochsitzfalles eine solche der allgemeinen Zurechnungslehre ist und keine Frage der Erfolgsqualifikation, da sich nicht die „spezifischen", den §§ 223 ff. StGB innewohnenden Gefahren realisiert haben.[529] Weder bei Beachtung der Letalitätslehre, noch unter dem Gesichtspunkt des Unmittelbarkeitszusammenhangs war der Täter im Hochsitzfall sonach für die Todesfolge im Sinne von § 227 StGB verantwortlich.

2.4 Einfluß des Willensstrafrechts

Der BGH hat die in der Literatur bis 1933 unangefochtene und in der Rechtsprechung des Reichsgerichts bis 1945 vertretene Erfolgshaftung in seinem „Gewehr–Urteil"[530] mit einem Federstrich als altertümliche Zufallshaftung bezeichnet und durch seine Auffassung von der Maßgeblichkeit der Körperverletzungshandlung ersetzt, der bereits das Todesrisiko anhaften müsse. Dies sei nicht nur bei einer bereits für sich gesehen tödlichen Wunde der Fall, sondern auch dann, wenn der tatsächliche Geschehensablauf, der Körperverletzung und Todesfolge miteinander verknüpft, „nicht außerhalb jeder Lebenswahrscheinlichkeit" liege.[531] Auch das Hinzutreten äußerer Umstände, wie das unbeabsichtigte Lösen eines Schusses oder die schlechte Wundbehandlung, schließen eine Verantwortlichkeit des Täters demnach nicht aus. Diese Auffassung führt zu fragwürdigen Ergebnissen. Wie im Hochsitzfall können mehr oder weniger zufällig eintretende, nachträgliche Umstände dazu führen, daß eine ex ante als harmlos erscheinende Verletzungshandlung aus ex post–Sicht als todesspezifisch angesehen wird. Die vom BGH als unzeitgemäße Zufallshaftung bezeichnete Erfolgshaftung der Letalitätslehre wurde also durch eine wirkliche Zufallshaftung ersetzt. Ob die Verletzung des Opfers von einem sachgerecht behandelnden Arzt oder einem „Kurpfuscher" versorgt wird, ob die Instrumente im Krankenhaus ausreichend desinfiziert und keimfrei oder virusbehaftet sind, ob es im Krankenzimmer warm oder zugig und erkältungsfördernd ist, hängt von Umständen ab, die einer Beeinflussung durch den Täter nicht zugänglich, sondern rein zufällig sind. Diese Umstände sollen gleichwohl eine nachträgliche Bewertung seiner Verletzungshandlung als

---

den Erfolg nur dann zurechnet, wenn die Abweichung (das Lösen des Schusses, die schlechte Wundbehandlung) noch vom Vorsatz des Täters gedeckt sei.

[528] Ebenso Küpper, Der unmittelbare Zusammenhang, S. 86.

[529] Rengier, Erfolgsqualifizierte Delikte, S. 166 ff.

[530] BGHSt. 14, 110.

[531] BGHSt. 31, 96, 100.

„todesspezifisch" rechtfertigen. Zu diesem kritikwürdigen Ergebnis gelangt der BGH infolge der Ersetzung des Verletzungsunwertes durch den sogenannten Handlungs-unwert.

a) Lehre vom Handlungsunwert

Er greift damit die Lehre Welzels auf, wonach das Strafgesetz nicht nur dem Rechtsgüterschutz dienen, sondern vielmehr die Einhaltung rechtlicher Gesinnungswerte als Träger eines sozialethischen Unwerturteils sicherstellen soll.[532] Der Schutz des Gesinnungs- bzw. Handlungswerts beinhalte den Schutz der einzelnen Rechtsgüter, indem die auf die Rechtsgutsverletzung zielenden Handlungen bestraft würden. Der Erfolgsunwert werde also durch die Pönalisierung des Handlungsunwerts verhindert.[533]

Mit dieser Lehre erfüllt Welzel eine alte Forderung der „Kieler Schule" und anderer Willensstrafrechtler, wie vor allem Gallas. Diese verlangten stets eine Beachtung der Tätergesinnung schon im Unrecht und infolgedessen eine Annäherung von Unrecht und Schuld. Der innere Grund für die Trennung der Rechtswidrigkeit von der als Pflichtwidrigkeit verstandenen Schuld sei entfallen.[534] Der „antithetische Dualismus" von objektivem Unrecht und subjektiver Schuld sollte zugunsten eines teleologischen Systems korrigiert werden, das auch auf der Ebene der Rechtswidrigkeit die Berücksichtigung von Haltung und Gesinnung des Täters erlaube.[535] Indem das Willensstrafrecht also Recht und Sittlichkeit durch die Personalisierung der Tatbestände gleichsetzte, wurde auch die Schuld zur Unrechtsvoraussetzung.[536]

b) Finale Handlungslehre

Der Einfluß des Täterwillens auf das Unrecht hatte auch Konsequenzen für die Handlungslehre. Wie Gallas feststellte, sei eine personale Unrechtsauffassung mit einer naturalistischen Handlungslehre, die jedes gewillkürte Verhalten als Handlung ansieht, nicht zu vereinbaren. Nur ein Handlungsbegriff, der die Tat als zielstrebiges menschliches Verhalten erfasse, sei taugliches Substrat für die sozialethischen Wertungen des personalen Unrechtsbegriffs.[537] Dies erkannte zuvor bereits Welzel und entwickelte daher 1938 seine finale Handlungslehre, wonach Handlung die Verwirklichung des vom Willen gesetzten Handlungssinns ist.[538] Diese allein könne die Existenz der subjektiv–seelischen Elemente in der Rechtswidrigkeit erklären, weil sie erlaube, die subjektiven Willenselemente, wie z.B. den Vorsatz, problemlos in den Tatbestand einzubauen.[539]

---

532 Welzel, Deutsches Strafrecht, S. 3; ders. in FS Kohlrausch (1944), S. 107.
533 Welzel, Strafrecht, S. 2.
534 Schaffstein, Das Verbrechen als Pflichtverletzung, S. 34.
535 Schaffstein, ZStW Bd. 57 (1937), S. 298; Dahm ZStaatsW Bd. 95 (1935), S.288.
536 Ebenso H. Mayer, Strafrecht (1936), S. 224 ff.
537 Gallas, ZStW Bd. 60 (1940), S. 389.
538 Welzel, ZStW Bd. 58 (1938), S. 503; ders. in Strafrecht, S. 33 ff.

539 Welzel, Strafrecht, S. 41, 61.

c) Ergebnis

Neben der finalen Handlungslehre entstammt auch Welzels Lehre vom Handlungsunwert, die nach seiner Auffassung das Korrelat der finalen Handlungslehre auf dem Gebiet der Rechtswidrigkeit bildet,[540] einem willensstrafrechtlichen Standpunkt. Indem er unterstellt, die Aufgabe des Strafrechts sei der Schutz elementarer sozialethischer Handlungswerte wie Treue, Gehorsam, Achtung vor der Person, etc. durch die Bestrafung des „Abfalls von den Grundwerten rechtlicher Gesinnung",[541] übernimmt Welzel den personalen Unrechtsbegriff der „Kieler Schule". Demnach erschöpft sich das Unrecht nicht in der Rechtsgutsverletzung, sondern setzt stets die Mißbilligung einer auf einen bestimmten Täter bezogenen Tat voraus, ist also ein täterbezogenes, personales Unrecht.[542] Grundlage dieses Unrechtsbegriffs war die „national-sozialistische Gemeinschaftsethik", aufgrund derer der einzelne als Gemeinschaftsglied der völkischen Lebensgemeinschaft zu Treue und Einsatz verpflichtet ist.[543] Auch die Gemeinschaftsethik sah aufgrund der Wandlung des Täters vom „normunterworfenen Rechtssubjekt" zum „Glied einer ethisch verpflichtenden Volksgemeinschaft"[544] in der verbrecherischen Tat ein sittlich verwerfliches und gemeinschaftswidriges Verhalten, in dem sein „innerer Abfall, seine gemeinschaftswidrige Gesinnung" zum Ausdruck komme.[545]

Mit der Übernahme von Welzels Lehre vom personalen Handlungsunrecht in der „Gewehr-Entscheidung"[546] bediente sich der BGH somit eindeutig eines Resultats willensstrafrechlicher Erwägungen. Das Gericht schaffte damit die Grundlage für ein weiteres Vordringen gesinnungsstraf-rechtlicher Elemente. Das Abstellen auf den Handlungsunwert ermöglicht dem BGH die Berücksichtigung der Gesinnung des Täters schon bei der Unrechtsfeststellung. Wiederum werden dadurch Aspekte von Unrecht und Schuld miteinander vermengt und wird die Zweistufigkeit des Strafrechts infolge national-sozialistischer Einflüsse aufgeweicht. Der Handlungsunwert erscheint als täterbezogenes Merkmal, als „Gesinnungsmerkmal", das es erlaubt, die der Handlung zugrundeliegenden Wertvorstellungen des Täters bei der Entscheidung über die Verantwortlichkeit für die schwere Folge einzubeziehen. Wenngleich dem BGH nicht vorgeworfen werden kann, er mißbrauche das Gesinnungsmoment des Handlungsunwertes im Sinne eines politisch motivierten Gesinnungsstrafrechts, so besteht aber immerhin die Möglichkeit eines solchen Mißbrauchs. Wie wir oben bei dem generalklauselartigen Mordmerkmal der niedrigen Beweggründe gesehen haben, neigt der BGH dazu,

---

[540] Welzel, ZStW Bd. 58, S. 509, 519.
[541] Welzel, Strafrecht, S. 3.
[542] Welzel, Strafrecht, S. 62.
[543] Gallas, ZStW Bd. 60 (1940), S. 378 f.
[544] Gallas, ZStW Bd. 60, S. 379.
[545] Gallas, a.a.O. S. 379.
[546] BGHSt. 14, 110.

eigene kriminal- oder allgemeinpolitische Anschauungen an die Stelle der gesetzgeberischen Intention zu setzen. Um eine solche Entwicklung im Bereich des § 227 StGB n. F. auch für die Zukunft auszuschließen, sollte von dem willensstrafrechtlichen Exkurs zur Lehre vom Handlungsunwert alsbald zur strengen Letalitätslehre zurückgekehrt werden, die zweifellos dem Willen des historischen Gesetzgebers entsprochen hat[547] und wohl auch der Neufassung aus dem Jahr 1998[548] immanent ist, die der Vorschrift lediglich einen neuen Paragraphen zuwies, den erfolgsbezogenen Wortlaut im übrigen aber beibehielt. Der BGH erliegt oft der Versuchung, seiner Meinung nach bestehende Strafbarkeitslücken mit dogmatischen Begründungen zu schließen, die er am Einzelfall ausgerichtet, ergebnisorientiert konstruiert, ohne dabei die Grundlagen und möglicherweise schädlichen Folgen der herangezogenen Konstruktionen zu kritisch zu würdigen. Dieser Drang zur Erzielung kriminalpolitisch erwünschter Ergebnisse mag in vielen Fällen unschädlich sein, wenn nämlich das herangezogene Rechtsinstitut gesetzlich abgesichert ist.[549] Ein solcher Bestrafungswille ist aber dann rechtsstaatlich bedenklich, wenn er sich zur Erreichung der gewünschten Lückenschließung solcher Mittel bedient, die wesentlich vom nationalsozialistischen Willensstrafrecht geprägt sind, wie der sogenannte „Handlungsunwert“.

3. Tätertypik

Weitere personale Elemente, die in der NS–Zeit vermehrt Eingang in die Straftatbestände gefunden haben, sind die verschiedenen Formen der Tätertypik, also der Voraussetzung Knüpfung bestimmter (Gesinnungs-) Merkmale an eine Täterschaft zum jeweiligen Delikt. Hierzu zählen einerseits die Tatbestände, die einen bestimmten Tätertypen in seiner Gesamtpersönlichkeit zu beschreiben scheinen, wie z. B. den „gefährlichen Gewohnheitsverbrecher“ der durch Gesetz vom 24. November 1933 eingeführten Strafschärfungsvorschrift des § 20a StGB,[550] den „Sittlichkeitsverbrecher“, „Wucherer“ oder „Mörder“ des Gesetzes zur Änderung des Reichsstrafgesetzbuches vom 04. September 1941.[551] Weniger auf die Täterperson als Ganzes als auf die Tätergesinnung während der konkreten Tat stellen dagegen die als „Gesinnungsmerkmale“[552] bezeichneten, tätertypisierenden Merkmale wie „roh“, „böswillig“ (§ 223 b StGB)[553], „grausam“ oder „niedrige Beweggründe“ (§ 211) oder „schädliche Neigungen“

---

[547] Küpper, Der unmittelbare Zusammenhang, S. 85 ff.
[548] Sechstes Gesetz zur Reform des Strafrechts vom 26.01.1998 (BGBl. I, S. 164).
[549] Wie z.B. die mittelbare Täterschaft durch § 25 I StGB, derer sich der BGH seit St. 41, 182 bedient, um die verfassungsgerichtlich geschaffene Lücke bei der Strafbarkeit von Straßenblockaden zu schließen.
[550] Gesetz gegen gefährliche Gewohnheitsverbrecher und über Maßregeln der Sicherung und Besserung, vom 24. November 1933 (RGBl. I S. 995).
[551] RGBl. I S. 549.
[552] Mezger, ZStW BD. 60 (1940), S. 358; Gallas, ZStW Bd. 60, S. 381; Schmidhäuser, Gesinnungsmerkmale im Strafrecht (1958).
[553] § 223 b a. F. wurde in der bis 1998 geltenden Fassung eingeführt durch das Gesetz zur Änderung strafrechtlicher Vorschriften vom 26. Mai 1933 (RGBl. I S. 295).

(§§ 17 II, 27 JGG)[554] ab. Beide Erscheinungen finden ihre Grundlage in der willensstrafrechtlichen Personalisierung der Tatbestände und haben sich daher nur zwischen 1933 und 1945 in der Gesetzgebung niedergeschlagen. Obgleich es sich in beiden Fällen um tätertypisierende Momente handelt, ist hier aufgrund der unterschiedlichen Entwicklung eine getrennte Darstellung geboten.

3.1 Tätertypenlehren

Bei der Betrachtung der Tätertypen ist zwischen der Lehre vom normativen[555] oder tatbestandlichen[556] Tätertypus und dem kriminologischen bzw. kriminellen Tätertypus zu unterscheiden.

a) Kriminologischer Tätertypus

Allein der kriminologische Täterbegriff betrachtet dabei die Gesamtpersönlichkeit des Täters, seinen verbrecherischen Hang oder seine asoziale Artung.[557] Untersucht wird also neben der Tat die individuelle Eigenart des Täters, wie sie bei empirischer Beobachtung in seiner gesamten Lebensführung zutage getreten ist.[558] Mezger und Dahm sprechen daher bei dem kriminologischen Tätertypen von einem individuellen Täterbegriff, weil er auf die individuelle Persönlichkeit des Täters als für sich gesehenen Einzelmenschen eingeht.[559] Der kriminologische Tätertyp geht auf Franz von Liszt zurück, der mit seinem Programmsatz „Nicht die Tat, sondern der Täter ist zu bestrafen“ den Boden für die Betrachtung des Täters als Individuum und mithin für die Schaffung von Tätertypen bereitet hat.[560] Dieser Tätertyp wurde daher dort zugrunde gelegt, wo der Gesetzgeber den Gedanken der Spezialprävention in den Vordergrund gestellt hat, wie im Fall des „gefährlichen Gewohnheitsverbrechers“.[561]

aa) Gefährlicher Gewohnheitsverbrecher

Die Strafschärfung aufgrund von § 20 a des „Gewohnheitsverbrechergesetzes“ knüpfte an eine kriminologische Tatsachenfeststellung an: *„Hat jemand, der schon zweimal rechtskräftig verurteilt worden ist, durch eine neue vorsätzliche Tat eine Freiheitsstrafe verwirkt und ergibt die Gesamtwürdigung der Taten, daß er ein gefährlicher Gewohnheitsverbrecher ist, so ist...“*. Nach § 1 der Strafgesetznovelle vom 04. September 1941 sollten als weitere Strafschärfung der „Gewohnheitsverbrecher“ sowie der „Sittlichkeitsverbrecher“ der Todesstrafe verfallen, „wenn der Schutz der Volksgemeinschaft oder das Bedürfnis nach gerechter Sühne es erfordern“. Anhand seiner bisherigen Straftaten sollte

[554] Eingeführt in § 4 II Reichs – Jugendgerichtsgesetz vom 06. November 1943 (RGBl. I S. 637).
[555] Dahm, Der Täteryp im Strafrecht (1940), S. 28.
[556] Mezger, ZStW Bd. 60, S. 356.
[557] Gallas, ZStW Bd. 60, S. 386.
[558] Mezger, a. a. O.
[559] Dahm, Der Tätertyp im Strafrecht, S. 28; Mezger, a.a.O.
[560] Vgl. E. Wolf, Vom Wesen des Täters (1932), S. 9 ff.
[561] Dahm, DR 1942, 401, 403.

also geprüft werden, ob der Täter nach seiner individuellen Beschaffenheit dazu neigt, Straftaten zu begehen. Dabei müsse sich sein Hang nicht zwingend auf bestimmte Straftaten richten.[562]

Wie Dahm legte auch das Reichsgericht seiner Rechtsprechung zum „Gewohnheitsverbrecher“ den kriminologischen Tätertypus zugrunde und betrachtete den „Persönlichkeitsunwert“ des Täters, vor dem die Allgemeinheit geschützt werden müsse.[563] Bei der Beantwortung der Frage, ob der „Schutz der Volksgemeinschaft“ die Todesstrafe erfordere, müsse die Persönlichkeit des Täters auf Möglichkeiten der Heilung von seinem eingewurzelten Drang zum Verbrechen untersucht werden. Wenn der „Unwert seiner Persönlichkeit“ bereits ein hohes Maß erreicht habe und auch durch schwere Strafen keine Heilung vom Verbrechensdrang erwarten ließe, sei die Todesstrafe geboten.[564] Trotz des Wortlauts der Vorschrift (Schutz der Volksgemeinschaft) hat das Reichsgericht nicht die Schutzwirkung als entscheidend angesehen, die mit dauernder Sicherungsverwahrung des Täters ebenso gewährleistet wäre. Ausschlaggebend sei weniger seine Schuld oder das Sicherungsbedürfnis der Öffentlichkeit, als die „Minderwertigkeit des Täters“ und die Belastung, die der Volksgemeinschaft durch sein Weiterleben erwachse.[565] Mit der Einführung des „Gewohnheitsverbrechers“ als dem einzigen legislativ übernommenen kriminologischen Tätertypus hatte dieser Täterbegriff seinen Höhepunkt bereits erreicht. Der kriminologische Tätertyp war notwendig individueller Natur, weil er sich mit dem „Persönlichkeitsunwert“ bzw. der „Lebensführungsschuld“[566] der Betrachtung des Individuums in seiner psychischen Eigenart widmete. Die Feststellung, ob der Täter bereits zweimal rechtskräftig verurteilt wurde, ist letztlich empirischer Natur und läßt keinen Spielraum für ethische Wertungen.[567]

bb) Schädliche Neigungen

Eine gewisse Nähe zu den kriminologischen Tätertypen läßt der Begriff der „schädlichen Neigungen“ in den §§ 17 II und 27 JGG erkennen. Dieses durch das Reichsjugendgerichtsgesetz von 1943[568] eingeführte Merkmal entstammt dem österreichischen Recht[569] und begründet bis heute neben dem Sühnemerkmal der „Schwere der Schuld“ die zweite Möglichkeit der Verhängung einer Jugendstrafe. Nach herrschender Meinung liegen „schädliche Neigungen“ vor, wenn erhebliche Anlage- oder Erziehungsmängel die Gefahr begründen, daß der Jugendliche ohne Durchführung einer längeren Gesamterziehung durch weitere Straftaten die Gemeinschaftsordnung stören würde.[570]

---

562 Dahm, Tätertyp, S. 29; ders. in DR 1942, 401, 403.
563 RGSt. 76, 91, 93.
564 RGSt. 76, 313, 314 f. wo die russisch – polnische Abstammung des Angeklagten „erschwerend“ hinzutritt.
565 RGSt. 77, 24, 27.
566 Mezger, ZStW Bd. 60, S. 356.
567 Roxin, AT, Bd. 1, S. 137.
568 § 4 II des RJGG vom 06. November 1943 (RGBL. I S. 637).
569 „Gesetz über die Behandlung junger Rechtsbrecher“ vom 18. Juli 1928 (Österr. BGBl. Nr. 234).
570 BGHSt. 11, 169, 170; BGH StV 1992, 431; Schaffstein/Beulke, S. 142; Eisenberg, § 17 JGG RN. 18.

Ähnlich dem kriminologischen Tätertypus des „Gewohnheitsverbrechers" entscheidet also der „allgemeine Persönlichkeits-unwert" des jugendlichen Straftäters in seiner „Lebenstotalität" und nicht die aktuelle Gesinnung während der konkreten Tat über die Zulässigkeit der Verhängung einer Jugendstrafe.

Schaffstein kann als Urheber beider Alternativen des § 17 II JGG bezeichnet werden, die von ihm erstmalig im Jahr 1936 formuliert wurden.[571] Er wandte sich gegen den „sozialliberalen" Ansatz des JGG von 1923,[572] das in Gefolgschaft Franz von Liszts einseitig auf den Erziehungsgedanken ausgerichtet gewesen sei.[573] Im nationalsozialistischen Staat folge aus der „Gliedstellung des Täters in der Volksgemeinschaft", daß auch ein jugendlicher Krimineller nicht wie ein „kleiner Erwachsener" behandelt werde, sondern seinen eigenen Pflichtenkreis habe.[574] Es sei eine lächerliche Illusion, nach aufklärerisch–marxistischem Vorbild von der Erziehbarkeit auch des „Minderwertigen" auszugehen. Daher sei für hoffnungslose Kriminelle, bei denen trotz des jugendlichen Alters Erbanlage und Vortaten einen eingewurzelten Hang zum Verbrechertum erkennen lassen, die Jugendstrafe geboten.[575] Diese Feststellung eines kriminellen Hangs erfordert, wie im Fall des Gewohnheitsverbrechers, eine individualpsychische Beurteilung der Täterpersönlichkeit. Bei dem mit „schädlichen Neigungen" behafteten Jugendlichen handelt es sich seit der Streichung der Strafschärfung für Gewohnheitsverbrecher durch § 20 a StGB im Jahr 1969,[576] sonach um den letzten kriminologischen Tätertypus.[577]

b) Normativer Tätertypus

In der für die Bestimmung des kriminologischen Tätertypen erforderlichen Individualbetrachtung der Lebenstotalität des einzelnen Täters wurde naturgemäß ein Gegensatz zur kollektiven Ausrichtung der nationalsozialistischen Gemeinschaftsethik gesehen. Diese betrachtet das Individuum als Teil des „Volksorganismus"[578] und untersucht seine Handlungen auf ihren „gemeinschaftszerstörenden Charakter"[579] und nicht auf die Summe der (Individual-) Rechtsgutsverletzungen.

---

[571] Schaffstein, Die Erneuerung des Jugendstrafrechts (1936), S. 9 f.

[572] JGG vom 16. Februar 1923 (RGBl. I S. 135).

[573] Schaffstein, a. a. O. S. 5 f.

[574] Schaffstein, a. a. O. S. 5, wonach sich dieser Pflichtenkreis insbesondere an der selbständigen Stellung der Hitlerjugend innerhalb der Partei verdeutliche.

[575] Schaffstein, a. a. O. S. 8 ff.

[576] Erstes Gesetz zur Reform des Strafrechts (1.StrRG) vom 25. Juni 1969 (BGBl. I S. 645).

[577] Wobei das 1. StrRG lediglich den Begriff des „Gewohnheitsverbrechers" gestrichen hat, während die Eigenschaften eines „Gewohnheitsverbrechers", der Hang zur wiederholten Begehung von Straftaten, über § 42e StGB a. F. (jetzt § 66 I StGB) im Recht der freiheitsentziehenden Maßregeln noch berücksichtigt werden.

[578] Freisler, preußische Denkschrift, S. 8.

[579] Gallas, FS Gleispach, S. 51.

Aufbauend auf der Lehre Erik Wolfs,[580] entwickelte Dahm daher einen Tätertypus, der sich nicht auf die kriminologische Feststellung eines bestimmten, höchst individuellen Täterdaseins beschränken sollte.[581] Nach Auffassung Wolfs bestimmte sich die Täterschaft nach dem Grad des durch die Tat offenbarten „Verfalls der Rechtsgesinnung" . Die einzelnen Gradstufen des Gesinnungsverfalls sollten sich danach bemessen, welches „Sollen" die „allgemeine Kulturerwartung" von dem jeweils Handelnden verlangt.[582]

Im Gegensatz zu diesem Ansatz eines bestimmten „So-Seins" tritt bei Dahm die Volksanschauung als „Realität des völkischen Lebens" in den Vordergrund. Seine Betrachtung orientierte sich weniger am Musterbild eines bestimmten Sollens als an der Vorstellung vom Wesen des jeweiligen Tätertypus.[583] Der normative Tätertyp legt der Täterbetrachtung nicht die kriminologische Persönlichkeitsbetrachtung zugrunde, sondern das dem Gesetzgeber bei Schaffung des Tatbestandes vorschwebende Täterbild.[584] Diesen normativen Tätertypus habe der Gesetzgeber außer dem „Gewohnheitsverbrecher" allen anderen eingeführten Tätertypen zugrunde gelegt. Anders als beim kriminologischen Tätertyp könne dabei auch schon das einmalige, persönlichkeitsfremde Verbrechen einen Täter zum Sittlichkeitsverbrecher stempeln, wenn er seinem Wesen nach der Vorstellung des Tatbestandes von einem solchen Tätertypus entspreche.[585] Mit den Täterbezeichnungen wie „Volksschädling", „Sittlichkeitsverbrecher" etc. habe der Gesetzgeber bestimmte aus dem „Volksbewußtsein stammende Lebenstypen"[586] kennzeichnen wollen. Dahm erweitert den normativen Tätertypus schließlich auf unveränderte Tatbestände des Besonderen Teils und stellt fest, ein Dieb sei nicht jeder, der eine fremde, bewegliche Sache in Zueignungsabsicht wegnimmt, sondern nur derjenige, der seinem Wesen nach ein Dieb sei.[587]

Weil sich der normative Tätertyp aber gleichwohl aus der Auslegung des geltenden Gesetzes ergeben sollte, hat Dahms Lehre mit dem Täterstrafrecht im Sinne der modernen Schule von Liszts nur noch wenig zu tun.[588] Auch mit der willensstrafrechtlichen Personalisierung verbindet den normativen Tätertypus nur der ethische Einschlag durch die Einbeziehung des „Volksbewußtseins" in die gesetzgeberische Vorstellung vom Bild des jeweiligen Täters. Die Lehre vom normativen Tätertypus erscheint weniger als ein willensstrafrechtliches

[580] E. Wolf, Vom Wesen des Täters (1932).
[581] Dahm, Tätertyp, S. 25 ff.
[582] E. Wolf, a. a. O. S. 16, wo zwischen bloßen „Rechtsgenossen" mit geringen, „Rechtssubjekten" mit mittleren und „Rechtspersonen" mit hohen Anforderungen an das „Sollen" unterschieden wird.
[583] Dahm, Tätertyp, S. 26.
[584] Dahm, a. a. O. S. 27 f.
[585] Dahm, DR 1942, 401, 403.
[586] Gallas, ZStW Bd. 60, S. 394.
[587] Dahm, Grundfragen, S. 102, der dies verneint am Beispiel von Hitlerjungen, die die Fahne einer konfessionellen Jugendvereinigung erbeuten und als Trophäe verbrennen.
[588] Roxin, AT, Bd. 1, S. 137.

Institut als eine weitere Variante objektiv – teleologischer Auslegung im Sinne der Entwicklung vom formellen zum materiellen Verbrechensbegriff.[589]

Mit der Aufnahme einer Vielzahl von normativen Tätertypen , wie z.B. des „Sittlichkeitsverbrechers", des „Volksschädlings"[590], „Zuhälters", „Wucherers" „Mörders", „Gewaltverbrechers" oder „jugendlichen Schwerverbrechers" in das Strafgesetz hat sich der nationalsozialistische Gesetzgeber eindeutig zu dieser Lehre Dahms bekannt.[591] Insoweit muß denjenigen Autoren widersprochen werden, die meinen, die Lehre vom normativen Tätertypen habe nichts mit nationalsozialistischem Rechtsdenken zu tun.[592] Auch die oft anzutreffende Ansicht, Dahms Lehre habe der einschränkenden Auslegung der uferlos weit gefaßten Kriegsstrafgesetze und „nichtssagender Begriffe" wie „Sittlichkeitsverbrecher" und „Gewaltverbrecher" gedient,[593] kann nicht nachvollzogen werden. Dies widerspricht der positiven Reaktion Dahms auf die Einführung gerade dieser nichtssagenden Begriffe durch die Novelle vom 04. September 1941 und ihre Folgen für das Verständnis der Todesstrafe:

„Die Todesstrafe erscheint (...) als ein Reinigungsmittel der Gemeinschaft, als ein Instrument zur Auslese Entarteter, die nicht mehr zur Gemeinschaft gehören. Ihr Anknüpfungspunkt sind nicht so sehr Gefährlichkeit oder Verschulden des Täters für sich, als vielmehr die für die Gemeinschaft unerträgliche und ethisch verwerfliche Minderwertigkeit des Täters als solche."[594]

Die von Weber und Schröder genannten Beispiele der Gesetzgebung sind gerade die in Gesetzesform gegossenen normativen Tätertypen Dahms, weshalb seine Lehre die „Uferlosigkeit" der Kriegsstrafgesetze in erheblichem Maße mitzuverantworten hat. Daß die normativen Tätertypen ausschließlich mäßigende Wirkung gehabt haben sollen, läßt sich daher schwer vertreten. Schaffstein sieht wegen der Grundlage der Tätertypen im „gesunden Volksempfinden" folgerichtig sowohl richterliche Erweiterungs- als auch Einschränkungsmöglichkeiten.[595] Angesichts der deutschen Kriegsrechtsprechung aber von einem Übergewicht restriktiver Entscheidungen über normative Tätertypen zu sprechen, erscheint jedoch äußerst fraglich.

Die normativen Tätertypen sind bis heute vollständig aus dem Strafgesetz entfernt worden. Lediglich die §§ 211, 212 StGB erinnern mit ihrer unüblichen Formulierung („Der Mörder wird..."; „...wird als Totschläger...") an den

---

[589] So auch Schaffstein, Deutsches Strafrecht 1942, 32, 40.
[590] Eingeführt durch die „Verordnung gegen Volksschädlinge" vom 05. September 1939 (RGBl. I S. 1679).
[591] Schaffstein, a. a. O., der sich auf seine Teilnahme an der Arbeit der Strafrechtskommission beruft.
[592] So aber Weber in Baumann/Weber/Mitsch, S. 38.
[593] Horst Schröder in Dahm, Reden zu seinem Gedächtnis, S. 10, 18 f.; Jescheck/Weigend, S.; Weber, a.a.O.; Schönke/Schröder - Lenckner, vor §§ 13 ff. RN. 5; Roxin, AT, Bd. 1, S. 136.
[594] Dahm, DR 1942, 401, 403.
[595] Schaffstein, Deutsches Strafrecht 1942, 32, 40.

normativen Täter-typus Dahms, ohne dass dies inhaltliche Auswirkungen hätte. Dahm und Freisler wollten auch den „Mörder" als normativen Tätertypen verstanden wissen. Es sollte auch derjenige als Mörder bestraft werden können, der keines der Merkmale des § 211 II StGB erfüllt hat, aber in der Volksanschauung als Mörder erscheine.[596] Der normative Tätertyp eines Mörders als Voraussetzung einer Strafbarkeit aus § 211 StGB ist im Gegensatz zum kriminologischen Tätertyp des „Gewohnheits-verbrechers" vom Reichsgericht jedoch ausdrücklich verneint worden.[597] Auch in der Nachkriegsrechtsprechung zum Mordtatbestand, die bei der Schaffung eigener Restriktionen und Ausweitungen äußerst kreativ war,[598] hat dieser Tätertyp nie Eingang gefunden. Weil die anderen normativen Tätertypen, wie z. B. der „Sittlichkeitsverbrecher" und der „Volksschädling" durch die Alliierten[599], der „Zuhälter" durch die Neufassung des § 181 a StGB[600] im Zuge der „Entmoralisierung" des dreizehnten Abschnitts des StGB ihre tatbestand-lichen Grundlagen verloren haben, ist die Lehre heute ohne Bedeutung.[601]

3.2 Gesinnungsmerkmale

Stärker ausgeprägt als die normativen Tätertypen sind die Rudimente des Willensstrafrechts im Bereich der sogenannten „Gesinnungsmerkmale".[602] Dabei handelt es sich um Merkmale wie „roh" und „böswillig" in § 223 b StGB a. F. , „niedrige" Beweggründe, „grausam" in § 211 StGB, „rücksichtslos" in § 315 I Nr. 2 StGB, die unstreitig nicht das Wesen des Täters, den allgemeinen „Unwert" seiner Gesamtpersönlichkeit beschreiben wollen, sondern nur den aktuellen „Unwert" seiner Gesinnung während der konkreten Tat.[603] Zur Feststellung solcher Merkmale bedarf es also keiner Anhaltspunkte außerhalb der jeweiligen Tat, keiner Betrachtung seiner „Lebenstotalität" oder „Lebensführungsschuld" im Sinne eines kriminologischen Tätertypen. Bei der dogmatischen Einordnung der Gesinnungsmerkmale wird teilweise zwischen echten und unechten Gesinnungsmerkmalen unterschieden. Echte Gesinnungsmerkmale seien demnach nur diejenigen, die sich ohne Bezugspunkt zu Unrecht ausschließlich aus dem in der Tat zum Ausdruck kommenden Gesinnungsunwert erschlössen, wie z. B. die Mordmerkmale „Mordlust" und „Habgier".[604] Demgegenüber seien „Heimtücke" und „Grausamkeit" der zweiten Gruppe der Mordmerkmale nur unechte Gesinnungsmerkmale, weil zu ihrer Feststellung neben dem Gesinnungsmoment auch das äußere Tatbild zu

---

[596] Dahm, DR 1942, 401, 403; Freisler, Deutsche Justiz 1941, 929, 935 f.
[597] RGSt. 76, 297, 299.
[598] Dazu oben A II 2.
[599] Die „Volksschädlingsverordnung" wurde durch das Gesetz Nr. 11 des alliierten Kontrollrates vom 30. Januar 1946 (Amtsbl. S. 55) ersatzlos aufgehoben.
[600] 4. StrG vom 23.11.1973 (BGBl. I S. 1725).
[601] Anders insoweit Roxin, AT, Bd. 1, S. 138, der im Bereich der Untreue Anwendungsmöglichkeiten sieht; dazu unten II 4.
[602] Begriff von Mezger, ZStW Bd. 60 (1940), S. 358; ausführlich dazu Schmidhäuser, Gesinnungsmerkmale im Strafrecht (1958).
[603] Vgl. BGHSt. 3, 180; Gallas, ZStW Bd. 67 (1955), S. 45; Schmidhäuser, FS Gallas (1973), S. 89.
[604] Schönke/Schröder - Lenckner, vor §§ 13 ff. RN. 122; Jescheck/Weigend, S. 472 f.

beachten sei, sie also eine Zwitterstellung hätten.[605] So setzt z. B. die „Grausamkeit“ neben dem personalen Element der unbarmherzigen Gesinnung objektiv die Zufügung besonderer Schmerzen voraus.[606] Diese Differenzierung ist zwar richtig, wirkt sich aber praktisch nicht aus. In der Praxis werden die Mordmerkmale einheitlich als Unrechtsmerkmale behandelt.[607] Entscheidend für diese Untersuchung ist allein der Umstand, daß bis heute die Gesinnung des Täters in die Unrechtsfeststellung einbezogen wird. So verlangt die Grausamkeit einer Tötung im Sinne von § 211 II StGB eine gefühllose und unbarmherzige Gesinnung[608], die „Böswilligkeit“ einer Pflichtvernachlässigung gemäß § 225 I Nr. 4 StGB n. F. einen „verwerflichen Beweggrund“[609] sowie „Roheit“ einer Mißhandlung eine „gefühl-lose, fremde Leiden mißachtende Gesinnung“.[610] Was im einzelnen eine gefühllose Gesinnung, ein verwerflicher Beweggrund ist, läßt sich ausschließlich sittlichen Wertungsmaßstäben entnehmen. Die Gesinnungsmerkmale eröffnen damit eine weitere Einbruchmöglichkeit für ethische Wertungen, weshalb sie hinsichtlich ihrer Unbestimmtheit die gleiche Kritik trifft, die oben[611] anhand der Mordmerkmale exemplarisch erläutert wurde. Ihre „rechts-staatliche Bedenklichkeit“[612] ist die unmittelbare Folge der willensstrafrechtlichen Personalisierung des Unrechts, die im Sinne der nationalsozialistischen Gemeinschaftsethik zur Bestrafung des „inneren Abfalls“ des Täters von der Gemeinschaft führen sollte.[613] Die Gesinnungsmerkmale sollten nach Gallas durch die Einbeziehung der „sozialethisch- personalen“ Komponente in die Erfassung des Unrechts auch das Vordringen des Pflichtgedankens im Strafrecht fördern, also die Betonung der Verletzung der Pflichten gegenüber der Gemeinschaft anstelle der Verletzung von Individualrechtsgütern.[614]

Der Gesetzgeber hat die Systemwidrigkeit der Gesinnungsmerkmale scheinbar erkannt und einige aus dem Gesetz entfernt, wie z. B. die „Gewissenlosigkeit“ aus § 170 d StGB und die „Böswilligkeit“ aus § 134 StGB. Mit seiner Untätigkeit hinsichtlich der entsprechenden Merkmale in den §§ 211 und 225 n. F. StGB zeigt der Gesetzgeber jedoch, daß er auch heute noch in manchen Bereichen ein Bedürfnis für die Einbeziehung des Gesinnungsunwertes in die Erfassung des Unrechts sieht und demgegenüber die Unbestimmtheit dieser willensstrafrechtlichen Einschläge in Kauf nimmt.

---

605 Schmidhäuser, Gesinnungsmerkmale, S. 10 ff.
606 Baumann/Weber/Mitsch-Weber, S. 103.
607 Gr.Sen.BGHSt. 6, 329, 331 zu Niedrigen Beweggründen und Heimtücke, BGHSt. 3, 105, 109; 25, 277 ff. zu „roh“ und BGH NStZ 1991, 234 zu „böswillig“.
608 BGHSt. 3, 180 ff.
609 BGH NStZ 1991, 234.
610 BGHSt. 3, 105, 109; 25, 277 ff.
611 Vgl. oben I 2 c.
612 Jescheck/Weigend, S. 473.
613 Gallas, ZStW Bd. 60 (1940), S. 379.
614 Gallas, a. a. O. S. 389; ders. in FS Gleispach, S. 52 f.

4. Untreue

Die Untreue in der heutigen Fassung ist durch das „Gesetz zur Abänderung strafrechtlicher Vorschriften“ vom 26. Mai 1933[615] in das Strafgesetz aufgenommen worden. Damit wurde die Fassung des Untreuetatbestandes von 1872 ersetzt, der im ersten Absatz folgenden Wortlaut hatte:

„Wegen Untreue werden mit (...) bestraft:

1. *Vormünder, Kuratoren, Güterpfleger, Sequester, Massenverwalter, Vollstrecker letztwilliger Verfügungen und Verwalter von Stiftungen, wenn sie absichtlich zum Nachtheile der ihrer Aufsicht anvertrauten Personen oder Sachen handeln;*
2. *Bevollmächtigte, welche über Forderungen oder andere Vermögensstücke des Auftraggebers absichtlich zum Nachtheile desselben verfügen;*
3. *Feldmesser, Versteigerer, Mäkler, Güterbestätiger, Schaffner, Wäger, Messer, Bracker, Schauer, Stauer und andere zur Betreibung ihres Gewerbes von der Obrigkeit verpflichtete Personen, wenn sie bei den ihnen übertragenen Geschäften absichtlich diejenigen benachtheiligen, deren Geschäfte sie besorgen.“*

Gegenüber dieser kasuistischen Beschreibung der unterschiedlichen Untreuehandlungen erscheint die aktuelle Gesetzesfassung, insbesondere die Treubruchsvariante, als generalisierend weit. Die Betonung der Treuepflicht im geltenden § 266 StGB führt dazu, das die Norm auch als „Pflichtdelikt“ bezeichnet wird, dass das nur derjenige als Täter begehen könne, der Träger der jeweiligen Treuepflicht sei.[616] Diese Pflichtbezogenheit, gepaart mit der Entstehungszeit der Vorschrift, nährt den Verdacht pflichtenstrafrechtlicher Einflüsse in der Gesetzgebung zu § 266 StGB.

4.1 Mißbrauchstheorie

Die Mißbrauchstheorie und die Treubruchstheorie bestimmten jedoch auch schon vor 1933 die Diskussion um das Wesen der Untreue. Nach der Mißbrauchstheorie wurde dabei die Untreue als Schädigung fremden Vermögens durch Mißbrauch einer den Täter nach außen hin legitimierenden Stellung verstanden.[617] Dies entspricht der bis heute für den Mißbrauch gängigen Definition der Handlung im Rahmen des (im Außenverhältnis) rechtsverbindlichen Könnens bei Überschreitung rechtlichen Dürfens (im Innenverhältnis).[618] Schwerpunkt der Mißbrauchstheorie war also auch bei

[615] RGBl. I S. 295.
[616] Roxin, Täterschaft und Teilnahme, S. 352 ff.
[617] Frank, StGB (1931), S. 602.
[618] Vgl. Schönke-Schröder – Lenckner, § 266 RN. 3 ff; Tröndle/Fischer, § 266 RN. 2.

Geltung des § 266 StGB a. F. der Mißbrauch der Dispositionsbefugnis im Außenverhältnis.

4.2 Treubruchstheorie

Dabei wurde die strenge Kasuistik der Fassung von 1871 schon vor 1933 als zu eng empfunden, weil sie nicht alle strafwürdigen Fälle erfasse, wie z. B. die Veruntreuung des Vermögens der Ehefrau durch den Ehemann, des Kindes durch die Eltern.[619] Die Treubruchstheorie sah daher das Wesen der Untreue in der Verletzung einer dem Täter aus dem Innenverhältnis zum Vermögensinhaber obliegenden Pflicht zur Vermögensfürsorge.[620] Das Reichsgericht bekannte sich ebenfalls schon vor 1933 zur Treubruchstheorie und verlangte für die „Bevollmäch-tigung" im Sinne von § 266 I Nr. 2 StGB a. F. keine Vollmacht im Sinne von §§ 165 ff. BGB, sondern „ganz allgemein ein Vertrauensverhältnis zwischen zwei Personen."[621] Die Vorschrift stelle ein Treueverhältnis unter Schutz, das schon dort bestehe, wo jemand auch nur rein tatsächlich durch das Vertrauen eines anderen bestellt wird, Handlungen im Rechtssinne für ihn vorzunehmen.[622] Das Reichsgericht ist also schon vor 1933 von einem rein strafrechtlichen Bevollmächtigungsbegriff ausgegangen, der keine bürgerlich-rechtliche Fürsorgepflicht verlangt.

Der Gesetzgeber wollte die Unzulänglichkeiten der kasuistischen Fassung in dem Entwurf von 1927 mit der Einfügung eines zweiten Absatzes beseitigen:

„Ebenso wird bestraft, wer, abgesehen von den Fällen der §§ 333, 334, Geld oder anderes Gut , das ihm anvertraut ist oder das er für einen anderen empfangen hat, zum Nachteil des Berechtigten für sich oder einen Dritten verwendet."[623]

Die Neufassung im Mai des Jahres 1933, also lange vor Abschluß der Arbeit der Strafrechtskommission unter Gürtner, spricht eher gegen eine Beeinflussung der Normgebung durch nationalsozialistisches Rechtsdenken. Auch der Umstand der Tatbestandserweiterung durch die Aufnahme der Treubruchsvariante war der zunehmenden Komplexität wirtschaftlicher Vorgänge geschuldet, anhand derer sich die streng kasuistische Fassung als unzureichend erwiesen hat. Eine analogiefreudige Tendenz läßt sich daraus gerade nicht ableiten, weil die Gefahr einer den Wortlaut sprengenden Auslegung in der alten Fassung ungleich größer war.[624]

---

[619] So schon die amtliche Begründung zum Entwurf von 1927, S. 179; ebenso Schäfer, DJZ 1933, 791, 794.
[620] Schwinge/Siebert, Das neue Untreuestrafrecht (1933), S. 7.
[621] RGSt. 61, 1, 2 (1926).
[622] RGSt. 61, 228, 230; 62, 15, 20.
[623] § 348 II des Entwurfs von 1927, wortgleich vom Entwurf 1930 übernommen.
[624] So auch Schwinge/Siebert, a. a. O. S. 12, die meinen, dem Analogieverbot könne durch die Neufassung wieder Geltung verschafft werden.

Letztlich ist die Rechtsprechung des Reichsgerichts zum Treuebruch in der NS – Zeit -im Gegensatz zu anderen Bereichen- auch nicht ausgeufert. Aus der weiten Fassung des § 266 StGB n. F. folgerte das Reichsgericht gerade die Notwendigkeit strenger Anforderungen an den subjektiven Tatbestand.[625] Es duldete keine ethisierenden Tendenzen und hob entsprechende Entscheidungen der Vorinstanzen auf.[626] Die „Treuepflicht" im Sinne von § 266 wurde also nie im ideologische Sinne einer „Treue zur Volksgemeinschaft" oder ähnlich verstanden, sondern stets aus dem höchst individuellen Innenverhältnis zwischen dem Vermögensinhaber und dem Veruntreuenden abgeleitet. Der Tatbestand wollte den Grundgedanken der Mißbrauchs- und der Treubruchstheorie unter Befreiung von aller Kasuistik vereinen, um alle Formen der Korruption und des „Schiebertums" mit dem gebotenen Nachdruck bekämpfen zu können.[627]

Entgegen dem ersten Anschein ist § 266 StGB wegen seiner Vorgeschichte in der Rechtsprechung und den Kommissionsentwürfen der Weimarer Republik frei von nationalsozialistischer Ideologie. Die weite Fassung der Treubruchsvariante begründet sich vielmehr ausschließlich in dem seit den 20er Jahren bestehenden legislativen und judikativen Willen zur lückenlosen Erfassung aller strafwürdigen Veruntreuungen.[628]

5. Eidesdelikte

Im Gegensatz zur Untreue erhielten die Eidesdelikte ihre heutige Fassung lange nach Abschluß der Arbeiten der Kommission unter Gürtner mit dem Entwurf von 1936, nämlich erst im Jahr 1943 durch die sogenannte „Angleichungsverordnung".[629] Dies gilt insbesondere für die uneidliche Falschaussage, die durch das RStGB von 1871 noch nicht unter Strafe gestellt worden war. Sie verdient hier daher eine besondere Beachtung. In § 187 des Kommissionsentwurf von 1927 war dann die Bestrafung der uneidlichen Falschaussage vorgesehen. Der September-Entwurf von 1933, der die Wiederaufnahme der Kommissionsarbeiten unter Gürtner einleitete, hatte diese Vorschrift wieder gestrichen.[630]

---

625 RGSt. 68, 371, 374.

626 RGSt. 69, 15, 17, wo festgestellt wurde, daß aufgrund der Erfüllung hoher sozialer Aufgaben durch die nationalsozialistische Volkswohlfahrt noch nicht die Verpflichtung des Angeklagten folge, provisionsfrei arbeiten zu müssen (In einem Fall der Provisionsvereinbarung zu Lasten der Volkswohlfahrt ohne deren Kenntnis). Ebenso restriktiv entschied das Reichsgericht in St. 69, 240, 241, wo es bei der Veruntreuung von Losen des Winterhilfswerks einen besonders schweren Fall verneinte, weil nicht jede geldwerte Beeinträchtigung einer gemeinnützigen Einrichtung eine Schädigung des Volkswohls darstelle.

627 Schäfer, DJZ 1933, 791, 794; der von Schwinge/Siebert, a. a. O. S. 11 als Verfasser des Tatbestandes bezeichnet wird.

628 Vgl. S. 179 f. der amtl. Begründung zum Entwurf von 1927.

629 „Verordnung zur Angleichung des Strafrechts des Altreichs und der Alpen- und Donau – Reichsgaue (Strafrechtsangleichungsverordnung)" vom 29. Mai 1943 (RGBl. I S. 339).

630 Vgl. Regge/Schubert, Abt.2, Bd. 1, S. 37.

Auf dieser Grundlage folgte sodann die Besprechung der Aussagedelikte, die Mezger als Referent einleitete. Er sprach sich gegen die Aufnahme einer entsprechenden Bestimmung aus, weil es eine unübersehbare Flut von Strafanzeigen zur Folge hätte, wenn jede Äußerung vor Gericht einer Wahrheitsprüfung unterzogen werden müßte. Die Folge sei dann ein willkürliches Herausgreifen von Einzelfällen, was der Würde und der Ordnung des Rechts abträglich sein würde.[631] Demgegenüber sprach sich Freisler als zweiter Referent für die Sanktionierung der uneidlichen Falschaussage aus, weil die zunehmende Gestattung uneidlicher Aussagen die Gefahr für die Rechtspflege berge, daß auch zunehmend gelogen werde. Freisler wollte dabei nicht jede Lüge vor Gericht bestafen lassen, sondern es dem Ermessen des Richters überlassen, ob er bestimmte Aussagen für wichtig hält. In diesem Fall sollte der potentielle Täter auf die Strafbarkeit einer uneidlichen Aussage hingewiesen werden.[632] Freislers Auffassung entsprach § 187 des Entwurfs von 1927:

„Wer als Zeuge oder Sachverständiger uneidlich falsch aussagt, obwohl er von der Behörde auf die Strafbarkeit falscher uneidlicher Aussagen hingewiesen worden ist, wird mit ...“.

Justizminister Gürtner lehnte die Einführung einer derartigen Vorschrift ab, um das Problem der Flut von Meineiden, die zur Einschränkung der Eide geführt habe, nicht auf der Ebene der uneidlichen Falschaussagen neu aufzubauen. Eine schädliche Folge sei weiterhin der weite Spielraum für Denunziationen.[633] In diesem Sinne sah auch der Entwurf von 1936 keine Bestrafung der uneidlichen Lüge vor. Eine derartige Strafbarkeit enthielt erstmals die offenkundig nationalsozialistische „Verordnung über die Strafrechtspflege gegen Juden und Polen in den eingegliederten Ostgebieten“ vom 04. Dezember 1941.[634] Die Strafbarkeit war in diesem Fall die Folge der „Eidesunwürdigkeit“ des betroffenen Täterkreises. Erst mit der genannten „Angleichungsverordnung“ von 1943 wurde die Sanktionierung uneidlicher Falschaussagen auch auf Personen mit „Eideswürde“ durch die Einführung des mit dem heutigen § 153 fast wortgleichen § 156 a StGB[635] ausgedehnt.

In der Begründung zur Angleichungsverordnung wurde zur neuen Strafbarkeit der uneidlichen Falschaussage ausgeführt, daß auch die neue Strafbarkeit einer ethischen Forderung entspreche, wonach sich auch der unbeeidigt Aussagende infolge seiner Verantwortung vor der Volksgemeinschaft streng an die Wahrheit

---

[631] Mezger lt. Regge/Schubert, Abt. 2, Bd. 2, Teil 2.1., S. 434, in der 42. Sitzung am 14. September 1934.
[632] Freisler lt. Regge/Schubert, a. a. O. S. 438.
[633] Gürtner lt. Regge/Schubert, a. a. O. S. 438 f.
[634] RGBl. I S. 759, aufgehoben durch Gesetz Nr. 11 des alliierten Kontrollrates vom 30. Januar 1946 (Amtsbl. S. 55).
[635] An die Stelle des § 153 StGB rückte die Vorschrift durch die 2. Verordnung zur Durchführung der Verordnung zur Angleichungsverordnung vom 20. Januar 1944 (RGBl. I S. 41).

zu halten habe.[636] Den Sinneswandel gegenüber der überwiegenden Meinung der Strafrechts-kommission 1936 sieht Vormbaum darin begründet, daß mit einer der Durchführungsverordnungen[637] zur „Angleichungs-verordnung" die obliga-torische Vereidigung des § 59 StPO durch eine fakultative, in richterliches Ermessen gestellte Vereidigung ersetzt wurde. In der nur noch fakultativen Vereidigung konnte ohne die Erweiterung der Aussagedelikte um die uneidliche Falschaussage ein Anreiz für zunehmende Falschaussagen gesehen werden.[638] Durch das „Vereinheitlichungsgesetz"[639] von 1950 wurde mit dem heutigen § 59 StPO jedoch die obligatorische Vereidigung grundsätzlich wieder eingeführt, wenngleich durch § 61 StPO inzwischen mit zahlreichen Ausnahmen versehen. Der vermutliche Grund für die Bestrafung der uneidlichen Falschaussage, die Zurückdrängung des Eides, war damit entfallen.

Dennoch ist die Strafbarkeit der uneidlichen Falschaussage bis heute beibehalten worden, ohne daß dies in der Literatur auf grundsätzliche Kritik gestoßen wäre. Der nachträgliche Wegfall des Einführungsgrundes für die Vorschrift wird, wenn überhaupt, eher beiläufig erwähnt.[640] Der Große Senat des BGH hat die Vorschrift sogar zum Grundtatbestand der Aussagedelikte und den Meineid des § 154 StGB zur Qualifikation erklärt.[641] Die Streichung des § 153 StGB wäre aus rechtsstaatlicher Sicht auch kaum vertretbar. Insbesondere im Zivilrecht und Verwaltungsrecht, wo die Beeidigung von Zeugen nach § 391 ZPO bzw. § 98 VwGO noch stärker in das Ermessen des Richters gestellt ist, bildet die Durchführung einer Beeidigung heute die Ausnahme. Würde die Strafbarkeit der uneidlichen Falschaussage beseitigt, ließe sich in diesen Bereichen eine Gefährdung der Rechtspflege durch eine Zunahme der dann risikolosen und mitunter finanziell einträglichen Falschaussagen nicht leugnen. Der Schutz der Rechtspflege vor einer Flut von Falschaussagen ist kein spezifisch nationalsozialistisches Anliegen. Gerade für einen Rechtsstaat sind zutreffende Aussagen von Zeugen und Sachverständigen im Rahmen der prozessualen Wahrheitsfindung unerläßlich. Insoweit besteht für die Beibehaltung der Strafbarkeit uneidlicher Falschaussagen sogar eine rechtsstaatliche Notwendigkeit. Auch die Auslegung des Begriffs der „Falschheit" einer Aussage durch die in Rechtsprechung und Literatur herrschende „objektive Theorie"[642], wonach falsch nur die in Widerspruch zur objektiven Wirklichkeit stehende Aussage ist, begegnet keinen Bedenken. Nach der subjektiven Lehre, die zuletzt auch vom Reichsgericht vertreten wurde, war

[636] Begründung nicht veröffentlicht, zitiert nach Vormbaum, Eid, Meineid und Falschaussage, S. 138.
[637] Verordnung zur Durchführung der Verordnung zur Angleichung des Strafrechts des Altreichs du der Alpen- und Donau – Reichsgaue vom 29. Mai 1943 (RGBl. I S. 341).
[638] So die Erklärung Vormbaums a. a. O. S. 139.
[639] Gesetz zur Wiederherstellung der Rechtseinheit auf dem Gebiet der Gerichtsverfassung, der bürgerlichen Rechtspflege, des Strafverfahrens und des Kostenrechts vom 12. September 1950 (BGBl. S. 455).
[640] Vgl. Blei, BT, S. 411; Schönke/Schröder – Lenckner, § 153 RN. 1.
[641] BGHSt. 8, 301, 309.
[642] BGHSt. 7, 148; Arzt/Weber, LH 5, S. 85; Lackner, vor § 153 RN. 3; Schönke/Schröder – Lenckner, vor § 153 ff. RN. 6; Tröndle/Fischer, vor §153, RN. 5.

dagegen eine Aussage dann falsch, wenn sie nicht dem Wissen des Aussagenden, seiner inneren Vorstellung entsprach.[643] Diese Lehre erblickte den Kern der Aussagedelikte nicht im „rationalistischen" Schutz des Rechtsgutes „Rechtspflege", sondern in der Verletzung der Wahrheitspflicht des Zeugen als dem „irrational–ethischen Moment der Pflichtverletzung."[644] Allein die subjektive Theorie sei nach Schaffstein in der Lage, die willensstrafrechtlich geforderte Subjektivierung des Unrechts auf dem Gebiet der Aussagedelikte durchzusetzen.[645] Nach dem Krieg wurde die evident willensstrafrechtliche Theorie in Ansätzen lediglich noch von Gallas vertreten[646] und von Schmidhäuser zur Pflichttheorie modifiziert.[647] Die subjektive Theorie wird in der Praxis nicht mehr vertreten, weshalb ihre Tendenz zur Subjekti-vierung des Unrechts nunmehr unschädlich ist.

C.
Lebensläufe

Wie bereits in der Einleitung erläutert, sollen zum Abschluß die Lebensläufe einiger Rechtslehrer dargestellt werden, die sowohl zwischen 1933 und 1945 als auch danach die strafrechtliche Diskussion maßgeblich geprägt haben. Mit den biographischen Angaben soll die durch diese Arbeit aufgestellte These einer inhaltlichen Kontinuität in vielen Bereichen der Strafrechtsdogmatik untermauert werden. Die entscheidenden Impulse in der Strafrechtsentwicklung gehen in der Regel von der Lehre aus. Daher setzt die ideologische Kontinuität eine personelle Kontinuität in diesem Bereich voraus, die anhand einiger Lebensläufe exemplifiziert werden soll. Die Auswahl fiel dabei freilich auf diejenigen Gelehrten, die in den hier behandelten Bereichen besonders großen Einfluß hatten. Von diesen wurden vier herausgegriffen nämlich Dahm und Schaffstein als Vertreter der „Kieler Schule" sowie Gallas und Welzel als Wortführer der Subjektivierung des Unrechts.

Ausdrücklich wird erneut darauf hingewiesen, daß die biographischen Angaben die Lebensleistung der genannten Personen in keiner Weise schmälern sollen. Die während der Diktatur die Strafrechtswissenschaft bestimmenden Rechtsgelehrten haben unter Umständen noch viel größerem Unrecht vorgebeugt, indem sie es verstanden, dem Regime das Strafrecht als reformierbar anzudienen und so seine völlige Zerschlagung und Ersetzung durch eine chaotische Ansammlung von Generalklauseln, wie etwa im damaligen sowjetischen Strafrecht, zu verhindern. Es wird also nicht in Abrede gestellt, daß der gezielte Einsatz von völkischem Vokabular auch eine mäßigende Wirkung auf den nationalsozialistischen Gesetzgeber gehabt haben kann, um das Strafrecht in den

---

643 RGSt. 68, 278, 283.
644 Schaffstein, JW 1938, 145, 146.
645 Schaffstein, a. a. O.
646 Gallas, GA 1957, 315, 318.
647 Schmidhäuser, FS OLG Celle, S. 207, 217 ff.

relativ geordneten Bahnen der Kommissionsarbeit reformieren zu können. Die genannten Gelehrten sind ausnahmslos glänzende Dogmatiker und haben sich nach dem Krieg ohne Zweifel noch bleibende Verdienste erworben. Es sei insbesondere darauf hingewiesen, daß die evident rassistischen Strafgesetze, wie etwa das Sonderstrafrecht für Polen und Juden,[648] nicht das Ergebnis der Arbeit der Strafrechtskommission sind, sondern das Resultat von gesetzgeberischen ad hoc–Entscheidungen, welche die genannten Gelehrten durch ihre Tätigkeit gerade vermeiden wollten.

Allerdings folgt aus der mäßigenden Wirkung verschiedenen Ansätze der Gemeinschaftsethik und des Willensstrafrechts auf den NS-Gesetzgeber jedoch keinesfalls, daß die Ansichten auch mit dem heutigen, rechtsstaatlichen Strafrecht kompatibel sind. Daß es in vielen Fällen an der Vereinbarkeit dieser beiden Hauptströmungen nationalsozialistischer Strafrechtsideologie mit dem Bestimmtheitsgrundsatz fehlt, hat diese Arbeit gezeigt. Die folgenden Lebensläufe verdeutlichen gleichwohl die Kontinuität, mit der auch nach dem Krieg sowohl die Versittlichung als auch die Subjektivierung des Strafrechts offensiv vertreten wurde.

1. Georg Dahm

10. Januar 1904 geboren in Altona
1925 erste juristische Staatsprüfung
1927 Promotion in Heidelberg
1930 Habilitation und Tätigkeit als Privatdozent in Heidelberg
1933 Erster ordentlicher Lehrstuhl in Kiel
1939 Lehrstuhl in Leipzig
1941 Lehrstuhl in Straßburg
1944 Lehrauftrag in Berlin
1945 bis 1951 Tätigkeit als Rechtsanwalt
1951 Lehrstuhl in Dacca / Pakistan
1955 Lehrstuhl in Kiel
30. Juli 1963 verstorben

Wichtige Veröffentlichungen
Die Zunahme der Richtermacht im Strafrecht (1931); Liberales oder autoritäres Strafrecht (1933 unter Mitwirkung von Friedrich Schaffstein); Verbrechen und Tatbestand (1935); Der Methodenstreit in der heutigen Strafrechtswissenschaft (1937); Der Tätertyp im Strafrecht (1940); Deutsches Recht (1. Aufl. 1944, 2. Aufl. 1952); Völkerrecht (1958).

---

[648] „Verordnung über die Strafrechtspflege gegen Polen und Juden in den eingegliederten Ostgebieten“ vom 04.12.1941 (RGBL. I S. 759).

2. Friedrich Schaffstein

28. Juli 1905 Geboren in Göttingen
1930 Privatdozent in Göttingen
1933 Erster ordentlicher Lehrstuhl in Leipzig
1935 Lehrstuhl in Kiel
1941 Lehrstuhl in Straßburg
1954 Lehrstuhl in Göttingen

Wichtige Veröffentlichungen
Liberales oder autoritäres Strafrecht (1933 unter Mitwirkung von Georg Dahm); Nationalsozialistisches Strafrecht (1934); Das Verbrechen als Pflichtwidrigkeit (1935); Die unechten Unterlassungsdelikte im System des neuen Strafrechts (1936); Die Erneuerung des Jugendstrafrechts (1936); Die materielle Rechtswidrigkeit im kommenden Strafrecht (1935); Die Lehre vom Tätertyp im Kriegsstrafrecht (1942); Zur Auslegung des Begriffs der heimtückischen Tötung als Mordmerkmal (1966); Handlungsunwert, Erfolgsunwert und Rechtfertigung bei den Fahrlässigkeitsdelikten; Jugendstrafrecht (in 13 Auflagen, zuletzt mit Werner Beulke).

3. Wilhelm Gallas

22. Juli 1903 geboren in St. Petersburg
1931 Promotion
1933 Habilitation in Berlin
1934 Erster ordentlicher Lehrstuhl in Gießen
1935 Lehrstuhl in Königsberg
1940 Lehrstuhl in Tübingen
1942 Lehrstuhl in Leipzig
1948 Lehrstuhl in Tübingen
1954 Lehrstuhl in Heidelberg
1971 Emeritierung

Wichtige Veröffentlichungen
Zur Kritik der Lehre vom Verbrechen als Rechtsgutsverletzung (1936); Kriegsstrafrecht (1940); Tatstrafe und Täterstrafe, insbesondere im Kriegsstrafrecht (1940); Zum gegenwärtigen Stand der Lehre vom Verbrechen (1955); Die moderne Entwicklung der Begriffe Täterschaft und Teilnahme (1957); Zum Begriff der Falschheit der eidlichen und uneidlichen Aussage (1957); Der dogmatische Teil des Alternativ–Entwurfs (1968).

4. Hans Welzel

25. März 1903 Geboren in Artern
1930 Promotion
1935 Privatdozent an der Universität Köln
1937 Außerordentlicher Lehrstuhl in Göttingen
1940 Ordentlicher Lehrstuhl in Göttingen
1952 Lehrstuhl in Bonn

Wichtige Veröffentlichungen
Über Wertungen im Strafrecht (1933); Naturalismus und Wertphilosophie (1935); Über die Ehre von Gemeinschaften (1938); Der Allgemeine Teil des deutschen Strafrechts (1.Aufl. 1940, 3.Aufl. 1944, fortgeführt als: Das Deutsche Strafrecht in seinen Grundzügen 1947 bis zur 11. bzw. 14. Aufl. 1969); Über den substantiellen Begriff des Strafgesetzes (1944); Über die ethischen Grundlagen der sozialen Ordnung (1947); Um die finale Handlungslehre (1949); Das Gesinnungsmoment im Recht (1950); Naturrecht und materiale Gerechtigkeit (1951); Aktuelle Strafrechtsprobleme im Rahmen der finalen Handlungslehre (1953); Macht und Recht (Rechtspflicht und Rechtsgeltung) (1959); Wahrheit und Grenze des Naturrechts (1962).

Die vier aufgezeigten Lebensläufe versinnbildlichen die Kontinuität in der Besetzung der juristischen Lehrstühle an den deutschen Hochschulen vor und nach 1945. Rottleuthner hat durch eine Auswertung der „Kürschner"–Gelehrtenkalender der Jahre 1940, 1950, 1954 und 1961 bereits nachgewiesen , daß von den 244 im Jahr 1940 verzeichneten Rechtsgelehrten nach dem Krieg 190 wieder einen Lehrstuhl inne hatten.[649] Auch die hier genannten Rechtslehrer waren bis 1955 sämtlich wieder mit einem Lehrstuhl betraut worden. Zu den wenigen Rechtslehrern der NS–Zeit, die nach 1945 keinen Lehrstuhl mehr besetzten, gehört Carl Schmitt. Selbst Dahm und Schaffstein, die als strafrechtliche Vertreter der „Kieler Schule" nicht minder zu den Wegbereitern der „nationalsozialistischen Strafrechtserneuerung" gehörten, rückten auf ihre alten Positionen. Während sich Dahm und Schaffstein nach 1945 nicht mehr vorwiegend der Methodenlehre und Dogmatik widmeten, sondern mit dem Völkerrecht bzw. Jugendstrafrecht eher Nebengebiete besetzten, besteht bei Gallas und Welzel auch eine unverkennbare Kontinuität im Tätigkeitsschwerpunkt, nämlich der Strafrechtsdogmatik. Insoweit verwundert die an mehreren Stellen der Arbeit zum Ausdruck gekommene inhaltliche Kontinuität in der Lehre, wie z.B. bei der Methodenlehre (teleologische Auslegung)[650], der Auslegung des Mordtatbestandes[651] oder der Ablehnung der Erfolgs-

---

[649] Rottleuthner, Kontinuität und Identität, in: Säcker, Recht und Rechtslehre, S. 245 ff.
[650] Vgl. ausführlich dazu am Beispiel von Larenz, Welzel und Henkel oben A II 1.6.
[651] Vgl. oben A II 2.

qualifikationen[652] keinesfalls. Die Entwicklung korrespondiert vielmehr mit der hier aufgezeigten personellen Kontinuität in der Lehre.

Schlußwort

Am Abschluß lassen sich mehrere Feststellungen treffen:

Die in den beiden Teilen der Arbeit untersuchten Hauptströmungen nationalsozialistischer Strafrechtsideologie, die dynamisierende Gemeinschaftsethik und die willensstrafrechtliche Personalisierung des Unrechts lassen sich nicht strikt voneinander trennen. Die Wechselwirkung beider Richtungen offenbart sich besonders deutlich anhand der Mordmerkmale der „niedrigen Beweggründe" oder der „Grausamkeit". Diese Merkmale bedienen einerseits als Gesinnungsmerkmale die geforderte Subjektivierung der Tatbestände, indem sie die Tätergesinnung in die Unrechtsfeststellung einbeziehen. Zugleich wird aber nach Maßgabe der sittlichen Anschauungen der Allgemeinheit, also des „gesunden Volksempfindens" ausgelegt, was ein „niedriger" Beweggrund ist und wann eine Tötung „grausam" ist. Die genannten Merkmale zeigen exemplarisch den Zangengriff, in den das Reichsstrafgesetzbuch von 1871 durch die nationalsozialistischen Ideologie genommen wurde. Nach dem Plan Carl Schmitts[653] wurde mit der Einführung unbestimmter Tatbestände und dem Ersetzen deskriptiver durch normative Tatbestandsmerkmale die Auflösung des Positivismus von der Seite des völkischen Strafrechts betrieben. Das Willensstrafrecht veränderte sodann auch die Zielrichtung des Strafrechts von der Betrachtung der Tat zur Bewertung der Tätergesinnung, die wiederum aus dem Licht der sozialethischen Anschauungen der Gemeinschaft erfolgt. Dieses Vorgehen aus zwei Richtungen führte zu einer Aufweichung des positivistischen Bestimmtheitsgrundsatzes, die auch durch die Wiedereinführung des Analogieverbots nicht mehr beseitigt werden konnte. Dem Bestimmtheitsgrundsatz wurde seitdem nie wieder die hohe Rangstellung eingeräumt, die ihm im Reichsstrafgesetzbuch von 1871 noch als selbstverständlich zugestanden worden war. Ein Grund dafür liegt in der weitgehenden Beibehaltung der flankierenden Maßnahmen des NS–Gesetzgebers zur Zulassung der Analogie, nämlich der genannten unbestimmten Tatbestände und normativen Tatmerkmale. Gleichzeitig haben sich weder Rechtsprechung noch die überwiegende Literatur von der objektiv–teleologischen Auslegung losgesagt, die mit der Beliebigkeit ihrer Ergebnisse die Unvorhersehbarkeit des Strafrechts noch steigert.

Im subjektiven Bereich wurde die von der „Kieler Schule" mit den Gesinnungsmerkmalen begonnene Personalisierung des Unrechts und die daraus resultierende Annäherung von Unrecht und Schuld übernommen und ausgebaut,

---

[652] Vgl. oben B II 2.
[653] Schmitt, Die drei Arten rechtswissenschaftlichen Denkens, S. 49.

wie z.B. durch die gesetzeswidrige Ersetzung des Erfolgsunwerts durch den Handlungsunwert in § 227 StGB. Das Wesen des Verbrechens wird bis heute nicht mehr allein in der Rechtsgutsverletzung, sondern auch in dem „Abfall des Täters von den Grundwerten rechtlicher Gesinnung“ erkannt.[654]

Die Rechtsprechung konnte auch nach 1945 zu oft der Versuchung nicht widerstehen, sich im Interesse der Erzielung von Ergebnissen zur Zufriedenheit des „allgemeinen Gerechtigkeitsgefühls“ der Mittel zu bedienen, die in nationalsozialistischer Zeit dem Strafrecht zum Zweck der Zersetzung des Positivismus eingepflanzt wurden. Es steht dabei außer Frage, daß der BGH dabei nicht die ideologischen Zielsetzungen des NS-Gesetzgeber verfolgt. Niemand unterstellt der Nachkriegsrechtsprechung, sie strebe anstelle des bestehenden Strafrechts ein dynamisches „Volksstrafrecht“ im Sinne eines Willensstrafrechts an, das in erster Linie die „gemeinschaftszerstörende“[655] Gesinnung des Täters und nicht die Tat bestrafen will. Vorzuwerfen ist der Rechtsprechung aber ihre Bequemlichkeit, mit der sie sich der ideologisch vorbelasteten Möglichkeiten des Strafgesetzes bedient, um die gewünschten Ergebnisse zu erzielen. Wenn die Tatbestände den Anforderungen an Art. 103 II GG in vielen Fällen nicht gerecht werden, hätte wenigstens die Jurisdiktion durch eine einheitliche Entscheidungspraxis ein Mindestmaß an Vorhersehbarkeit schaffen müssen.

Gerade das Gegenteil ist geschehen. Aufgrund der fehlenden Sensibilität für historisch und rechtsstaatlich fragwürdige Tendenzen entwickelte sich eine derart schillernde und unvorhersehbare Rechtsprechung zu den im Mittelpunkt der öffentlichen Diskussion stehenden „Kerntatbeständen“ wie dem des Mordes oder der Nötigung. Es steht dabei außer Frage, daß eine lückenlose Vorhersehbarkeit staatlichen Strafens in jedem Einzelfall auch bei strenger Einhaltung des Bestimmtheitsgrundsatzes niemals erreicht werden kann. Diese „Binsenweisheit“ ändert jedoch nichts an dem Postulat des Verfassungsgebers an die Gesetzgebung, zum Zweck des Schutzes des einzelnen vor richterlicher Willkür ein Höchstmaß an Berechenbarkeit des Strafrechts anzustreben.[656]

Es mag sicherlich verlockend sein, als Gericht wegen „volksnaher“, allgemein als gerecht empfundener Urteile, auf breite Zustimmung zu stoßen. Die Urteilsüberschrift „Im Namen des Volkes“ bedeutet jedoch nicht der „Wille des Volkes“ bzw. der in der Öffentlichkeit tonangebenden Schichten habe Vorrang gegenüber dem geltenden Strafgesetz. Die öffentliche Ablehnung ist ein Übel, das die Rechtsprechung im Interesse der Gesetzestreue in solchen Fällen hinzunehmen hat. „Gerecht“ ist ohnehin nur ein Urteil, das dem Gesetz entspricht, unabhängig davon, ob es der Richter oder die Öffentlichkeit als „gerecht“ empfindet. Soweit es um Strafschärfung oder Strafbegründung geht,

[654] Welzel, Strafrecht, S.3; ebenso Leipziger Kommentar – Jescheck, vor § 13 ff. RN. 9 ff.
[655] Gallas, FS Gleispach, S. 51.
[656] Ebenso Krey, Keine Strafe ohne Gesetz, S. 137.

ist von einem Rekurs auf eine vermeintlich „materielle“ Gerechtigkeit, die letztlich nur der Intuition des Interpreten entstammt, unbedingt abzusehen.[657]

Notwendig ist daher eine Rückkehr zu wenigstens hinreichend bestimmten Tatbeständen, anhand derer „jedermann vorhersehen kann, welches Verhalten verboten und mit Strafe bedroht ist.“[658] Gefordert ist dabei einerseits der Gesetzgeber, der unbestimmten Tatbeständen wieder klare Konturen verleihen, Gesinnungsmerkmale streichen und normative Merkmale soweit wie möglich durch deskriptive ersetzen sollte. Gefordert ist aber auch die Rechtsprechung, insbesondere die des Bundesverfassungsgerichtes, die mit dem Hinweis auf die „Vielgestaltigkeit des Lebens“ regelmäßig ihre schützende Hand über unbestimmte Rechtsbegriffe, wie etwa den „groben Unfug“[659] gelegt und daher die „Krise des Gesetzlichkeitsprinzips“[660] zumindest mitverursacht hat. Die Rechtsprechung darf sich nicht weiter anmaßen, den Gesetzgeber zu korrigieren und muß zu einer Rechtsanwendung zurückkehren, die sich streng am Tatbestand orientiert und jeden Zweifel an der Tatbestandsmäßigkeit zu Gunsten des Täters wertet.

Die strikte Beachtung des Gesetzeswortlautes gebietet nicht nur Art. 103 II GG, sondern insbesondere auch Art. 20 III GG und mit diesem die wesentlichen Prinzipien der freiheitlich-demokratischen Rechtsordnung:

Aus dem Demokratieprinzip folgt der Vorrang der Entscheidung des unmittelbar demokratisch legitimierten Gesetzgebers vor der Einschätzung des allenfalls mittelbar legitimierten Richters.

Der Rechtsstaatgrundsatz verlangt Rechtssicherheit zum Schutz vor richterlicher Willkür. Dies setzt die Bindung des Richters an Gesetz und Recht, nicht an die Moral voraus. Die fortschreitende Verrechtlichung moralischer Verhaltensweisen ist daher aufzuhalten.

Schließlich folgt aus dem Gewaltenteilungsgrundsatz zwingend die Normsetzungsprärogative des Gesetzgebers gegenüber der richtenden Gewalt.[661]

Angesichts dieser fundamentalen Verfassungsprinzipien muß das Bedürfnis der Rechtsprechung, der „Vielgestaltigkeit des Lebens“ Rechnung zu tragen und daher unbestimmte Begriffe und Generalklauseln zu verwenden, zurücktreten.

---

[657] Krey, a.a.O.S.139.
[658] BVerfGE 64, 393 ff. zu Art. 103 II GG.
[659] BVerfGE 26, 41 ff..
[660] Seebode, FS Spendel, S. 326.
[661] Krey, ZStW 101, 838, 864.

Die Rückkehr des Strafrechts zu einem strengen Begriffssystem nimmt diesem fraglos einen Teil seiner Dynamik und seiner Fähigkeit, sich ohne Gesetzesänderungen dem technischen, wirtschaftlichen und kriminellen Fortschritt anzupassen.

Im Einzelfall werden dadurch Entscheidungen wie das „Münztelefon–Urteil" des Reichsgerichts[662] unvermeidbar, die in der Öffentlichkeit wegen der als unbillig empfundenen Freisprüche auf Unverständnis stoßen und die das Vordringen der „Strafrechtsethisierung" erst ausgelöst hatten. Berechtigte Kritik kann in diesen Fällen jedoch nur den Gesetzgeber treffen, der allein dafür zu sorgen hat, daß auch das Strafrecht mit der Entwicklung Schritt hält. Es ist nicht die Aufgabe des Richters, die Versäumnisse des Gesetzgebers bei der Anpassung des Rechts an die „Vielgestaltigkeit des Lebens" auszugleichen. Der Verlust an Elastizität des Strafrechts ist das Opfer, das auf dem Altar des Bestimmtheitsgrundsatzes erbracht werden muß.

---

[662] RGSt. 68, 65.

Kolibri 360 GmbH
Ferdinand-Jühlke-Straße 7
99095 Erfurt, Deutschland
produktsicherheit@kolibri360.de

Druck:
CPI Druckdienstleistungen GmbH
im Auftrag der
Kolibri 360 GmbH
Ferdinand-Jühlke-Str. 7
99095 Erfurt